| 제3판 |

최신 교육학의 이해

김규태 유현숙 장기덕 송현옥 정철민
박찬호 양인렬 권민석 이용진 신지승 공저

양성원

이 책의 머리말

교육학은 사회적 맥락에서 일어나는 교육 현상과 교직에서 일어나는 다양한 교육실제에 대한 실천적 · 과학적 · 응용적 · 종합적 학문이다. 교육학은 예비교사들에게 다음과 같은 도움을 줄 수 있다. 우선, 교육학은 도덕적인 실천 과정과 맥락을 이해하고 윤리적 쟁점을 효과적으로 분석하여 합당한 윤리적 판단과 결정을 하도록 돕는다. 둘째, 교육학은 교직수행에 필요한 전문적 소양과 지식 및 기술을 종합적이고 체계적으로 형성하도록 돕는다. 셋째, 교육학은 창의적 사고와 문제해결 능력을 강조하는 교육과정과 수업 및 평가를 효과적으로 수행할 수 있도록 돕는다. 넷째, 교육학은 올바른 인성과 도덕성을 지닌 창의적 인재 양성을 위한 생활지도와 상담을 적절하게 수행할 수 있도록 돕는다. 다섯째, 교육학은 교직에서 교사들 간 상호조언과 협동을 통해 전문적 공동체를 형성하고 개인적 · 집단적 효능감과 조직의 효과성을 제고하도록 돕는다.

따라서 본서는 학생교육과 지도에 필요한 전문적 지식과 기술에 대한 종합적이고 체계적인 적용, 학교의 상황과 특수성에 부합하는 교육과정의 편성 운영, 질 높은 수업과 평가 및 생활지도 실시, 효과적인 학급경영과 교직실무를 위한 실천적 원리와 방법 체득, 적극적이고 능동적인 교사의 전문성 실천 및 리더십 구현 등을 촉진하도록 구성되었다.

제1장은 교육과 교육학의 이해, 제2장은 교사와 교직의 이해, 제3장은 교육철학의 이해, 제4장은 교육심리의 이해, 제5장은 교육사회의 이해, 제6장은 교육과정의 이해, 제7장은 교육방법의 이해, 제8장은 교육평가의 이해, 제9장은 생활지도 및 상담의 이해, 제10장은 교육행정의 이해, 제11장은 평생교육의 이해를 다루고 있다.

그러나 막상 탈고하고 보니 처음 의도한 것에 비해 미진한 곳이 여러 군데 눈에 띈다. 소홀하게 다루어진 곳은 곧이어 수정 보완하도록 하겠다. 끝으로 이 책을 발간하도록 묵묵히 지원과 격려를 아끼지 않은 양성원 강철원 대표님과 직원들에게 깊은 감사를 드린다.

2019년 2월

저자 일동

이 책의 차례

이 책의 **차례**

Chapter 10 교육행정의 이해 • 247

Chapter 11 평생교육의 이해 • 271

교육을 이해하기 위한 첫 단추는 그 개념의 기원과 다양한 정의 방식을 살펴보는 데서 출발한다. 이런 논의는 교육의 개념에 대한 혼란을 줄이는 데 도움이 될 뿐만 아니라 교육학의 전체적인 학문 체계를 총체적으로 살펴보는 계기가 된다. 따라서 이 단원에서는 교육이란 말이 어떤 의미로 쓰이는지, 교육학의 학문적 특성은 무엇인지를 검토한다. 교육의 개념과 교육학의 특성에 대한 검토는 교육학 초심자들로 하여금 전문화되어 가고 있는 교육학 각론에 입문하는 데 토대가 될 수 있다.

Chapter 01

교육과 교육학의 이해

Chapter 01 교육과 교육학의 이해

1. 교육의 어원상 의미

'교육이란 무엇인가'는 교육학에서 다루어지는 기본적인 질문 중 하나이다. 이런 질문에 대답하는 데에는 교육의 어원을 살펴보는 방식, 교육의 개념을 직접 설명하려는 방식 등이 있을 수 있다. 먼저 교육의 어원을 살펴보는 방식은 인간의 행동 양식이 사회적·역사적 맥락에 따라 의미를 달리하듯이 언어 또한 역사성을 가지고 있다는 가정을 바탕으로 한다.

동양에서 교육이라는 단어는 『맹자』의 「진심장구」 상편에 군자의 세 가지 즐거움을 언급하는 구절에서 나타난다. 이 구절에 의하면, 군자의 세 가지 즐거움은 첫째가 부모가 생존해 계시고 형제가 무탈한 것이며, 둘째가 하늘을 우러러 한 점 부끄럼 없는 삶을 사는 것이고, 셋째가 바로 천하의 영재를 얻어 교육하는 것이다.

> 맹자께서 말씀하셨다. "군자에게는 세 가지 즐거움이 있는데, 천하에 왕이 되는 것은 여기에 들지 않는다. 부모가 모두 생존해 계시며, 형제가 무고한 것이 첫 번째 즐거움이요, 위로는 하늘에 부끄럽지 않으며, 아래로는 인간에 부끄럽지 않은 것이 두 번째 즐거움이요, 천하의 영재를 얻어 교육하는 것이 세 번째 즐거움이다."

교육의 어의를 분석해 보면, 교(敎)는 노인(老)과 자녀(子) 그리고 글(文)의 합성어로서 윗사람이 아랫사람에게 글을 가르치거나 살아가는 데 필요한 행동 양식 등을 전수하는 일을 의미한다. 예컨대, 효도, 공경, 훈육과 같은 전통문화나 풍습뿐만 아니라 언어, 행동 양식 등 사회 공동체가 공유하고 있는 것을 전수한다는 의미를 가지고 있다. 육(育)은 의미상 양(養)과 생(生)을 더한 것으로 아이를 낳아 기르는 것을 의미한다. 여기에는 물질적·정신적 양육의 의미가 포함되어 있다. 따라서 육(育)이란 타고난 소질, 품성을 바르게 자랄 수 있도록 보호·육성한다는 의미를 담고 있는 셈이다(이병승 외, 2002, p. 17).

서양의 경우 교육을 의미하는 용어는 pedagogy, education 등이 있다. pedagogy의 경우, paidos(어린이)와 agogos(이끌다)의 합성어로서 그리스 시대 아이를 가르치고 돌보던 paidagogos(교복 / 敎僕)에서 유래한 말이다. 이 말은 가르치는 노예란 의미로서, 이들은 귀족의 자제들에게 기본적인 예의범절이나 생활태도 등을 가르쳤던 것으로 알려져 있다. education은 접두사 e(밖으로)와 라틴어 ducare 혹은 ducere(이끌어 내다)가 합쳐진 말로서 아이가 가지고 있는 소질이나 품성을 밖으로 이끌어 낸다는 것을 의미한다.

요컨대, 동서양 모두 교육의 어원상 의미에 있어서 가치 있는 무엇인가를 미성숙한 아동에게 전수하거나 전달하는 활동이며, 아동의 내부에 잠재되어 있는 무엇인가를 완성해 나가는 활동이라는 생각을 공유하고 있다.

2. 교육의 비유

교육의 어원에 대한 설명만으로는 교육의 개념을 온전히 드러냈다고 보기 어렵다. 교육의 개념은 설명하려는 대상에 따라서도 다소 다른 수준에서 다루어질 수 있기 때문이다. 특히 처음 교육학에 접하는 이들에게 효과적인 방법은 비유라 할 수 있다. 비유는 설명하려는 대상을 잘 모르는 사람에게 이미 익숙한 대상의 특징을 빌려 설명하는 방식이기 때문이다. 한 가지 염두에 두어야 할 점은 비유는 풍자만화와 같아서 교육의 전반적인 측면을 설명하기보다는 특정 측면만을 강조하여 보여준다는 점이다. 여기서는 교육의 대표적인 비유인 주형, 성장, 예술, 성년식의 비유를 차례대로 살펴보겠다.

첫째, 주형의 비유이다. 주형의 비유는 교육의 비유 중 가장 오래되고, 가장 광범위한 영향력을 가지고 있는 비유라 할 수 있다. 주형의 비유는 교육을 쇳물이나 진흙을 일정한 모양의 틀에 부어 특정 모양을 만들어 내는 일로 이해한다. 이때 교사는 제작자가 되며, 학생은 쇳물로서 교사가 만들어 놓은 일정한 틀, 즉 교육과정에 익숙해져야 한다. 예를 들어 로크(J. Locke)의 교육관이나 행동주의의 교육관이 주형의 비유에 해당된다.

둘째, 성장의 비유이다. 성장의 비유는 주형의 비유가 교사와 교육내용 중심이었던 것이 반대하여 학생과 교육방법 중심으로 교육의 개념을 설명하고자 한다. 성장의 비유는 교육을 식물의 성장과 같이 아동이 가진 잠재 가능성을 이끌어 내는 일로 이해한다. 이때, 교사는 정원사에 불과하며, 학생은 성장하는 식물로서 언제, 어떤 방식을 통해, 얼마나 성장할 것인지 등이 전적으로 학생에게 달려 있는 일이 된다. 예를 들어, 루소(J. J. Rousseau)의 교육관이나 듀이(J. Dewey)를 중심으로 하는 진보주의 교육관은 성장의 비유를 바탕으로 하고 있다.

셋째, 예술의 비유이다. 예술의 비유는 주형과 성장의 비유가 교사와 학생의 관계를 잘못 파악하고 있다는 것에 대한 대안적 비유다. 예술의 비유는 교육의 두 주체라 할 수 있는 교사와 학생의 상호작용을 강조하고 있다. 예술가가 재료의 성질과 무관하게 무엇인가를 만들어 낼 수 없듯이, 교사도 학생에 대한 모종의 이해 없이 교육활동에 전념하기 어렵다는 점을 지적한다. 그러나 교사와 학생의 관계가 대등하지 않다는 점에서 주형의 비유의 변형된 형태로 볼 수 있다(신차균 외, 2006: 342).

넷째, 성년식의 비유이다. 성년식의 비유는 주형과 성장의 비유가 교육내용과 교육방법의 관계를 제대로 드러내지 못하는 것에 대한 대안적 비유다(신차균 외, 2006: 342). 주형의 비유는 우리가 실제 교육을 하는 데 있어 교육내용과 교육방법 어느 것 하나만을 강조할 수 없음을 지적한다. 이런 관점에 따르면, 교육내용에 따라 다양한 교육방법의 선택이 가능하며, 교육방법에 따라 교육내용의 변형도 가능

표 1-1 주형의 비유와 성장의 비유

구분	주형의 비유	성장의 비유
교육의 과정	재료를 틀에 부어 물건을 만드는 과정	식물이 성장하는 과정
교사	장인	정원사
학생	재료	식물
강조점	교사의 역할 교육내용	학생의 잠재능력이나 흥미 교육방법
대표적 형태	로크의 교육관 행동주의 교육관	루소의 교육관 진보주의 교육관

하다. 그러나 여전히 교육내용을 강조하며, 방법상의 원리는 교육내용에 따라 나오는 것으로 보는 경향이 있다. 예를 들어, 오우크쇼트(M. Oakeshott)나 피터스(R. S. Peters)가 제시하고 있는 '인류 문화유산에의 입문' 혹은 '문명화된 삶의 형식으로의 성년식' 등이 성년식의 비유에 속한다.

3. 교육의 정의

교육의 개념을 좀 더 전문적으로 밝히려는 시도는 '정의'를 통해 이루어져 왔다. 여기서는 비교적 설득력 있는 정의들, 즉 조작적 정의와 강령적 정의에 대해 살펴본다. 우선 조작적 정의(operational definition)는 관찰 불가능한 것을 관찰 가능한 상태로 규정하려는 시도로서 교육 개념의 추상성을 제거하고 교육활동을 명확히 규정하려 할 때 사용한다. 정범모가 『교육과 교육학』에서 제시하고 있는 "교육이란 인간 행동의 계획적 변화이다"(정범모, 1968, p. 18)라는 정의가 여기에 속한다. 정범모는 교육이 지닌 변화의 힘을 간과하고 있다는 문제의식을 바탕으로 행동의 변화에 초점을 맞추어 교육의 개념을 정의하고 있다.

정범모의 정의에서 '인간 행동'은 과학적 · 심리학적 개념이며, 외적 행동뿐만 아니라 지식, 태도, 사고력, 자아개념 등과 같은 내적 행동을 포함하고 있다. '변화'는 교육학과 다른 학문을 구분하는 핵심적인 기준이다. 이때, 변화는 육성, 조성, 함양, 교정, 개선, 성숙 등을 포함하는 포괄적인 개념으로 사용된다. 이런 관점에 의하면, 교육에는 좋은 교육과 나쁜 교육이 있을 수 있으며, 강력하고 효과적인 교육과 그렇지 않은 교육도 있을 수 있다. 아닌 게 아니라, 정범모는 "게릴라든, 성직자든, 창조적 성격이든, 민주적 자질이든 간에 교육에서 중요한 것은 유효하고 강력하게 변화시키는가의 문제"(정범모, 1968, p. 23)라고 이야기한다. 끝으로 '계획적'이라는 단서는 명확한 목적의식(교육목적), 어떻게 하면 행동의 변화를 가져올 수 있는가를 보여주는 이론적 근거(교육이론), 교육이론에 기반을 둔 구체적인 교육 프로그램(교육과정)을 갖출 것을 요구한다. 우리는 '계획적'이라는 조건을 바탕으로 교육과 우연, 자연적 성숙, 약물 중독 등으로 인한 일시적 변화를 구분할 수 있다. 단순히 인간행동의 변화라고만 하면 우연에 의한 행동 변화나 약물 중독 등으로 인한 행동 변화를 교육과 구분할 수 없게 된다.

정범모의 정의는 교육을 체계적으로 명확하게 규정하고 있으며, 특히 교사의 역할을 분명하게 제시한다는 점에서 의미가 있다. 그러나 몇 가지 측면에서 논란의 여지가 있다. 우선 모든 인간 행동의 계획적 변화가 교육이라 할 수 있는가? 예컨대, 범죄를 가르치거나, TV의 광고, 정신과에서 행해지는 치료 등도 인간행동의 계획적 변화에 속할 수 있다는 점에서 교육과 교육 아닌 것의 경계선이 여전히 모호한 설명이다. 다른 한편으로 '변화'라는 교육의 목표 달성을 강조함으로써 평가가 교육의 목적을 지배하는 결과를 초래할 수도 있다. 그리고 근본적으로 조작적 정의는 가치의 문제를 다루지 않는 정의 방식이지만 실제 교육의 문제들은 어떤 식으로든 가치와 관련되어 있다는 점에서 한계를 드러낼 수밖에 없다.

강령적 정의는 가치판단이나 가치주장을 포함하는 정의 방식으로서, 어떤 활동이나 행동이 모종의 기준에 합치되었을 때 정의하려는 개념에 해당한다고 보는 방식이다. 이런 정의는 가치판단이 포함되어 있다는 점에서 언제나 논쟁의 대상이 되며, 자신의 정의를 설득력 있는 것으로 만들기 위해 반드시 정당화 과정이 수반된다. 이때, 자신의 정의를 정당화한다는 것은 주장이나 명제에 대해 논리적 이유나 근거를 제시하는 것을 의미한다. 영국의 교육철학자 피터스(R. S. Peter)가 『윤리학과 교육』(1966)을 통해 제시하고 있는 "교육은 모종의 가치 있는 것이 도덕적으로 온당한 방식으로 전달되고 있거나 전달된 상태"라는 정의가 대표적인 예이다. 피터스의 정의에 따르면, 교육은 그 개념 안에 붙박여 있는 세 가지 준거, 즉 규범적 준거, 인지적 준거, 과정적 준거를 충족시켜야 한다.

규범적 준거는 교육이 다른 어떤 것이 아닌 교육 개념 그 속에 붙박여 있는 가치를 추구해야 한다는 것을 의미한다. 피터스가 보기에 교육의 개념과 관련된 혼란은 교육의 개념 그 자체가 가지고 있는 규범적 측면을 간과하고 다른 목적을 위한 수단으로 생각하는 데서 비롯된다. 예컨대, 낚시를 하는 두 사람은 서로 다른 목적을 가질 수 있다. 한 사람은 낚시를 할 때의 손맛 그 자체가 목적(내재적 목적)인데 비해 다른 사람은 낚시를 통해 생계유지를 하는 것이 목적(외재적 목적)이 될 수 있다. 두 사람은 동일하게 낚시를 하지만 서로 다른 목적을 추구하고 있으며, 그것이 지닌 가치도 다르다. 전자에게 낚시는 다른 어떤 활동으로도 대체될 수 없는 가치를 가지지만, 후자는 생계를 유지할 수 있다면 낚시 외에 농사나 수렵 등의 활동도 가능하다. 이와 마찬가지로 교육도 교육 개념 그 속에 붙박여 있는 모종의 가치를 추구해야 한다.

인지적 준거는 규범적 준거의 내용으로서 무기력하지 않은 지식, 이해, 인지적 안목을 포함해야 한다. 이 준거에 의하면, 교육의 내용으로 삼는 지식이나 이해 등은 실제 삶의 양상과 밀접한 관련을 맺고 있어야 하며, 전체적으로 사물을 보는 안목을 기르는 데 목적이 있다. 이 점에서 전문적인 훈련과 교육은 구분된다. 말하자면 특정 분야의 일에 대한 능숙함은 훈련의 결과이지 교육의 결과가 아니다. 교육은 세계를 폭넓게 이해하고 바라보는 안목을 기르는 것과 관련된다. 예를 들어, 축구 선수가 공을 차는 것은 축구와 관련된 특정 기술을 익히는 훈련이라면, 중·고등학생이 공을 차는 것은 신체의 전반적인 발전과 관련된 체육활동이라 할 수 있다.

과정적 준거는 규범적 준거의 방법으로서 도덕적으로 온당한 방식으로 교육내용이 전달되어야 함을 의미한다. 우리가 교육을 통해 가르치려는 내용이 어떤 가치를 가지고 있든지 간에, 그것을 전달하는 방법이 비인간적·비도덕적·비교육적이라면, 이런 활동을 교육이라 부를 수 없다. 여기에는 최소한의 학습자의 의도와 자발성이 전제되어 있다. '최소한'이라는 형용사를 단 것은 의도와 자발성이 심리적인 차원에서 학습자의 흥미나 관심을 의미할 뿐만 아니라 규범적 의미로 학습자에게 장기적인 차원에서 이익이 될 수 있는 것을 포함하기 때문이다. 이 점에서 우리는 세뇌(brain-washing), 조건화(conditioning), 교화(indoctrination) 등의 방법은 교육이라 할 수 없음을 알 수 있다.

피터스의 교육의 정의는 교육이 어떤 식으로든 가치의 문제와 관련되어 있다는 것을 잘 보여준다는 점에서 의미가 있다. 그러나 피터스의 정의 역시 몇 가지 측면에서 여전히 논의의 여지가 있다. 우선 교육의 세 가지 준거가 타당한가이다. 아닌 게 아니라, 과정적 준거와 인지적 준거는 어느 정도 중복되는 점이 없지 않다. 그리고 교육이 양육과정 전체를 아우르는 포괄적인 개념으로 사용됨으로써, 교육(성취어, 과업어)과 교육받은 사람(성취어)의 개념을 동일시하고 있다. 이런 비판점 외에도 피터스의 교육 정의에 제시될 수 있는 궁극적인 비판점 중 하나는 교육이 내재적 가치만을 추구해야 하는가이다. 교육이 내재적 가치만을 추구한다면, 실제 삶의 영위가 외재적 가치의 추구와 무관하지 않다는 점에서 삶의 맥락과의 괴리가 불가피하다. 다른 한편으로 교육이 내재적 가치를 추구한다고 했을 때, 그것이 지식으로 환원될 수 있는가의 문제도 제기될 수 있다. 예를 들어, 허스트(P. H. Hirst)가 제시하고 있는 '사회적 실제에 입문으로서 교육' 아이디어는 대안으로 검토될 수 있는 여지를 가지고 있다.

지금까지 살펴본 교육의 어원상 의미나 비유 혹은 정의를 통한 개념 설명 방식이 교육의 의미를 온전히 드러냈다고 보기는 어렵다. 각 설명은 나름의 관점에서 교육의 어느 한 측면을 드러내고 있다고 할 수는 있지만 비판의 여지도 있다. 따라서 어느 하나의 관점으로 교육의 개념을 드러내려는 시도는 한계에 직면할 수밖에 없다. 여기서는 교육을 바라보는 대표적인 관점들에 대해 살펴보고 있으며, 다양한 관점과 정의들이 있음을 염두에 두어야 한다.

표 1-2 정범모와 피터스의 교육의 정의

구분	정범모의 교육 정의	피터스의 교육 정의
문제의식	인간 행동을 변화시키는 교육의 힘을 간과하는 것에 대한 반발	교육의 목적이나 의미를 외재적으로 규정하는 것에 대한 반발
정의 방식	기술적 정의, 조작적 정의	강령적 정의
교육의 정의	인간 행동의 계획적 변화	모종의 가치 있는 것이 도덕적으로 온당한 방식으로 전달되고 있거나 전달된 상태

4. 교육학의 성격

교육학은 교육의 현상과 행위에 관한 학문적 탐구과정과 그 과정을 통해 획득된 지식의 체계이다. 교육학은 다른 학문이 이루어 낸 성과를 활용하여 교육현상을 탐구한다는 측면에서 응용학문의 성격을 띠고 있다. 교육학은 교실 안에서의 교사와 학생의 상호작용에 관한 실천을 강조한다는 점에서 실천 지향적 성격이 강하다. 또한 교육학은 여러 학문의 지식을 토대로 교육현상을 바라본다는 종합적이고 간 학문적이다.

교육학은 규범적 교육학, 공학적 교육학, 설명적 교육학, 비판적 교육학 등으로 구분된다(이돈희, 2003). 규범적 교육학은 교육의 이상적 모습, 즉 이상적 조건과 당위적 규칙을 추구하며, 공학적 교육학은 교육의 효율성을 높이는 원리와 기술의 개발에 관심을 갖고, 설명적 교육학은 현실 속에 전개되고 있는 교육활동이나 제도가 어떤 성격의 것이냐에 대한 이해를 추구하며, 비판적 교육학은 교육활동이나 제도에 숨겨져 있는 문제의 비판적 분석에 관심을 갖는다.

교육학의 분야는 순수학문이라기보다는 다른 학문의 관점에서 교육의 현상을 설명하는 응용학문으로 그 영역은 교육사, 교육철학, 교육심리학, 교육사회학, 교육과정학, 교육방법론, 교육공학, 생활지도와 상담, 교육평가, 교육행정학, 평생교육학, 교사론 등으로 구분된다. 이들 분야를 하위 영역으로 갖는 교육학은 인문과학적 성격은 물론 사회과학이나 공학적 성과를 토대로 조직된 복합학문적 성격을 띤다고 할 수 있다. 교육학은 교육이라는 그릇에 교육에 필요한 여타 학문의 요소들을 집어넣은 용광로(melting pot)와 같은 성격을 띠고 있다. 따라서 교육학은 인간을 중심에 두고 다양한 분야의 학문적 성과들을 종합적으로 고려하여야 제대로 이해할 수 있다.

오늘날 교육학의 학문적 성격을 문제삼는 논의는 찾아보기 어렵다. 그러나 교육학의 발달에 있어서 교육학이 행동과학인가 규범과학인가 하는 문제는 매우 중요한 논쟁거리로 다루어져 왔다. 이와 관련된 논쟁은 외국의 경우 오코너(D. J. O'Connor)와 허스트(P. H. Hirst) 사이에 진행되었으며, 우리나라의 경우 정범모와 이규호 사이

표 1-3 교육학의 하위 영역과 가정

영역	가정
교육사	과거의 삶의 현상으로서의 교육현상을 역사적으로 구명하고 구명된 역사적 사실을 바탕으로 교육현상을 관통하는 여러 가지 법칙이나 경향을 살펴보는 교육학 분야
교육철학	교육에 관한 철학적 기초의 구명(究明)을 목적으로 하는, 교육학의 한 분야로 교육의 개념이나 목적 등 교육에 관한 원리나 교육과 관련한 내용을 철학적으로 연구하는 교육학 분야
교육심리	교육의 과정에서 일어나는 여러 문제를 심리학적 측면에서 연구하여 그 원리를 정립하고 해결 방법을 제시함으로써 교육의 효과를 극대화하려는 교육학 분야
교육사회	교육현상을 사회현상으로 보고, 사회과학적인 연구방법을 통해 교육현상을 분석·기술하는 교육학 분야
교육과정	학습자가 도달할 목적이나 목표를 설정하고, 그 목적이나 목표달성에 필요한 교육내용을 선정하고, 조직하는 학문 분야로서 학교에서 가르칠 '무엇'을 규명하는 교육학 분야
교육방법	교육목적을 달성하기 위하여 준비된 교육내용을 구체적으로 실천하는 방식으로 학습지도, 생활지도, 교육과정, 학급경영방법, 시청각적 방법까지 포함하는 학문
교육공학	교육 현장을 개선하고 교육 효과를 높이는 방법을 설계, 개발, 평가하는 교육학 분야
생활지도, 상담	1. **생활지도**: 학생들이 일상생활에서 당면한 문제를 스스로 해결할 수 있도록 지도하기 위한 교육학 분야 2. **상담**: 내담자(來談者)와 상담자 간의 상호작용을 통하여 내담자의 성장·발전을 도모하는 심리적 조력과정에 대한 교육학 분야
교육평가	교육과 관련된 평가로, 교육의 목적이나 이념을 규준으로 하여, 일정한 교육계획이나 시설 및 지도로 얻은 성과를 밝히는 교육학 분야
교육행정 및 경영	교육에 관계되는 조직에서 교육목표를 효과적으로 달성하기 위하여 필요한 인적·물적 요소를 조직하고 통제하고 관리하는 제반 지원활동에 관한 교육학 분야
교사론	올바른 교사가 되기 위한 자질을 함양하는 위한 지식과 기술을 습득하는 교육학 분야

의 논쟁을 통해 드러났다.

1) 외국의 논쟁: 오코너와 허스트

오코너와 허스트 사이에 벌어진 논쟁은 교육학이 실제적 활동과 관련된 것인지 학문으로서 이론 체계를 지향하는 것과 관련된 것인지에 초점을 맞추고 있다. 오코너는 교육학이 이론적 체계를 지향한다는 데 대해 의구심을 제시한다. 그에 의하면, 지금까지 교육학과 관련된 논의들, 즉 교육이론에 대한 설명이나 교육사상가들의 주장은 지나치게 형이상학적이다. 형이상학적인 설명은 증명할 수 없는 것이기 때문에 이론이라 부르기 어렵다. 참된 이론의 최소한의 기준은 설명력이 있고 논박될 수 있어야 하는데, 교육이론은 이 기준을 충족시키지 못한다(Langford & O'Conner, 1973, pp. 47-65). 말하자면 오코너는 교육학이 이론이라 볼 수 있는 논의들을 제시하지 못하고 있으며, 이 점에서 교육의 맥락에서 이론이라 불리는 것들은 '예우상의 칭호'(a courtesy title)에 불과하다(O'Conner, 1957, p. 110).

이와 관련해 허스트는 오코너의 주장은 형이상학적 신념이나 도덕적 가치를 과소평가하고 있으며, 과학이론과 교육이론 사이에는 근본적인 차이가 있음에도 불구하고 오코너가 그 차이를 간과했음을 지적한다. 이런 비판을 바탕으로 허스트는 실제적 활동을 다루는 교육이론은 과학적 진술에 국한된 것이 아니라 그 이상의 것들에 관심을 가져야 한다고 주장한다(Langford & O'Conner, 1973, pp. 66-75). 말하자면 허스트는 교육학이 경험 과학의 기준으로 평가하기 어려운 나름의 독특한 영역과 구조를 가지고 있으며, 이 점에서 하나의 독립된 학문의 자격을 갖추었다고 본다.

2) 국내의 논쟁: 정범모와 이규호

국내에서 교육학의 성격과 관련해 가장 잘 알려진 논쟁 중 하나가 정범모와 이규호 사이의 논쟁이다. 행동과학자로서 정범모는 교육학의 영역이 경험 과학에 의해 설명되고, 통제될 수 있다면, 그것은 경험과학으로서의 지위를 가질 수 있다고 주장한다(정범모, 1968).

이와 달리 이규호를 중심으로 한 일부 교육학자들은 교육학을 경험과학 혹은 행동과학으로 규정하려는 시도를 비판한다(이규호, 1979; 오인탁, 1990). 이런 시도는 교육과학과 교육철학을 대립적인 관계에 놓음으로써 어느 하나에 대한 선택을 강요할 수밖에 없다. 교육과학과 교육철학의 대립은 이념과 방법 사이의 갈등을 가져올 수 있다는 점에서 위험하다. 따라서 교육학은 교육과학과 교육철학의 통합이 되어야 한다.

지금까지 살펴본 교육학의 성격과 관련된 논쟁 중 어느 하나의 입장이 더 바람직하다고 평가하기는 쉬운 일이 아니다. 왜냐하면 각각의 관점들이 교육학의 발전에 모종의 기여를 해 왔기 때문이다. 이런 맥락에서 우리는 교육학의 성격과 관련된 논쟁의 역사를 검토하고 오늘날 교육학의 모습을 재조명해 볼 필요가 있다. 어느 한편으로 너무 치우친 것은 아닌가? 혹은 이전의 논의를 넘어서는 교육학의 새로운 성격이나 특징이 부각되고 있는 것은 아닌가?

참고문헌

『孟子』
이병승 외(2002). 쉽게 풀어 쓴 교육학. 서울: 학지사.
이지헌 외(2005). 교육학의 이해. 서울: 학지사.
이홍우(2009). 교육의 개념. 서울: 문음사.
신차균 외(2006). 교육철학 및 교육사의 이해. 서울: 학지사.
정범모(1968). 교육과 교육학. 서울: 배영사.
한기언(1980). 교육사학. 서울: 세광공사.
Dewey, J. (1916). *Democracy and education*. New York: Macmillan.
Hirst, P. H., & Peters, R. S. (1970). *The logic of education*. London: Routledge & Kegan Paul.
Langford, G. and O'Connor, D. J(Eds.). (1973). *New essays in the philosophy of education*. London: Routledge & Kegan Paul.
Oakeshott, M. (1989). *The voice of liberal education: Michael oakeshott on education*. T. Fuller(Ed.). New Haven: Yale University Press.
O'Connor, D. J.(1957). The Nature and Scope of Educational Theory(1), in: G. Langford and D. J. O'Connor (Eds.), *New essays on the philosophy of education*. London: Routledge & Kegan Paul.
Peters, R. S. (1966). *Ethics and education.* London: George Allen & Unwin.

교육의 중요성에 대한 인식이 더해 갈수록 교사와 교직에 대한 이해 또한 그 중요성이 커지고 있다. 왜냐하면 교사는 교육의 방향과 성과를 결정하는 데 가장 핵심적 요소이기 때문이다.

본 장에서는 먼저 교사의 신분과 유형을 알아보고 교사에게 필요한 올바른 자질과 역량을 검토하고 교사의 권리와 책무를 살펴보고자 한다. 이런 교사에 대한 이해를 바탕으로 교직은 어떤 직업인지를 교직관의 유형에 따라 검토하고 교직문화와 교직사회화의 과정, 교직윤리와 교직단체에 대해 살펴보고자 한다.

교사와 교직에 대한 논의는 현 교육에서 요구되는 교사의 역할을 바르게 파악하고 교권에 대한 이해를 통해 올바른 교사상을 정립하는 데 기여할 것이다.

Chapter 02

교사와 교직의 이해

Chapter 02 교사와 교직의 이해

1. 교사론

1) 신분과 유형

교원은 교육을 통하여 국민 전체에 봉사하는 직무와 책임, 특히 수업 및 학생지도를 담당하는 교육공무원을 말하며 자격, 임용, 보수, 연수 및 신분보장 등에 관하여 교육공무원법 등에 따라 특례를 적용받는다. 교원은 수업활동과 학생지도에 필요한 소양과 지식을 갖추고 고도의 자율성과 사회적·윤리적 책임을 담당해야 한다는 점에서 경력직공무원 중 특수한 지식과 기술을 담당하는 특정직으로 분류되고 있다.

교원은 각 학교에서 학생을 직접 지도·교육하는 자를 말하므로 각 학교에서 근무하더라도 학교의 관리 운영에 관한 사무를 담당하는 행정직원은 교원이 아니다. 또한 우리나라는 교원의 법정자격제도를 채택하고 있으므로 자격을 갖추지 못한 무자격자는 교원이라고 할 수 없으며 교원자격증을 가진 자라도 임명절차를 거치지 아니한 자는 교원이라고 할 수 없다.

교원은 교장, 교감, 수석교사, 교사로 구분된다. 여기서 교사의 자격 종류는 정교사(1급, 2급), 준교사, 전문상담교사, 사서교사, 보건교사, 영양교사, 진로진학상담교사 등으로 구분된다. 또한 교육과정을 운영하기 위하여 필요하면 학교에 이들 교원 외에 산학겸임교사·명예교사 또는 강사 등을 두어 학생의 교육을 담당하게 할 수 있다.

초·중등교육법 제20조는 교원이 수행해야 하는 직무를 제시하고 있다. 교장은 교무를 통할하고, 소속 교직원을 지도·감독하며, 학생을 교육한다. 교감은 교장을 보좌하여 교무를 관리하고 학생을 교육하며, 교장이 부득이한 사유로 직무를 수행할 수 없을 때에는 교장의 직무를 대행한다. 다만, 교감이 없는 학교에서는 교장이 미리 지명한 교사(수석교사를 포함한다)가 교장의 직무를 대행한다. 수석교사는 교사의 교수·연구활동을 지원하며, 학생을 교육한다. 교사는 법령에서 정하는 바에 따라 학생을 교육한다.

교사는 고용자인 학교 설립 주체에 따라 국·공립학교 교사와 사립학교 교사로 구분된다. 국·공립학교 교사는 국가와 지방자치단체가 설립한 국·공립학교에서 근무하고 있는 교사를 말하며, 사립학교 교사는 개인 또는 법인이 설립한 사립학교에서 근무하고 있는 교사를 말한다.

국·공립학교 교사는 교육공무원법에 적용을 받으며 사립학교 교사는 사립학교법에 적용을 받는 것을 원칙으로 하고 있다. 이러한 설립 주체별 교사의 구분에도 불구하고 한국은 국·공립학교 교사와 사립학교 교사에게 동일한 수준의 권리와 의무를 부여하고 있다. 그 이유는 사립학교를 공익을 추구하는 공교육기관으로 보고 사립학교에 대해 인건비 및 운영비 등을 국고로서 지원하고 있기 때문이다.

사립학교 교사의 근무관계에 관한 규정하는 사립학교법은 임용권자가 서로 다름에 따른 교원 임용 절차에 대한 규정만을 달리할 뿐, 그 밖의 자격요건·복무·연수의무·신분보장 및 사회보장 등에 있어서 교육공무원과 동일하게 처우하고 있다. 이에 따라 사립학교 교사는 교육공무원법에 따른 국·공립학교 교사와 같이 정년이 62세까지 보장되고 있으며 보수 및 복무사항도 비슷하다.

2) 자질과 역량

(1) 자질

교사는 학생, 학부모 및 교사와의 상호작용을 통해서 교육과정 구현을 위한 수업 및 생활지도를 담당하는 전문가이다. 교사는 인격의 주체로서 교육적 신념과 가치를 바탕으로 학교교육을 수행하며 전문적 지식과 경험에 터해 정해진 교육과정을 실현하기 위한 전문적인 수업과 학생지도를 담당한다. 이처럼 교사는 학교교육에서 이루어지는 수업, 생활지도, 학급경영, 교직실무 등에 대한 주어진 분야에서 뛰어난 기술을 지닌 장인, 학문이나 기예에 통달하여 교육연구의 원리와 이치를 깨달은 달인, 전공 분야의 지식과 기술에 능하고 새로운 원리와 방법을 개발할 수 있는 명인이다(김규태, 방경곤, 이병환, 권민석, 2013).

Doyle(1990, p. 17)은 전문직의 특성을 ① 일반인이 갖고 있지 않은 전문적인 지식체의 소유, ② 업무의 본질적인 결정에 대한 통제권의 소유, 즉 자율적 실행, ③ 특정 직업이 그 직업과 관련하여 주장하는 것들에 대한 합법성에 대한 일반대중의 수용 등으로 보았다. Darling-Hammond와 Wise(1992, p. 1360)는 "전문직이란 특수화된 지식, 집단적 자기규제, 고객의 독특한 요구에 대한 특별 배려, 자율적 업무수행, 그리고 고객의 복지를 위한 책임감 등이 배합된 직업"이라고 보았다. Murray(1992, p. 496)는 전문직의 특성으로 ① 사회에 필수적인 기능의 수행, ② 장기간의 훈련을 요하는 전문화된 지식과 기술, ③ 직업과 직업집단에 대한 강한 소속감, ④ 직무수행상의 권위와 자율, ⑤ 공적 봉사 등을 제시하였다.

이러한 점을 종합해 볼 때 교직은 전문직과 같은 특성을 지니고 있으며 교사 역시 전문가라고 할 수 있다. 전문직으로서의 교직 특성을 전제로 교사가 전문가인 이유를 살펴보면 다음과 같다.

첫째, 교사는 임용 전에는 사범대학이나 교육대학에서 4년 이상의 교육과정을 이수하여 전문적 지식과 방법을 습득하고, 임용 후에는 끊임없는 자기연찬과 연수를 통해 전문성을 신장한다. 이처럼 교사는 장기간의 교육과 연수를 통해서 교수실천에 대한 지식, 내용지식, 교육과정 실행지식을 습득하여 교육행위를 실천한다(김규태, 방경곤, 이병환, 권민석, 2013). 여기서 말하는 교수실천에 관한 지식은 특정한 교사의 행위나 행위체제가 교실에서 사용되어졌을 때 어떤 결과를 가졌는가에 대한 지식이다. 또한 내용지식은 교과지식과 교수의 내용지식을 말하는 것으로, 전자는 교과의 구조에 대한 이해, 개념적 조직 원리의 이해와 탐구 원리에 대한 교과지식을 말한다. 후자는 교사가 갖고 있는 내용지식을 학생들의 능력과 배경에 따라 교수・학습 활동에 적합한 형태로 변형시키는 능력을 말한다. 그리고 교육과정 실행지식은 교육과정의 실행을 형성하는 교실 내의 구조와 과정에 대한 것으로 교실이 어떻게 운영되는가, 교수효과가 어떻게 일어나는가에 대한 지식을 말한다.

둘째, 교사는 교육행위를 통하여 복잡하고 애매모호하고 불확실하며, 개별적이고 주체적인 인간의 경험을 풍부하고 충실하게 이해하고 그것을 바람직하게 변화시키는 행위를 한다. 이를 위해서는 교육적 상상력, 감정이입력, 인간적 만남, 인간에 대한 교육적 열정, 진리에 대한 열정과 정직성, 특정 상황에 대한 감식력, 사려 깊음과 관심 등과 같은 난해한 기예들이 요구된다(한명희, 1997). 이러한 점은 교수자의 특성이 범상하지 않는 어려운 일을 수행하고 있다는 것을 시사한다.

셋째, 교사는 자신의 지식과 기술에 따라 스스로 결정할 수 있는 재량권을 행사한다. 교사의 일은 단순한 과정을 요구하고 사전에 주어진 지침에 따라 수행하며, 이루어야 할 목표와 목표 달성을 위한 실행의 절차가 객관화·일반화되어 있는 것이 아니다. 교사의 일은 출발점에서부터 가시화·일반화될 수 없는 개성적 대상과 목표를 전제하게 되고 그 실행과정에 시종일관 개별성과 우연성이 수반되기 때문에 교육받는 대상의 고유한 가능성과 교육적 필요를 포착하는 일에서부터 그에게 가장 의미 있는 경험의 소재들을 선정·해석·번역하여 전달하는 일에 이르기까지 전 과정에 걸쳐서 끊임없이 스스로 판단하고 실행한다(허병기, 1994, p. 54).

(2) 역량

교사는 21세기 글로벌 시대에 필요한 창의성과 인성을 길러주기 위한 교육을 할 수 있는 역량을 지니고 있어야 한다. 역량(competence)은 개인이나 사회의 요구를 성공적으로 충족시키거나 특정 활동이나 과제를 수행할 수 있는 잠재력이다(OECD, 2001). OECD(2001)는 DeSeCo(The Definition and Selection of Key Competencies) 보고서를 통해 미래사회에서 성공적인 삶과 행복한 사회를 구현하기 위한 핵심역량을 선정하였다.

DeSeCo 보고서에서 제시한 핵심역량의 세 범주는 표 2-1 과 같다. 첫째, 개인은 환경과 효과적으로 상호작용하기 위해 다양한 도구를 사용할 수 있어야 한다. 둘째, 상호의존성이 높아지는 세계에서 개인은 타인과 관계 맺기를 할 수 있어야 하며, 각양각색의 배경을 가진 사람들인 모인 이질적인 집단에서 상호작용할 수 있는 것이 중요하다. 셋째, 개인은 책임감 있는 태도로 자신의 생애를 관리하고, 광의의 사회적 맥락 속에서 살아가면서 자율적으로 행동할 수 있어야 한다.

표 2-1 DeSeCo의 생애 핵심역량의 하위 요소

범주	하위역량	필요한 이유
도구의 상호 교감적 사용 (Use tools interactively)	• 언어, 상징, 텍스트를 상호 교감하며 사용하기 • 지식과 정보를 상호 교감하며 사용하기 • 기술을 상호 교감하며 사용하기	• 기술 변화에 보조를 맞추어야 함 • 자신의 목적에 맞게 도구를 변용해야 함 • 세상과 적극적으로 대화해야 함
이질적 집단에서의 상호작용 (Interact in heterogeneous groups)	• 타인과 원만한 관계 맺기 • 팀으로 일하며 협력하기 • 갈등을 관리하고 해결하기	• 다원화된 사회의 다양성에 적응해야 함 • 공감의 중요성 • 사회자본의 중요성
자율적인 행동 능력 (Act autonomously)	• 전체적 조망 속에서 행동하기 • 생애계획을 수립하고 실천하기 • 권리, 이익, 한계, 요구를 주장하고 지키기	• 복잡한 세상에서 개인의 정체성을 실현하고 목표를 정해야 함 • 권리를 행사하고 책임을 져야 함 • 자신의 환경과 그것의 작동원리를 이해해야 함

출처: OECD(2001). The definition and selection of key competencies.

DeSeCo 보고서에서 밝힌 핵심역량의 특징을 교사의 직무수행의 관점에서 적용하여 보면 다음과 같다. 첫째, 핵심역량은 교사 개인이 미래사회를 살아가는 데 있어서 경제적·사회적 목적에 부합하는 것이어야 한다. 둘째, 핵심역량은 학생들이 다양한 분야의 진로를 탐색하고 계발할 수 있도록 다양한 교육내용 및 방법을 융·통합하여 제공하는 것이어야 한다. 셋째, 핵심역량은 모든 교사들이 계발하고 보유하고 싶어 하는 것이어야 한다.

이처럼 교사의 핵심역량은 21세기 무한경쟁시대에 직면해 요청되는 국가경쟁력 제고를 위한 창의·인성을 갖춘 인재를 길러내는 데 요청되는 교사의 능력이다. 이를 위해 요청하는 교사의 핵심역량은 무엇보다도 교사의 교육행위에 대한 성찰적 사고(thinking reflectively)라고 할 수 있다. 성찰적 사고는 교육행위에서 자기주도적으로 교육내용과 방법을 결정하고 전달된 교육 경험이 학생들의 바람직한 변화를 주었는가에 대한 체계적이고 비판적인 사고과정을 말한다. 이러한 성찰적으로 사고하기는 메타인지기술(생각하기에 대한 생각하기)의 이용과 창의력, 비판적 자세, 자신의 생각과 감정, 사회적 관계에 대한 경험적 분석, 다른 관점 취하기, 독립적인

판단 내리기, 자신의 행동에 책임지기 등을 전제로 이루어진다.

3) 권리와 책무

(1) 권리

교원이 갖는 권리는 크게 교육권, 신분상의 권리, 재산상의 권리로 구분된다. 교육권은 교육과정 결정 및 편성권, 교재의 선택·결정권, 교육내용과 방법 및 수업할 권리, 성적평가권, 학생지도 및 징계권 등이 있다(이병환, 박미란, 2012). 교육과정의 결정 및 편성권은 교육활동의 핵심인 교육내용을 결정하고 교과서를 작성하는 권한이다(초·중등교육법 제23조). 그리고 교재의 선택권은 출판된 교육용 도서를 선택하는 권한이다(동법 제29조). 다만 각급 학교의 교과용 도서를 교육부가 저작권을 가졌거나 검정 또는 인정한 것으로 국한시키고 있다(동법 제29조 제1항). 교육내용과 방법 및 수업할 권리는 교실에서 수업할 때 교과서 범위 내에서 구체적 내용을 선택·결정할 권리이다(교육기본법 제12조). 성적평가권은 교원의 학생교육권(초·중등교육법 제20조)에는 학생에 대한 교과 성적 및 생활 상태 평가권은 당연히 갖는다는 측면을 강조한다. 학생지도 및 징계권은 꾸짖거나 체벌과 같은 사실 행위로서 행해지는 것, 퇴학·정학과 같은 법적 효과가 따른 형태로 구분되고 있다.

신분상의 권리는 신분 및 직위보유권, 직무집행권, 재심청구 및 행정소송권, 의사에 반한 신분 조치를 당하지 않을 권리, 권고사직 당하지 않을 권리, 불체포특권, 처분사유 설명서 교부권 및 후임자 보충발령의 유예, 여교원의 동등 신분보장권 등이 있다. 신분 및 직위보유권은 교사는 법령이 정하는 사유와 절차에 의하지 않고는 그 신분과 직위로부터 일방적으로 배제되거나, 그 직위에 속하는 직무의 집행을 방해 당하지 않을 권리를 가진다(국가공무원법 제68조). 직무집행권은 교사가 담당하고 있는 직무의 집행을 방해 당하지 않을 권리를 가진다. 재심청구 및 행정소송권은 교사가 징계처분, 기타 그 의사에 반하는 불리한 처분에 대해 불복할 때에는 그 처분이 있은 것을 안 날로부터 30일 이내에 교육부에 설치된 교원소청심사위원회(이하 심사위)에 소청심사를 청구할 수 있는 권리를 말한다. 심사위는 소청을 접수한 날로부터 60일 이내에 이에 대한 결정을 하여야 한다. 다만 심사위가 불가피하다고 인정하는 경우에는 그 의결로 30일을 연장할 수 있다. 의사에 반한 신분 조치를 당하지 않을 권리는 교원은 법령이 정하는 사유와 절차에 의하지 않고는 신분조치(휴직 · 강임 · 면직)를 당하지 않을 권리를 말한다(교육공무원법 제43조 제2항, 사립학교법 제56조). 권고사직 당하지 않을 권리는 교원이 사회적으로 우대되어야 한다는 교육법의 정신에 입각하여 권고사직 당하지 않을 신분상의 권리를 가진다(교육공무원법 제43조 3항). 불체포특권은 교원은 현행범인 경우를 제외하고는 소속 학교장의 동의 없이 학원 안에서 체포되지 않을 특권을 가진다는 권리이다(교원 지위 향상을 위한 특별법 제4조, 사립학교법 제60조). 처분 사유 설명서 교부권 및 후임자 보충발령의 유예권은 교원은 직권에 의해 처분 당할 때, 그 처분권자 혹은 처분제청권자로부터 처분의 사유를 기재한 설명서를 교부 받을 권리를 말한다(국가공무원법 제75, 사립학교법 제66조). 여자와 연소자는 특별한 보호를 받도록 헌법(제32조)이 규정하고 있다. 여교원에 대한 신분보장상의 차이는 없다는 권리이다. 여교원은 출산 전후를 통하여 90일 이내에 휴가를 얻을 수 있다(공무원복무규정 제20조). 그리고 여성교원에게는 산모의 건강 및 자녀 양육을 위해 3년간의 휴직청구권이 보장되어 있다(교육공무원법 제44조).

재산상의 권리는 보수청구권 등이 있다. 보수의 법적인 의미는 봉급과 기타 각종 수당을 합산한 금액을 말한다(공무원보수규정 제4조). 따라서 교원의 봉급은 보수의 기본적인 재산권이 되며, 교원의 경제적 지위의 기초가 된다. 교원의 봉급은 교원의 동일 자격 · 학력 · 경력에 의하여 동일 호봉의 원칙에 준한다. 봉급 외의 보수청구권은 수당청구권(특수업무수당, 상여수당, 가계보전수당, 초과근무수당, 명예퇴직수당 등)과 연금청구권, 실비변상청구권(국가공무원법 제48조) 등이 있다.

(2) 책무[1]

교사가 수행해야 하는 책무 중 하나는 행정적 책무이다. 교사는 학기 설정, 수

1) 김규태(2012). 교육책무성: 이론 · 정책 · 제도. 서울: 원미사에서 발췌함.

업일수 조정, 학급 편성 운영, 수업 시간, 조기 진급 및 조기 졸업, 입학과 수료 및 졸업 등 법령에 규정한 학사운영 기준에 부합하도록 학사운영을 해야 한다(초・중등교육법 제27조 ①, 초・중등교육법 시행령 제44조, 제45조, 제46조, 제50조). 또한 교사는 복무, 승진, 연수, 징계 등을 규정하는 법규 및 행정규칙을 이행해야 한다(국가공무원법, 교육공무원법, 국가공무원복무규정, 공무원근무사항에 관한 규칙, 국가공무원승진규정, 교원 등의 연수에 관한 규정 등). 그리고 교사는 학생의 학업성취도 및 인성 등을 종합적으로 관찰 평가하여 학생지도 및 상급학교의 학생 선발에 활용할 수 있는 자료를 교육부장관이 정하는 기준에 따라 작성 관리해야 한다(초・중등교육법 제25조).

둘째, 교사는 전문가로서 전문적인 책무를 수행해야 한다. 교사는 교육자로서 갖추어야 할 품성과 자질을 향상시키고, 그 직무를 수행하기 위하여 부단히 연구와 수양에 노력해야 함은 물론, 학교 내에서 동 학년 모임, 교과별 모임, 현장연구, 자체연수 등을 통해 교육활동 개선을 위해 경주해야 한다(교육기본법 제14조 ②, 교육공무원법 제38조 ②, 초・중등교육과정 고시). 또한 교사는 학생 병합 수업, 방송프로그램 수업 활용, 정보통신매체 이용한 수업 실시와 아울러 개별 및 공동학습활동, 발표 토의학습, 실험 관찰 조사 등 직접체험활동을 활용한 교과수업 등을 수행해야 한다(초・중등학교 교육과정 고시). 아울러 교사는 학생자치활동, 징계, 훈육, 진로지도, 특기적성계발 등의 생활 진로지도 및 상담에 있어 전문성을 발휘해야 한다(초・중등교육법 제17조, 초・중등교육법 시행령 제30조, 제31조, 초・중등학교교육과정 고시 등).

셋째, 교사는 학생과 학부모의 필요와 요구를 부응하는 고객지향적 책무를 이행해야 한다. 교사는 학교와 학생의 특성과 요구 및 수준에 맞는 학교교육과정을 편성 운영해야 한다. 또한 교사는 학생과 학부모의 요구를 바탕으로 방과 후 혹은 방학 중 프로그램을 개설해야 한다. 그리고 교사는 학생의 수준과 흥미 및 요구에 맞는 교과서를 선택해야 함은 물론, 학생의 수준에 맞는 교재 및 자료를 개발해야 한다. 아울러 교사는 교과용 도서 이외에 학교에서 수행하는 수준별 교육과정 실시를 위한 심화・보충학습자료를 개발 사용해야 한다(초・중등교육법 제29조 ①, 초・중등교육법 제32조, 초・중등학교 교육과정 고시).

넷째, 교사는 도덕적 책무를 수행해야 한다. 교사는 교육공무원으로서 수행해야 하는 선서, 성실의무, 복종의 의무, 직장이탈금지, 친절공정의 의무, 비밀엄수의 의무, 청렴의 의무, 품위유지의 의무, 영리업무 및 겸직금지, 정치운동의 금지, 집단행위의 금지 등의 도덕적 책무를 이행해야 한다(국가공무원법 제55조~66조, 국가공무원 복무규정).

표 2-2 교사의 책무

유형	영역	내용	근거
행정적 책무	학사운영	학생의 선발, 졸업, 진급, 성적 등 학사관리 운영	초・중등교육법 제27조 ①, 초・중등교육법시행령 제44조, 제45조, 제46조, 제50조
	행정규정	복무 승진 연수 평가 등 행정규정 준수	국가공무원법, 교육공무원법, 국가공무원복무규정, 공무원근무사항에 관한 규칙, 국가공무원승진규정, 교원 등의 연수에 관한 규정 등
	사무관리	학생생활기록부 기록 관리	초・중등교육법 제25조
전문적 책무	연구연수	품성과 자질 및 직무 향상을 위한 연구연수활동	교육기본법 제14조 ②, 교육공무원법 제38조 ②, 초・중등교육과정 고시
	수업	다양한 수업 방법의 강구 실시	초・중등교육법 시행령 제48조, 초・중등학교교육과정고시, 교육공무원승진규정
	평가	다양한 평가도구방법 기준 강구 실시	초・중등교육과정 고시
	생활지도	학생 징계 및 훈육, 특기적성 계발, 진로지도 등	초・중등교육법 제17조, 제31조, 교육공무원승진규정
고객지향적 책무	교육과정	학생의 특성과 요구 및 수준에 적합한 교육과정 편성 운영	초・중등교육법 제32조 초・중등학교교육과정 고시
	교과 및 교과서 선택	학생들의 필요 능력 적성에 적합한 교과 및 교과서 선택권 보장	초・중등교육법 제32조 초・중등학교 교육과정 고시
도덕적 책무	자질, 품성 및 태도 복무	성실, 친절공정, 비밀엄수, 청렴, 품위유지 등의 의무 이행	국가공무원법 제55조, 제66조, 교육공무원법승진규정

출처: 김규태(2012a), 이준희(2012)의 관련내용을 수정・종합함

2. 교직론

1) 교직관

교사는 스승이라는 천직을 수행하는 자인가? 임금 근로자로서 직업인인가? 가르치는 업무를 수행하는 전문가인가? 교직관이 중요한 이유는 교사를 보는 기본적인 시각과 관점의 차이에 따라 교사의 교직수행과 교원단체에 대한 가치관과 태도에 차이를 갖게 하기 때문이다. 이런 교직관의 유형에는 전통적으로 성직자관, 노동직관, 전문직관이라는 세 가지 유형이 제시되고 있다.

성직자관은 교사를 성직자와 같이 소명의식을 가진 직분을 수행하는 사람으로 본다. 이는 교사는 언제나 교육의 중심에 있으며, 지적으로나 도덕적으로 학생들이 본받아야 할 모델로서 수행해야 한다는 측면을 강조한다. 성직관의 교사에 대한 역할 기대는 학습자와의 관계에서 가치 있는 지식의 전달자이며, 윤리적인 모범으로서의 역할을 강조하면서 제자에 대한 한없는 사랑과 헌신, 희생과 봉사 그리고 학문적 모범과 윤리적으로도 모범이 되어야 함을 강조한다. 그래서 성직자관에 기초한 교사들은 교사의 물질적 보상, 근무 형태, 인사 문제에 대한 요구 등을 세속적인 관심으로 간주하고 교사에게 어울리지 않는 것으로 생각하는 경향이 있다.

노동직관은 교사를 근로자로 보는 관점이다. 근로자라 함은 직업의 종류를 불문하고 임금·급료, 기타 이에 준하는 수입에 의하여 생활하는 자이다(노동조합 및 노동관계조정법 제2조의 1). 노동직관에 입각한 교사는 정신적 노동을 주로 하는 것이며, 계약에 의해 고용된 상태이므로 교사 또한 노동법에 규정하는 권리와 의무를 행사할 수 있다고 본다. 또한 조합주의에 의거한 노동 3권의 보장은 교사들에게도 인정되어야 하고 필요에 따라서는 다른 노동단체와의 연대와 제휴도 불가피하다는 입장이며 교사의 정치적 활동을 중요한 것으로 보고 있다.

전문직관은 성직관과 노동직관을 변증법적으로 통합한 교직관이다. 성직관은 교직의 규범성을 강조하고 노동직관은 현실적이고 기술적인 관점에 기초하였으나, 전문직관은 규범적·현실적 관점을 통합한 교직관이라고 할 수 있다(이윤식 외, 2007). 전문직관은 교사를 고도의 지적·정신적 전문성을 실천하는 봉사자로서 본다. 전문직관에 입각한 교사는 교과내용에 관한 지식과 함께 교과를 가르치는 방법에도 정통해야 하며, 개별 학생에 대한 이해를 바탕으로 최상의 학습 및 생활지도를 실천하는 사람이다.

2) 교직문화

교직문화는 교원들이 교직생활에 적응하면서 형성된 학교교육에 대한 제반 신념체계나 가치체계를 의미한다. 즉 교직문화는 교원들이 학교교육을 맡아서 수행하는 과정에서 특정한 교사 집단 혹은 교직사회에서 공유되고 있는 태도, 가치, 공유된 신념, 규범 등을 의미하는 것이다.

기존의 연구들은 중등학교의 교직문화를 여러 관점에서 제시하고 있다. 중등학교의 교직문화의 특징을 김병찬(2003)은 행정업무 중심 문화, 교사 편의주의 문화, 형식주의 문화, 개인주의 문화, 외부의 영향에 취약한 문화, 목적의식이 약한 문화, 여교사 중심 문화로, 류방란 외(2002)는 의례화, 공유와 견제, 보여주기, 불만 속의 순응으로, 이혜영 외(2001)는 인간관계지향, 경계 유지, 방어와 보수, 무력감 혹은 체념으로 제시하였다.

이런 교직문화는 학교조직에 대한 관점의 차이에서도 비롯된다. 우선 교직은 기계적이고 합리적 관리주의라는 이미지를 지니고 있다(Hoy & Miskel, 2001; Morgan, 2006). 이는 공식화, 중앙집권화, 성문화된 규칙과 조정, 수직적 의사소통, 감독, 위계, 효율성 및 외재적 인센티브 등의 특징을 갖는다(Firestone & Herriott, 1982; Sergiovanni et al., 2004). 한편 교직은 학교 운영, 수업과 지도 등에 대해 전문적 지식과 기술을 요청하는 전문가 조직이다(Hoy & Miskel, 2001).

Lortie(1975)는 교직의 구조와 생활 및 일들이 관리주의와 전문성주의가 결합된 특성을 지녔다고 주장하면서 다음과 같은 특성을 제시했다. 여기서 첫 번째부터 세 번째는 관리주의에 입각한 교직을, 나머지는 전문성주의의 특성에 해당된다.

① 교직은 위계적 관료구조를 지닌 조직이다.
② 교직은 수업 업무 및 스케줄 등에 대한 커다란 변화가 없다.
③ 교직은 감독청의 지도 · 감독을 받는 곳이다.
④ 교직은 현재 교실에서 개별 교사가 자율적으로 수업과 학생지도를 하는 곳이다.
⑤ 교직은 개별 교사의 수업 및 평가의 자율성과 책임을 강조한다.
⑥ 교직은 표준화된 수업과 지도방법을 공유할 수 없다.
⑦ 교직은 학교 상황과 정책보다는 교실 학생의 복지와 성장을 더 관심을 가진다.
⑧ 교직은 급진적인 변화보다는 안정과 점진적 개선을 선호한다.
⑨ 교직은 전문가 상호 조언과 협력을 기반으로 하는 전문적 공동체이다.
⑩ 교직은 동료 교사의 평가를 하거나 받는 것을 꺼려하며, 온정주의적 평가를 한다.
⑪ 교직은 외재적 동기보다는 내재적 동기를 추구한다.
⑫ 교직은 목표의 다양성과 결과의 모호성으로 성과관리와 평가가 난해하다.
⑬ 교직은 단기적이고 직접적이며 가시적인 방식의 통제와 평가가 어렵다

이처럼 교직문화는 표 2-3 과 같이 관리주의와 전문성주의라는 양면을 지니고 있다. 관리주의 관점에서 보면 교직문화는 동질적이고, 표준화되며 집합적인 측면이 강한 특징을 지닌 반면에, 전문성주의 관점에서 보면 교직문화는 다양한 개인들의 전문적 기술과 과업을 강조하는 것으로 볼 수 있다. 한편, 관리주의 지향적 교직문화는 보다 단단하게 결합된 시스템(tightly-coupled system)의 특성을 지니면서 중앙집권화된 통제 구조를 지향한다. 이에 따라 교직은 외부 책무성 통제 속에서 보다 명시적이고 구체적인 규제를 받기 때문에 상대적으로 낮은 전문적 재량권을 행사한다. 이와 반대로 전문성주의 지향적 교직문화는 느슨한 조직구조를 지니는 분권화된 통제 시스템(loosely-coupled and decentralized control system) 속에서 내부 책무성 기제를 바탕으로 비공식적인 전문적 규범과 기준에 의해 통제를 받기 때문에 상대적으로 높은 재량권과 전문성주의를 실천할 수 있다(김규태, 방경곤, 이병환, 권

민석, 2013, pp. 13-14).

표 2-3 교직구조의 특성

관리주의	전문성주의
동질성	이질성
획일성	다양성
집합주의	개인주의
타이트하게 연계된 구조	느슨하게 연계된 구조
집권화	분권화
낮은 재량	높은 재량
외부 통제	내부 통제
명시적 규제	비명시적 규제
예측 가능성	비예측성

출처: 김규태(2012b). 책무성 시대에서의 관리주의와 전문성주의의 조화.

3) 교직사회화

사회화란 개인이 소속된 사회집단의 습관이나 가치, 규범, 행동양식, 언어나 지식을 습득해 가며 한 사람의 성숙한 사회 구성원으로 형성되어 가는 과정을 말한다. 사회가 설정해 놓은 생활 규범과 방식을 개인이 학습해 가는 과정이 곧 사회화이다. 다시 말하면, 개인이 타인과 사회적 관계를 맺으면서 사회적 역할을 학습하고 수행해 가는 과정이라 할 수 있다(최정웅 외, 2004).

이러한 사회화는 특정 직업에서도 이루어지는데 이를 직업사회화하며, 교직에서 이루어지는 사회화를 교직사회화 또는 교사사회화라고 한다. 교직사회화와 교사사회화는 다음과 같이 구분하기도 하고, 양자를 구분하지 않기도 한다(최상근, 1993). 교사사회화는 교사집단을 대상으로 하거나 타 직업집단과 비교할 때 사용된다. 교직사회화는 교사사회화보다 협의의 의미로 사용되며, 교사의 교직생활에서만 관련하여 사용된다. 즉, 교사사회화나 교직사회화 모두 교직생활에서 교육관, 교사관, 교육과정관, 수업지도관, 학생관 등에서의 변화과정을 다루기 때문이다(김병희 외, 2010).

교사들은 교직생활에서 생기는 여러 가지 문제에 부딪치게 되며, 그 문제를 해결해 가는 노력을 통하여 사회나 학교가 기대하는 역할을 하게 된다. 이와 같이 교직생활에 적응하는 과정에서 교직사회화가 이루어지게 된다. 교직사회화 과정을 통해서 교사들은 교직문화에 적응하게 되고 교직에 대한 묵시적인 가정, 공유된 가치와 규범이 형성되게 된다. 이러한 적응과정에서 교사들은 학교를 있는 그대로 받아들이고 자신을 맞추기 위해 노력하기도 하지만 자신의 의지와 신념에 따라 학교 상황의 범주에서 허용될 수 있는 행동의 범위를 가능한 넓히기도 한다. 따라서 교사들의 교직 적응과정에서 나타나는 교직의 사회화는 교직에서의 전반적인 생활에 영향을 준다.

교직사회화는 생존기, 강화기, 갱신기, 성숙기의 단계적인 발달과정을 거쳐 충분한 자질을 갖춘 유능한 교사로 성장해 간다. 물론 교사 개인에 따라 성장해 나가는 속도와 발달단계를 거치는 데 걸리는 시간은 다르다(권건일, 2004).

첫째, 생존기 단계는 신임교사가 교직세계라는 새로운 세계에 처음으로 발을 디디게 되면서 두려움과 걱정에 휩싸이게 된다. 이러한 경험은 신임교사라면 누구나 겪게 되는 것이다. 주위에 있는 선배교사의 지원, 이해, 격려, 위로, 지도 등은 신임교사들이 생존기 단계에서 겪는 어려움을 극복하는 데 큰 힘이 될 수 있다. 그러나 무엇보다 중요한 것은 교사 스스로 학생과 교육환경을 이해하려는 노력, 그리고 다양한 수업방식을 알아보고 적용하려는 노력이다.

둘째, 강화기 단계는 교사로서 내게 부족한 것은 무엇인지, 새로이 익혀야 할 것이 무엇인지를 찾게 된다. 교사들의 이러한 문제는 교사들 간의 상호 탐구를 통해서 가장 잘 해결될 수 있다. 예를 들면, 다른 교사가 비슷한 경우의 학생을 어떻게 다루고 있는지를 알아봄으로써 그리고 자신의 행동을 다른 교사에게 알림으로써 새로운 전략을 세울 수 있다. 특히 이 단계에서는 학생 일반이나 특별한 학생에 관한 정보를 수집하고 그러한 정보를 활용하는 훈련을 많이 해야 한다,

셋째, 갱신기 단계에서의 교사는 자신이 하는 똑같은 일에 대해서 회의와 싫증을 느끼기 시작한다. 그리하여 자신이 하고 있는 교수활동을 새롭게 갱신하려는

힘든 작업을 고려하기 시작한다. 이 단계의 교사들에게는 학교 안에서의 도움보다는 학교 밖에서 다른 교육 프로그램을 운영하는 사람들의 도움이 필요하다. 예컨대, 청소년 교육 프로그램이나 박물관 견학 프로그램, 캠핑이나 여행 프로그램 등을 관찰함으로써 교육활동과 관련된 새로운 아이디어를 얻을 수 있다. 또 교육을 위한 연구모임에 참여함으로써, 그리고 독서나 영화감상 등의 폭넓은 취미활동을 통해서도 이러한 노력의 결실을 얻을 수 있다.

넷째, 성숙기 단계는 교사로서 어느 정도 안정을 찾고 나름대로 자신을 갱신하려는 노력의 결실을 얻은 후에 교사는 비로소 자신을 스스로 교사로 인정하는 성숙한 단계에 이르게 된다. 이 단계의 교사들은 교육개선을 위한 회의나 세미나에 참가할 수 있는 기회나 학위 취득을 위한 기회를 필요로 하게 된다.

4) 교직윤리

교직은 전문적이고 도덕적인 실천과정과 맥락을 특징으로 하며, 교사들은 학생과 학교교육을 위해 여러 가지 윤리적 결정과 쟁점에 직면하게 된다.

교사는 교육행위를 통하여 복잡하고 애매모호하고 불확실하며, 개별적이고 주체적인 인간의 경험을 풍부하고 충실하게 이해하고 바람직한 방향으로 변화시키는 행위를 수행한다. 이를 위해서는 교육적 상상력, 감정이입력, 인간적 만남, 인간에 대한 교육적 열정, 진리에 대한 열정과 정직성, 특정 상황에 대한 감식력, 사려 깊음과 관심 등 도덕적 실천력을 발휘해야 한다.

또한 교사는 자신의 지식과 기술에 따라 스스로 결정하고 실천하는 재량권을 행사한다. 그래서 교사의 직무는 단순한 과정을 요구하고 사전에 주어진 지침에 따라 수행되는 것이 아니라 이루어야 할 목표와 목표 달성을 위한 실행의 절차에 대한 끊임없는 반성적 실천을 요구하고 있다. 교사는 학생의 고유한 가능성과 교육적 필요를 포착하는 일에서부터 그에게 가장 의미 있는 경험의 소재들을 선정·해석·번역하여 전달하는 일에 이르기까지 윤리적 판단과 결정을 해야 한다.

그리고 교사는 교육 실천 속에서 끊임없이 도덕적 판단력과 심성을 지닐 필요가 있다. 왜냐하면 교육 실천과정은 학생과 교사 간의 상호작용에서의 인격적 관계, 근면성, 관대함, 공공성, 평등성 등의 윤리적 가치 실현, 윤리강령과 도덕적 공동체로서의 학교 구축 등의 요인들이 내재되어 있기 때문이다(김규태, 2012). 이러한 점에서 교사는 교직에서 직무를 수행함에 필요한 개인적이고 단체적인 수준의 윤리를 실천할 필요가 있을 것이다. 아래에서는 교직단체와 법제도에서 규정된 교직윤리를 제시할 것이다.

(1) 사도헌장(대한교육연합회, 1982년)

오늘의 교육은 개인의 성장과 사회의 발전과 내일의 국운을 좌우한다. 우리는 국민 교육의 수임자로서 존경받는 스승이요, 신뢰받는 선도자임을 자각한다. 이에 긍지와 사명을 새로이 명심하고 스승의 길을 밝힌다.

1. 우리는 제자를 사랑하고 개성을 존중하며 한 마음 한 뜻으로 명랑한 학풍을 조성한다.
1. 우리는 폭넓은 교양과 부단한 연찬(研鑽)으로 교직의 전문성을 높여 국민의 사표(師表)가 된다.
1. 우리는 원대하고 치밀한 교육 계획의 수립과 성실한 실천으로 맡은 바 책임을 완수한다.
1. 우리는 서로 협동하여 교육의 자주 혁신과 교육자의 지위 향상에 적극 노력한다.
1. 우리는 가정교육, 사회교육과의 유대를 강화하여 복지국가 건설에 공헌한다.

(2) 교직윤리헌장(한국교원단체총연합회, 2005년)

우리는 교육이 인간의 가치와 존엄성을 높이며, 개인의 성장과 자아실현은 물론 국가와 민족의 미래에 중대한 영향을 준다는 사실을 명심하고, 국민으로부터 부여받은 교육자의 책무를 다하기 위해 최선을 다한다. 우리는 균형 있는 지 · 덕 · 체 교육을 통하여 미래사회를 열어갈 창조정신과 세계를 향한 진취적 기상을 길러줌으로써, 학생을 학부모의 자랑스런 자녀요 더불어 사는 민주사회의 주인으로 성장하게 한다. 우리는 교육자의 품성과 언행이 학생의 인격 형성을 좌우할 뿐만 아니라 사회 전반의 윤리적 지표가 된다는 사실을 깊이 인식하고, 윤리성과 전문성을 높이기 위해 노력한다. 이에 우리 모두의 의지를 모아 교직의 윤리를 밝히고, 사랑과 정직과 성실에 바탕을 둔 교육자의 길을 걷는다.

우리의 다짐

1. 나는 학생을 사랑하고 학생의 인권과 인격을 존중하며, 합리적인 절차와 방법에 따라 지도한다.
1. 나는 학생의 개성과 가치관을 존중하며, 나의 사상 · 종교 · 신념을 강요하지 않는다.
1. 나는 학생을 학업성적 · 성별 · 가정환경의 차이에 따라 차별하지 않으며, 부적응아와 약자를 세심하게 배려한다.
1. 나는 수업이 교사의 최우선 본분임을 명심하고, 질 높은 수업을 위해 부단히 연구하고 노력한다.
1. 나는 학생의 성적평가를 투명하고 엄정하게 처리하며, 각종 기록물을 정확하게 작성 · 관리한다.
1. 나는 교육전문가로서 확고한 교육관과 교직에 대한 긍지를 갖고, 자기개발을 위해 노력한다.
1. 나는 교직 수행과정에서 습득한 학생과 동료, 그리고 직무에 관한 정보를 악용하지 않는다.
1. 나는 학생이나 학부모로부터 사적이익을 취하지 않으며, 사교육기관이나 외부업체와 부당하게 타협하지 않는다.
1. 나는 잘못된 제도와 관행을 개선하는 데 앞장서며, 교육적 가치를 우선하는 건전한 교직문화 형성에 적극 참여한다.
1. 나는 학부모와 지역사회를 교육의 동반자로 삼아 바람직한 교육공동체 형성을 위해 함께 노력한다.

(3) 국가공무원법

국가공무원법(법률 제11392호, 2012.3.21)의 제7장은 공무원들이 수행해야 하는 복무를 제시하고 있다. 교사들이 수행하는 주요 복무사항은 성실 의무(제56조), 복종의 의무(제57조), 직장 이탈 금지(제58조), 친절 · 공정의 의무(제59조), 비밀 엄수의 의무(제60조), 청렴의 의무(제61조), 품위 유지의 의무(제63조), 영리 업무 및 겸직 금지(제64조), 정치 운동의 금지(제65조), 집단 행위의 금지(제66조) 등이 있다.

- 모든 공무원은 법령을 준수하며 성실히 직무를 수행하여야 한다(성실 의무).
- 공무원은 직무를 수행할 때 소속 상관의 직무상 명령에 복종하여야 한다(복종의 의무).
- 공무원은 소속 상관의 허가 또는 정당한 사유가 없으면 직장을 이탈하지 못한다(직장 이탈 금지).
- 공무원은 국민 전체의 봉사자로서 친절하고 공정하게 직무를 수행하여야 한다(친절 · 공정의 의무).
- 공무원은 재직 중은 물론 퇴직 후에도 직무상 알게 된 비밀을 엄수(嚴守)하여야 한다(비밀 엄수의 의무).
- 공무원은 직무와 관련하여 직접적이든 간접적이든 사례 · 증여 또는 향응을 주거나 받을 수 없다. 공무원은 직무상의 관계가 있든 없든 그 소속 상관에게 증여하거나 소속 공무원으로부터 증여를 받아서는 아니 된다(청렴의 의무).
- 공무원은 직무의 내외를 불문하고 그 품위가 손상되는 행위를 하여서는 아니 된다(품위 유지의 의무).
- 공무원은 공무 외에 영리를 목적으로 하는 업무에 종사하지 못하며 소속 기관장의 허가 없이 다른 직무를 겸할 수 없다(영리 업무 및 겸직 금지).
- 공무원은 정당이나 그 밖의 정치단체의 결성에 관여하거나 이에 가입할 수 없다. 공무원은 선거에서 특정 정당 또는 특정인을 지지 또는 반대하기 위한 다음의 행위를 하여서는 아니 된다. ① 투표를 하거나 하지 아니하도록 권유운동을 하는 것 ② 서명 운동을 기도(企圖) · 주재(主宰)하거나 권유하는 것 ③ 문서나 도서를 공공시설 등에 게시하거나 게시하게 하는 것 ④ 기부금을 모집 또는 모집하게 하거나, 공공자금을 이용 또는 이용하게 하는 것 ⑤ 타인에게 정당이나 그 밖의 정치단체에 가입하게 하거나 가입하지 아니하도록 권유운

동을 하는 것(정치 운동의 금지).

- 공무원은 노동운동이나 그 밖에 공무 외의 일을 위한 집단 행위를 하여서는 아니 된다. 다만, 사실상 노무에 종사하는 공무원은 예외로 한다(집단 행위의 금지).

5) 교직단체

일반적으로 교원단체는 유네스코(UNESCO)와 세계노동기구(ILO)가 1966년에 공동으로 작성한 '교원 지위에 관한 권고문'에서 "교원단체는 교육의 진보에 크게 기여할 수 있는 것이며, 따라서 교육정책의 결정에 마땅히 관여해야 한다"라고 천명한 권고문에 의해 제정되기 시작하였다. 교원단체는 기본적으로 전문직으로서의 교권의 신장과 교원들의 권익 및 복지 보호를 위한 조직이라고 할 수 있다. 교원단체가 교직의 전문성 신장을 위한 단체라고 함은 교원조직이 사회봉사 기능을 담당하며 교육의 진흥과 문화의 창달 및 민주사회의 실현을 목적으로 한다는 측면을 강조한다. 그리고 교원단체가 교원들의 권익 및 복지 보호를 위한 조직이라고 함은 교원의 제반권리를 옹호하고 교원의 근무조건, 교원복지, 교권 확립 등을 위한 이익단체(interest group)임을 강조하는 것이다.

우리나라의 교원단체는 한국교원단체총연합회, 전국교직원노동조합, 한국교원노동조합, 자유교원조합 등이 있다. 우선, 한국교원단체총연합회(한국교총)는 1947년 11월 23일 결성된 '조선교육연합회'를 모태로 발전한 교직단체로서 1948년 8월 15일 정부수립과 함께 '대한교육연합회'로 개칭하였고, 1989년 11월에는 그 명칭을 '한국교원단체총연합회'로 바꾸었다. 1991년에는 '교원지위 향상을 위한 특별법'이 제정됨에 따라 교육당국과의 교육에 대한 교섭·협의권을 정례화하게 되었다. 한국교총은 여러 교육정책을 마련하여 교권 신장을 위해 노력하고 있으며, 최근 수석교사제도화를 이끄는 등 활동을 하고 있다.

둘째, 전국교직원노동조합은 1987년 9월 전국교사협의회가 발족되어 활동하던 중에 1989년 5월 전국교직원노동조합(전교조)이 결정되면서 시작되었다. 전교조는 '참교육'을 구호로 내걸고 노동 3권 보장을 주장하면서 교원 노동운동을 전개하였다. 이러한 과정에서 전교조는 1989년 1,500여 명의 교원들이 교단을 떠나게 되는 등 정부에 의해 공식 교원단체로 인정받지 못하였다가 1999년 1월에 국민의 정부에 의해 공포된 '교원의 노동조합 설립 및 운영에 관한 법률'에 의해 합법화되었다. 전교조는 기본적으로 노동자로서의 교사의 권익 보장을 위하는 단체로서 전국민주노동조합총연맹 산하단체로 활동하고 있다. 전교조는 노동 3권 중에서 단결권, 단체교섭권은 보장받고 있으나 단체행동권은 부여받지 못하고 있다.

이 밖에도 1999년 2월 12일에 교원의 노동기본권 보장과 교육환경 개선 및 실천을 위하여 한국노동조합총연맹 산하 단체로 결성된 한국교원노동조합이 있으며, 또한 전교조와는 반대로 학교별 특성화된 교원평가의 실시, 교원처우성과급제 도입, 교육정보공개 추진, 학업성취도 평가 및 기초학력진단 평가의 전국 확대 실시 등 자유주의 교육정책을 옹호하는 자유교원조합이 있다.

참고문헌

권건일(2004). 교육학개론. 경기: 양서원.

김규태, 방경곤, 이병환, 권민석(2013). 교육학 논리와 논술. 경기: 양서원.

김규태(2012a). 교육책무성: 이론 · 정책 · 제도. 서울: 원미사.

김규태(2012b). 책무성 시대에서의 관리주의와 전문성주의의 조화. 교육학연구, 28(1), 99-116.

김병찬(2003). 중학교 교사들의 교직문화에 대한 질적 사례 연구. 교육행정학연구, 21(1), 1-28.

김병희 외(2010). 교육사회학. 서울: 동문사.

류방란 외(2002). 초임 교사들이 겪는 문제와 대처 방식. 서울: 한국교육개발원.

이병환, 박미란(2012). 교직실무: 예비교사를 위한 지침서. 경기: 교육과학사.

이윤식 외(2007). 교직과 교사. 서울: 학지사.

이준희(2012). 우리나라 단위학교 책무성 정책의 성격에 관한 연구. 한국교육학연구, 18(1), 99-120.

이혜영 외(2001). 중등학교 교사의 생활과 문화. 서울: 한국교육개발원.

최상근(1993). 한국 초 · 중등교사의 교직 사회화 과정 연구. 교육사회학연구, 3(1), 55-78.

최정웅 외(2004). 교육학개론. 경기: 양서원.

한명희(1997). 중등교원양성 교육과정의 전문성 확보 : 교육과정 구조의 논거를 중심으로. 교육학연구, 35(5), 171-194.

허병기(1994). 교직성격 고찰: 교직의 전문직성에 관한 반성적 논의. 교육학연구, 32(1), 49-77.

Firestone, W. A., & Herriott, R. E. (1982). Two images of schools as organizations: An explication and illustrative empirical test. *Educational administrative quarterly, 18*(2), 39-59.

Hoy, W. K., & Miskel, C. G. (2001). *Educational administration: Theory, research, and practice* (6th ed.). New York: McGrow-Hil.

Lortie, D. C. (1975). *School teacher: A sociological study*. Chicago: The University of Chicago Press.

Morgan, G. (2006). *Images of organization: The executive edition*. Thousand Oaks, CA: Sage Publications.

OECD (2001). The Definition and selection of Key Competencies. OECD Press.

Sergiovanni, T. J., Kelleher, P., McCarthy, M. M., & Wirt, F. M. (2004). *Educational governance and administration*(5th ed.). Boston: Pearson Education, Inc.

교육철학은 교육활동이나 현상을 '철학적'으로 탐구하는 학문이다. 이 때, '철학적'으로 탐구한다는 것은 교육심리학이나 교육사회학 등과는 다른 방법으로 교육 문제를 다룬다는 것을 의미한다. 그렇다면 교육현상을 철학적으로 탐구한다는 것은 무엇을 어떻게 하는 것인가? 이 질문에 대한 대답으로서 이 단원에서는 교육철학이 무엇인지를 검토하고 '교육의 목적은 무엇인지?', '교육의 내용은 무엇이 되어야 하는지?'와 같은 교육과 관련된 근본적인 물음에 대한 철학적 논의를 살펴본다. 교육철학의 논의는 교육 문제와 관련된 피상적인 조망을 넘어 교육의 본질을 밝히고, 보편적인 차원에서 교육 문제를 검토하는 데 기여한다.

Chapter 03

교육철학의 이해

Chapter 03 교육철학의 이해

1. 교육철학의 개념

교육철학이란 교육현상을 체계적으로 고찰하며, 교육학에 쓰이는 언어 및 전제를 다듬어 체계적으로 교육학을 구축하는 방법을 탐구하여 교육활동의 본질을 탐구하는 교육학의 하위 영역이다. 일반적으로 교육철학은 '교육관' 혹은 '교육사상'이나 '교육목적론'과 같은 뜻으로 사용되어져 왔다. 몇몇 학자들 사이에서 교육철학은 철학적 지식을 교육의 이론과 실천에 응용한 것을 의미하기도 한다.

교육의 개념만큼이나 교육철학이란 무엇인가도 한 마디로 정의하기 어려운 질문이다. 그러나 통상 교육철학이라고 불리는 영역은 교육과학과 구분되는 특징들을 가지고 있다. 이하에서는 교육철학과 교육과학을 비교해 보자. 첫째, 교육과학은 존재를 문제 삼아, 현실에 있는 그대로의 사태를 기술・설명하여 교육현상의 법칙을 찾지만, 교육철학은 교육의 목적 내지 가치를 규명하고, 탐구하는 데 관심을 가지고 있다. 둘째, 교육과학은 교육에 관한 사실을 결정하고 증명하는 데 비해, 교육철학은 그 사실을 해석・비판・평가하여 교육의 목적과 이상을 설정한다. 셋째, 교육과학은 교육철학이 밝힌 목적 내지 이상을 실현시킬 방법과 수단을 구하려 하고, 교육철학은 교육과학을 인도하려는 성향이 강하다. 넷째, 교육과학의 근본전제를 비판하고, 교육사실의 근원을 밝히려 하는 데 비해, 교육철학은 교육과학에 의하여 발견된 교육적 사실에 기초하여 전개된다.

교육과학과 구분되는 독립된 영역으로서 교육철학은 교육학의 많은 분과학문 중에서도 독특한 기능을 담당해 왔다. 첫째, 교육철학은 언어와 논리 등을 다룸으로써 분석적 기능을 담당해 왔다. 교육이론, 교육적 사고 또는 교육 실천에 사용되는 개념, 술어, 명제들의 애매성을 제거하고, 모호성을 감소시켜, 그 의미를 명백히 하고, 논리적 모순을 가려내어 참된 진술이나 전제를 밝히는 데 관심을 기울여 온 것이다. 둘째, 교육적 합리성 여부의 평가를 바탕으로 평가적 기능을 담당해 왔다. 교육철학은 이론이나 주장, 명제, 원리 등을 어떤 기준이나 준거에 의하여 교육적인 합리성 여부를 판단하고, 밝히는 데 관심을 가지고 있다. 셋째, 새로운 제언과 아이디어를 창출할 수 있는 사변적 기능을 담당해 왔다. 교육철학은 교육이론이나 실천에 있어서 문제해결의 새로운 방향이나 가치를 제언하기 위한 사고과정을 포함한다. 넷째, 교육을 하나의 전체로서 파악하기 위한 종합적 기능을 담당해 왔다. 교육철학은 교육에 관한 이론적 연구나 실천과정에 있어서 다양한 활동들을 하나로 통합하여 이해하는 노력을 기울여 왔다.

1950년대 이후 우리나라 교육철학의 전개는 크게 네 가지 유형으로 나누어 볼 수 있다. 초창기 교육철학은 '철학적 교육학'이라 할 수 있으며, 철학적 이론의 연장이나 철학적 지식의 응용에 관심을 두었다. 말하자면 철학적 이론으로부터 교육학적 주장이나 함의를 도출하거나 형이상학에서 교육의 목적을, 인식론에서 지식교육을, 가치론에서 도덕교육이나 미학 교육과 관련된 시사점을 도출하고자 하는 관점이다. 이런 관점은 교육철학 정립 초기 단계에 유용한 방식이라 할 수 있다. 그러나 철학자의 사상으로부터 일관된 교육원리를 도출하기 어렵고, 교육과 철학의 관심사가 항상 일치하는 것은 아니라는 점에서 한계를 가지고 있다.

다음으로 이런 한계에 대한 대안으로 교육관 혹은 교육사상 그 자체를 탐구하는 데 관심을 기울인 '규범적 교육철학'이 등장한다. 교육관은 교육에 관련된 모든 사람이 가지고 있는 생각을 의미하기는 하지만 포괄적이고 체계적인 교육관만이 교육사상이라 할 수 있을 것이다. 다른 한편으로 교육사상가의 아이디어는 당시 사회의 교육문제에 의미 있게 적용될 수 있는 것이지 현대 교육의 맥락에 적용하는 데에는 한계가 있을 수 있다.

20세기 철학의 혁명이라 불리는 분석철학의 등장은 교육철학에 있어서도 분석적 교육철학의 등장을 야기시켰으며, 교육의 주요 개념이나 의미, 교육 논의에 들어 있는 논리적 가정이나 함의에 대한 검토, 정당화에 관심을 가지고 있는 분석적 교육철학은 사변 중심의 전통적 교육철학에 대한 대안으로 부각되었다. 그러나 분석이라는 것 자체가 이차적 혹은 반성적 성격을 가진 활동이기 때문에 분석적 교육철학은 교육이 어떤 것이 되어야 하는지, 어떤 가치를 추구해야 하는지에 대해 적극적인 주장을 제시하지 않는다는 한계를 가지고 있다.

최근 분석철학에 대한 불만족과 사회문제에 대한 적극적인 해명이 필요해 짐에 따라 교육의 문제를 철학적으로 검토하고 논의하려는 실제적 교육철학이 대두되고 있다. 허스트가 고별 강연에서 '사회적 실제에 기반을 둔 교육'으로 전환하고 있는 것도 이와 유사한 맥락이라 할 수 있다. 그러나 여전히 이런 접근은 교육 실제의 문제를 어떻게 논의해야 철학적인가에 대한 고민을 안고 있다.

2. 교육철학의 성격

교육철학은 일반 철학뿐만 아니라 교육과학과의 상호 관계 속에서 학문적 정체성을 탐구해 왔다. 그렇기 때문에 교육철학에 대한 이해는 때로는 일반 철학에 대한 이해와 더불어 교육과학에 대한 이해를 필요로 한다.

초기 교육철학은 어떤 식으로든 일반 철학의 영향을 받지 않을 수 없다. 그러나 20세기 들어 듀이나 피터스와 같은 교육철학자들의 노력을 바탕으로 교육철학과 일반 철학 사이에는 연구 대상이나 목적, 내용 등에 있어서 다소간 차이를 가지게 된다.[2)]

첫째, 일반 철학의 관심사가 진리와 같은 실재(實在)를 밝히는 것이라면, 교육철학의 관심사는 교육 활동 혹은 교육 현상 이면에 감추어져 있는 철학적 가정을 밝히는 데 있다. 이 둘은 실제 교육 상황에서 일치할 수도 있지만 일치하지 않을 수도 있다. 예컨대, 인식론자의 관심사가 진리의 조건이라면, 교육철학자는 '가르칠 만한 가치가 있는 지식의 조건'이라 할 수 있다.

둘째, 일반 철학이 인간 그 자체에 대한 종합적 이해가 목적이라면, 교육철학은 교육 활동 혹은 교육 현상에 대한 종합적 이해를 목적으로 한다. 이 둘 사이에는 범위의 차이가 존재하는 셈이다. 일반 철학은 교육철학의 관심사를 넘어 인간의 모든 활동에 대한 이해를 추구한다. 예컨대, 현대인의 소비 패턴이나 심리적 장애 등은 교육철학이 추구하는 종합적 이해의 범주에 포함된 것은 아니지만 일반 철

2) 교육철학과 일반철학 사이의 관계는 여전히 논란거리이다. 이병승(2011)은 교육철학과 일반철학이 일반적인 개념으로 연구 내용을 설명하며, 종합적 이해에 관심을 가지고 있고, 규범적·당위적 연구를 진행한다는 점에서 차이점보다는 공통점이 설명한다.

학이 추구하는 종합적 이해의 영역에는 속한다.

셋째, 일반 철학이 형이상학, 인식론 등의 하위 영역을 가진 데 비해 교육철학은 교육목적론, 교육과정철학 등의 하위 영역을 가지고 있다. 하위 영역의 차이는 두 철학 내에서 다루어지는 담론의 차이를 의미한다. 예컨대, 형이상학이 형이상학적 원리 혹은 신의 존재와 같은 내용들을 다루어 왔다면, 교육목적론은 형이상학과 완전히 무관한 것은 아니라 하더라도 교육 활동이 추구해야 목적을 밝히려 한다는 점에서 차이가 존재한다.

교육과학은 교육심리나 교육행정, 교육평가, 교육공학 등과 같이 교육 현상에 대한 과학적·사실적 설명을 시도하는 관점을 의미한다. 이런 관점에 의하면, 교육 현상은 과학적 방법에 의해 측정되거나 객관적 사실로 설명될 수 있으며, 이런 정보를 바탕으로 미래 교육 활동에 대한 예언·예측이 가능하다. 그렇다면 교육과학으로 교육현상에 대한 온전한 이해가 가능하다고 할 수 있는가? 교육과학이 교육 현상이나 활동을 설명하는 데 기여해 온 것은 분명한 사실이지만 그 이면에 감추어져 있는 가치의 문제를 소홀히 다루어 온 것 또한 사실이다. 말하자면 교육과학은 피상적으로 드러나 보이는 교육 활동에 대한 사실적 설명에 천착한 나머지 그 이면에 감추어져 있는 가치나 규범 등을 간과한 나머지 교육 활동에 대한 온전한 이해에 실패하기 쉽다. 이 점에서 교육철학은 여타의 교육과학과 구분된다. 즉 교육철학은 근본적으로 존재해야 할 인간과 사회, 실현해야 할 규범과 가치에 관심을 가지고 있으며, 이 점에서 비판적이고, 규범적이며, 당위적인 성격이 강한 학문이라고 할 수 있다(이병승 외, 2011, pp. 36-38).

요컨대, 교육철학은 한편으로 철학적 탐구 방법을 공유하고 있기는 하지만 연구 대상이나 목적, 내용 등에 있어서 일반철학과 구분될 필요가 있으며, 다른 한편으로 비판적·규범적·당위적 성격을 가지고 있다는 점에서 교육과학과의 관계에 있어서 모종의 경계선을 상정할 수 있다.

3. 듀이와 피터스

1) 존 듀이

존 듀이(J. Dewey, 1859~1952)는 미국에서 뿐만 아니라 한국에서도 유명하고, 자주 인용되는 교육철학자이다. 듀이는 실용주의 교육철학의 경험 세계를 교육과 결부시켜 변화성, 연속성, 상호작용의 원리 등 독특한 교육이론을 제시하고 있다. 유기체는 환경에 의해 변화되고, 환경은 유기체에 의해서 변화되듯이, 개인과 환경 양자는 서로가 서로를 변화를 유발한다.

인간의 경우, 다른 유기체와 달리 경험을 만족시키는 특질을 선택하고 또 이를 성찰함으로써 특정 목적을 추구한다는 독특성을 가지고 있다. 이 점에서 듀이는 전통적인 경험 개념을 비판하며, 경험의 본질을 능동과 수동으로 구분하여 새로운 경험 세계 개념의 구축을 시도하고 있다. 듀이에 의하면, 경험은 능동적인 요소와 수동적인 요소의 특수한 결합으로 이루어져 있다. 경험의 능동적인 요소는 시도해 보는 것(trying)이며, 경험의 수동적인 요소는 당하는 것(undergoing)이라 할 수 있다. 예를 들면, 아이가 손가락을 단순히 불에 집어넣는 것 자체는 경험이 아니다. 그러한 움직임이 그 결과로써 겪는 고통과 연결될 때 비로소 경험이 되는 것이다. 만약 손가락을 불에 집어넣는 것이 어떤 다른 행위의 결과로써 지각되지 않는다면, 그것은 나무토막이 타는 것과 같은 단순한 물리적 변화에 지나지 않는다(Dewey, 1916: 163). 요컨대, 우리가 어떤 일을 경험한다는 것은 그 일을 행한(doing) 다음 그 일에 대한 결과를 겪어야 하는 것(suffering)이 결합되어 있다(Dewey, 1938).

이런 맥락에서 볼 때, 교육은 경험의 의미를 증진시키는 경험의 재구성이나 재조직인 동시에 후속 경험의 과정을 지도할 능력을 증진시키는 경험의 재구성이나 재조직이다(Dewey, 1916: 89-90). 여기에는 경험의 변화, 즉 항상 모든 존재는 변화하고 유동적이며, 진보하고 진화하며 발전한다는 점이 논리적으로 가정되어 있다. 이런 가정을 바탕으로 듀이는 교육적 경험의 변화에 있어서 연속성 원리와 상호작용 원리를 제시한다.

교육적으로 가치 있는 경험과 그렇지 못한 경험을 구별하는 중요한 기준 중 하나는 경험의 연속성이다. 경험의 연속성은 모든 경험이 앞에 있는 경험으로부터 무엇인가를 받아 가지는 동시에 뒤에 오는 경험의 성질을 어떤 모양으로든지 변형시키는 것을 의미한다(Dewey, 1938, p. 35). 따라서 경험의 연속성은 지성의 역할을 통해서 현재의 경험을 보다 풍부하고 유용하게 하여 미래의 경험을 재구성하게 함으로써 학습자를 보다 나은 방향으로 성장시켜 줄 가능성을 가지고 있다.

상호작용이란 한 개체의 단독적 행동이 아니라 두 개체, 곧 주체와 객체 사이에 맺어지는 행동을 의미하는 것으로서, 경험의 상호작용은 인간 유기체와 자연적·사회적 환경과의 상호작용의 활동과정을 의미한다. 경험의 상호작용은 삶을 존속시키며, 변화를 유발하는 것으로서 인간의 발달을 목적으로 한다. 우리는 세계와의 교호작용이 멈출 때까지 성장을 멈추지 않는다는 점에서 지속적인 성장이야말로 교육의 목적이라 할 수 있다. 이런 성장을 지속하는 데 있어서 탐구(inquiry)는 핵심적인 활동이다. 탐구라는 도구는 문제해결을 통해서 우리가 환경을 통제하고 환경과 건설적인 교호적 관계를 맺도록 도와주기 때문이다.

듀이의 교육 아이디어는 학생의 흥미나 관심의 중요성을 지적하고, 천편일률적인 지식교육의 병폐를 지적하는 등의 의미에도 불구하고 적어도 두 가지 비판에 직면해 있다. 하나는 지나치게 인간의 경험 세계만을 강조한 나머지 이상주의자들이 주장하는 선험적인 추리의 세계와 상상의 세계를 경시하는 경향이 있다는 점이다. 말하자면 듀이는 우리 사고 대부분이 실제 경험에서부터 성장한다고 주장함으로써 우리의 사고가 경험을 초월할 수 있음을 간과하고 있다. 지나치게 현재를 강조하다 보면, 학습자가 미래에 대한 이상을 꿈꾸게 하는 이상주의에 대해 진지하게 사색할 기회를 빼앗을 수 있다. 다른 하나는 인간의 경험세계에서 파악할 수 있는 지식보다 인간의 경험의 영향에서 미처 파악하지 못한 실재적 지식이 더욱 많다는 사실을 등한시한다는 점이다. 설령 주위의 환경이 인간의 장면으로 취급되지 않는다고 하더라도, 하나의 엄연한 진리 혹은 사실은 존재할 수 있다.

2) 피터스

1950년대를 전후하여 듀이와 함께 세계 교육철학계에 지대한 영향을 미친 학자 중 한 명이 영국의 피터스이다. 그는 아리스토텔레스의 자유교육 아이디어[3)]를 이어 받아 현대적으로 재해석한 교육이론을 제시한 것으로 유명하다. 피터스는 가장 대표적인 자유교육 옹호론자 중 한 명이며, 1960년대 교육사상에 대한 철학적 관심을 더 높은 수준으로 끌어올리기 위해 각국에서 모여든 학자들의 지도자 역할을 하였다.

피터스는 『윤리학과 교육』을 통해 '교육이 무엇인가?'에 대한 설명을 제시한다. 피터스에 의하면, 교육은 모종의 가치 있는 것이 도덕적으로 온당한 방식으로 전달되고 있거나 전달된 상태를 의미한다. 그리고 이런 교육의 개념은 세 가지 준거, 즉 규범적 준거, 인지적 준거, 과정적 준거의 충족을 포괄하고 있다.

첫째, 규범적 준거는 교육 개념 그 속에 붙박여 있는 가치를 추구해야 함을 의미한다. 대부분 교육의 목적에 관한 혼란은 교육이라는 개념 그 자체가 가진 규범적 측면을 간과하고 다른 목적을 위한 수단으로 생각하는 데서 비롯된다. 예컨대, 생계 수단으로 낚시를 하는 사람과 낚시 그 자체의 재미가 목적인 사람은 동일하게 낚시라는 활동에 종사한다 하더라도 상이한 목적을 추구하는 셈이다. 전자는 활동의 외재적 가치를 추구하는 것으로서 굳이 낚시가 아니라 하더라도 다양한 대안이 가능하다. 이에 비해 후자는 낚시라는 활동 그 자체의 내재적 가치를 추구하는 것이기 때문에 다른 어떤 활동으로도 그것을 대체할 수 없다.

둘째, 인지적 준거는 규범적 준거의 내용이라 할 수 있다. 학습자가 알거나 이해하는 것에 모종의 '지적 안목'이 들어 있거나 혹은 다른 지식이나 다른 사람들과

3) 자유교육은 고대 희랍에서 자유인에 적합한 교육을 의미한다. 이런 교육은 두 가지 점에서 가치 있는 것으로 여겨져 왔다. 하나는 어떤 일이 다른 목적에 기여하는가와 무관하게 그 자체를 위해서 혹은 그것을 자유롭게 행할 수 있는 사람의 마음을 위한 내재적 활동이라는 점에서 가치가 있으며, 다른 하나는 시민들로 하여금 복잡한 현실 정치 문제를 판단할 수 있게 해주는 폭넓은 사상 혹은 영혼의 자유로움을 더해주는 활동이라는 점에서 가치 있는 것으로 여겨져 왔다.

의 삶과의 연관성에 대한 능동적 인식이 포함되어야 한다. 따라서 교육은 지식, 이해 등을 다루며, 전체적으로 사물을 보는 안목을 길러주는 것이 되어야 한다. 이 점에서 교육은 훈련과 대비된다. 상대적으로 훈련은 구체적이며, 세부적인 기술 혹은 기능의 습득에만 초점을 맞추고 있다. 예컨대, 똑같이 축구를 한다고 해도, 축구선수는 훈련이지만 중·고등학교의 학생들은 체육이라 할 수 있다.

셋째, 과정적 준거는 규범적 준거의 방법으로서, 전달과정에서 학습자의 의식이나 자발성 등을 포함한다는 것을 의미한다. 이때, 학습자의 의식이나 자발성은 흥미나 관심과 같은 심리적 의미뿐만 아니라 장기적인 관점에 비추어 보아 이익이나 이득이라는 규범적 의미를 포함한다. 과정적 준거는 교육을 조건화(conditioning)나 세뇌(brain-washing)와 구분할 수 있게 한다.

교육의 개념에 대한 치밀한 논의에도 불구하고 피터스의 교육 아이디어는 몇 가지 오해에 직면해 있다. 첫째, 피터스는 지나치게 이성에 관심을 기울인 나머지 감정의 중요성을 소홀히 다루고 있다는 지적이다. 그러나 피터스는 『이성과 공감』을 통해 이성과 정서가 상반된 능력이라고 보는 일반적 견해를 부정하고 있다. 그는 마음의 두 가지 능력 중 어느 하나가 개인에게서 또는 학문 영역에서 지배적 위치를 독점할 수 없다. 이성과 정서의 상호작용 방식은 다양할 수 있지만, 이 둘이 어떤 식으로든 관련된 것이라면 정서의 교육도 가능하고 중요한 일임을 인정하고 있다.

둘째, 피터스는 교육철학자라기보다는 분석철학자일 뿐이라는 지적이다. 현대 철학사에서 20세기 철학의 혁명이라 불리는 분석철학은 지대한 영향력을 행사해 왔다. 예컨대, 지난 100년 동안 많은 철학자가 철학적으로 중요한 용어들의 용법과 의미를 명료화하는 데 관심을 쏟았다. 이런 맥락에서 피터스가 분석철학이라는 새로운 접근으로부터 도움을 받은 것은 분명하지만, 용어의 분석 그 자체가 목적은 아니다. 오히려 그는 단순한 삶의 사실을 넘어 삶의 질을 볼 수 있도록 유도하고 있다. 훌륭한 교사라면 이런 삶의 질에 대한 감각을 다른 사람들에게 전수해 줄 수 있고, 그것이 그 사람들의 온갖 노력을 불러일으켜 자신의 생각과 느낌을 적절한 형태로 구체화할 수 있도록 노력하게 만드는 사람이다.

오늘날 교육철학자들은 피터스의 헌신적 노력과 공헌에 많은 빚을 지고 있다. 그의 학문적 성취에 힘입어 교육철학 분야의 저술과 학술지는 엄청난 발전을 이루었으며, 자유민주주의의 가치 틀 안에서 일상 언어를 사용함으로써 신중한 논변을 제시하고 또 실천을 이끌어 갈 수 있게 되었다.

4. 교육목적론

교육목적이 무엇인가는 교육의 전반적인 방향을 결정하는 중요한 질문이다. 이 질문에 대답하기에 앞서 혼란의 여지가 있는 목적과 목표의 의미를 구분할 필요가 있다. 목적은 장기적인 맥락에서 혹은 궁극적인 차원에서 원인이나 이유를 묻는 것을 의미하며, 목표는 상대적으로 구체적이고 단기적인 결과를 묻는 편이다. 말하자면 교육의 목적은 구체적인 교육활동을 왜 하느냐를 묻는 것이고, 교육의 목표는 어떤 교육활동이 최종적으로 완성하고자 하는 수준을 묻는 것이다. 목적은 행위를 정당화 하는 근거를 제시하고자 하는 것인 데 비해 목표는 행위의 지향점을 밝히고자 한다.

교육의 목적은 외재적 목적과 내재적 목적으로 구분해 볼 수 있다. 먼저 외재적 목적은 교육과 개념상 별개의 것으로 교육 바깥에 존재하는 활동의 수단적 가치를 추구한다. 이런 가치들은 교육과 사실적 · 경험적 · 우연적으로 관련되어 있다. 이런 관점은 교육 행위를 수단화하거나 교육을 바꾸는 데 관심을 가지고 있기 때문에 사실적 관련 혹은 목적과 수단에 입각해서만 정당화 될 수 있다. 이런 정당화는 교육이 필요한 이유 중 하나가 될 수는 있지만 충분한 이유나 정당화라고 보기는 어렵다.

일을 위한 교육을 주장하는 관점은 외재적 목적을 추구하는 교육의 전형이라 할 수 있다. 이런 관점에 의하면, 교육은 좋은 직장을 얻을 수 있는 능력을 갖추는 데 있다. 따라서 교육은 현실과 동떨어져서는 안 되며, 현실 세계와 연관성을 유지하기 위해 사람들이 현실 세계를 살아갈 수 있도록 준비시켜 주어야 한다. 실제 삶을 영위하는 데 있어 일 혹은 직업은 핵심적인 역할을 담당한다. 더군다나 모든 학생들이 공부 그 자체에 뜻을 두고 몰두할 것으로 생각하는 것은 다소 순진한 일이다.

> 일이란 사람들의 삶에서 공통된 핵심이다. 그것은 그들의 일반적 성격의 패턴이 된다. 타인의 눈이 그들을 규정하는 것은 무엇보다도 그들의 일을 통해서이다. 네가 누구인가는 일차적으로 네가 하는 일이 무엇인가의 문제이다. 따라서 의미 있는 일이라는 요소가 빠진 삶에서 만족을 찾는 사람은 거의 없다(Norman, 1983, pp. 177-179).

다음으로 교육의 내재적 목적은 교육 그 자체가 가지는 목적으로서 교육활동 그 자체 안에 들어 있는 목적이다. 교육의 내재적 목적은 교육과 개념적·논리적·필연적으로 관련되어 있으며, 이런 관점에서 보면 교육은 여타 다른 활동의 수단이 될 수 없다. 피터스는 교육의 내재적 목적을 강조하고 있는 대표적인 학자 중 한 명이다. 피터스에 의하면, 교육받는다는 것이 무엇인가를 이해한다면, 그것은 다른 어떤 것을 위한 수단이 될 수 없다. 교육이란 내재적 가치를 지닌 활동으로 입문시키는 과정이며, 이 점에서 교육의 목적을 묻는 것은 성취할 만한 가치가 무엇인가를 묻는 것이지 교육에 외재하는 결과의 산출을 찾는 질문이 아니다.

> 갓 태어난 아동의 의식은 신념, 목적, 감정 등으로 분화되어 있지 않다. 의식의 대상은 무엇보다는 공적 세계 속에 들어 있는 대상이며, 이는 공적인 언어에 의해서 밝혀지고 분별되는 것인데 아동은 이런 공적 언어 속으로 입문되어진다. 분별이 이루어지는 것은 기초적인 기능의 숙달을 통해서 거대한 유산으로 들어가는 문이 열림으로써 비로소 가능하게 된다. 이는 과학, 연사, 수학, 종교, 미학과 같은 구체적 사상이나 이해 양식에 숙달한 사람들에게 나타난다. 각기 독특한 개념과 타당화 방법이 들어 있어서 이런 사상의 형식 안으로 들어가는 사람들에게 공적 세계의 모습은 달라진다. 그와 같은 사상과 이해 양식에 입문되는 과정이 바로 교육의 과정이다(Peters, 1966, pp. 49-51).

피터스의 동료인 허스트(P. Hirst)는 교육을 독특한 개념, 논리적 구조, 진리 검증 방식으로 구분되는 7~8가지 지식의 형식, 즉 수학, 자연과학, 인간 이해, 문학과 예술, 종교, 철학에의 입문으로 정의한다. 교육의 일차적 관심은 지식의 형식에의 입문을 통한 (합리적) 마음 그 자체의 발달에 있다. 그리고 합리적 마음 혹은 사고 능력의 발달을 위해서는 지식과 이해와 같은 근본적이고, 일반적이고, 내재적으로 가치 있는 것에 학생을 입문시킬 때 비로소 가능해진다.

만일 지식의 획득이 필연적으로 아주 기본적인 의미에서 마음의 발달이라고 한다면, 여기서 알 수 있는 것은 지식의 추구를 정당화하는 것은 예를 들어 질서나 시간을 지키는 행동을 정당화하는 것과 결코 동일하지 않다는 점이다. 어떤 형식의 활동에 대해 정당화를 묻는 것은 합리적 지식을 추구하는 일에 이미 몰두하고 있어야만 비로소 의미 있는 일이 된다. 따라서 합리적 지식의 추구에 대해 정당화를 묻는 것은 정당화하고자 하는 일에 어느 정도 몰두하고 있음을 전제하는 셈이다(Hirst, 1965, p. 126).

교육목적에 대한 검토는 교육의 전반적인 방향을 결정하고 관련된 중요한 일이다. 지금까지 논의에 비추어 볼 때, 교육에서 지식만이 가치 있는 것이라거나 가장 중요한 것이라고 단정하기 어렵다. 현행 국가 교육과정에 포함되어 있는 다양한 목적들을 지식 중심 혹은 교과 중심 교육과정만으로 실현시킬 수 있다고 기대하기는 어려운 실정이다. 이와 관련하여 Dewey, Scheffler, Pring 등 자유교육과 직업교육 간의 논쟁을 검토할 필요가 있다.

5. 교육과정철학

교육과정에 들어가야 할 것은 무엇인가? 서로 경쟁하는 교육과정 이론들 간의 차이점은 간단히 말하기는 어렵다. 여기서는 다양한 교육과정의 관점들을 전반적으로 살펴봄으로써 현행 교육과정에 주는 시사점들을 검토한다.

교육과정에 들어갈 수 있는 것은 학습할(배울) 수 있는 것이다. 그렇다면 학습할 수 있는 것이란 무엇인가? 일부 교육철학자들은 학습할 수 있는 것의 범위를 알 수 있는 것의 범위와 같다고 본다. 지식이 어떤 형식을 취하건 간에, 새로운 지식을 획득하지 않는다면, 무엇을 배울 수 있다고 가정하는 것은 불가능하다(Hamlyn, 1978).

그렇다면 안다는 것은 무엇인가? 이 질문에 대답해 온 철학자들의 논의를 '인식론'이라 한다. 인식론은 episteme + logos의 합성어이다. episteme는 불변의 진리를 의미하며, 이와 반대되는 의미를 가진 doxa는 가변의 의견을 의미한다. logos는 보편적인 법칙을 의미하며, 이와 달리 pathos는 충동, 정열 등을 의미한다. 어원상의 의미를 그대로 해석하면, 인식론은 지식의 본질, 원천, 획득방법에 대한 논의라 할 수 있다. 이와 관련하여 인식론의 대응설, 정합설, 실용설을 검토할 필요가 있다. 우선 대응설은 감각적 경험을 지식의 원천으로 파악한다. 명제와 세계의 사실과 부합하면 그것이 진리라는 경험주의적인 관점이다. 이런 관점은 지식의 본질에 대한 가장 오래된 관점이기는 하지만, 인간의 감각 판단이 언제나 부정확할 수 있다는 점에서 한계를 가지고 있다. 다음으로 정합설은 논리적 사고 혹은 정합성을 지식의 원천으로 파악한다. 이런 관점에 의하면, 명제들 사이에 논리적 일관성이 있으면 그 명제는 지식 혹은 진리라 할 수 있다. 그러나 정합설은 거짓 명제들 사이에서도 일관성이 있을 수 있다는 점에서 한계를 드러내고 있다. 끝으로 실용설은 목적 달성 여부를 지식의 원천으로 보는 관점이다. 이런 관점은 상황이나 문제에 따라 만족스러운 결과를 가져오는 명제들을 지식 혹은 진리로 판단한다. 이런 관점 또한 만족 수준이 개인마다 정도의 차이가 있을 수 있으며, 플라시보 효과처럼 거짓 약으로 환자를 호전시키는 만족스러운 결과를 가져올 수 있다는 점에서 한계를 가지고 있다.

이런 맥락에서 지식의 개념을 밝히려는 학자들의 노력은 다양한 양상으로 전개되고 있다. 예컨대, 라일(G. Ryle)은 명제적 지식(knowing that)과 방법적 지식(knowing how)으로 지식의 개념을 구분한다. 명제적 지식은 일종의 신념으로서, ~라는 사실이나 명제를 아는 것을 의미한다. 종이는 불에 탄다, 빛은 직진한다 등의 명제들이 여기에 속한다. 이에 비해 방법적 지식은 일종의 능력으로서 ~을 할 수 있는 기술이나 방법을 아는 것을 의미한다. 수영을 할 줄 알거나 자전거를 탈 줄 아는 것은 명제적 지식과는 다소 다른 종류의 앎을 의미한다.

유사한 맥락에서 폴라니(M. Polanyi)는 형식지와 암묵지로 지식의 개념을 구분하고 있다. 형식지는 문서 등을 통해 외부로 표출되어 여러 사람이 공유할 수 있는 지식이다. 말하자면 이것은 객관적인 지식, 언어로 표현된 지식인 셈이며, 보고서나 신문 등을 통해 형상화 된다. 이에 비해 암묵지는 학습과 체험을 통해 습득되지만 언어로 명확하게 드러나지 않는 지식을 의미한다. 이것은 주관적인 지식, 언어로 표현되지 않는 지식으로서, 음식 맛보기, 효과적인 악기 연주 방법 등이 여기에 속한다.

교육철학자들은 대체로 교육의 내용을 지적인 교과 혹은 학문 중심의 교육과정으로 생각해 온 경향이 있다. 이에 대한 가장 분명한 정당화는 피터스의 『윤리학과 교육』에 들어 있다. 여기에서 그는 교육이 이론적 활동에의 입문을 의미하며, 이론적 활동은 모종의 가치를 가진 것임을 가정하고 있다. 따라서 교육과정은 분화된 사고 및 이해 양식에 입문시키는 일이며, 그 특성은 내용이나 지식체계에서 그리고 그것이 축적·비판·수정되는 공적 절차에서 나타난다. 왜냐하면, 이론적 활동이란 진리를 목적으로 삼는 활동이며, 진리는 가치 있는 것이기 때문이다.

진리의 가치를 증명하기 위해 피터스는 다음과 같은 선험적 논증을 시도한다. 진리에 대한 헌신은 실천적 담론에 대한 진지한 참여의 논리적 전제이다. 따라서 그가 진리에 대한 관심을 부정하는 것은 자기모순이 될 것이다. 실천적 질문에 대해 관심을 갖는 것은 진리에 대해서 관심을 갖는다는 것을 의미한다. 만약 진리에 대해 관심이 없다고 말한다면 이는 실천적 질문에 대해 관심이 있다는 말의 논리적 함의를 무시하거나 인정하지 않는 것이나 다름없다.

이런 정당화에도 불구하고 학문적 교육과정에 대한 피터스의 옹호에는 몇 가지 심각한 문제점이 제기될 수 있다. 학문 중심 교육과정의 주장은 여전히 교육과정에 무엇이 들어가야 하는가라는 질문에 대한 구체적이 답이 되기 어렵다. 학문적 교과가 다른 가치를 갖는 활동들, 즉 정의, 사랑, 쾌락 등보다 더 우선시 되어야 하는 까닭은 무엇인가?

학문 중심 교육과정에 대한 대안 중 하나는 삶을 살아가게 해 줄 실천적 활동의 형식으로 교육과정을 구성하는 것이다. 말하자면 교육과정은 학문 교과의 숙달이 아니라 전문활동이나 일상생활에 필요한 능력의 함양에 초점을 맞추어야 한다는 주장이다.

> 모든 젊은이들에게 자신의 삶을 어떻게 살 것인가를 도와주어야 된다. 여기서는 자신이 종사하는 직업이 매우 중요한 부분을 차지한다. 모든 교육적 경험 중에서 가장 중요한 것이다. 이는 살아갈 가치가 있는 삶의 스타일을 분명히 해주고, 그런 삶을 살아갈 수 있게 해 줄 훈련과 일을 확인해 주고, 그 속에 들어 있는 목적이나 가치를 물어보게 해주고, 필요한 기능과 능력을 습득하게 해 준다(Pring, 1995, p. 190).

직업 중심 교육과정을 지지하는 학자들은 지식과 이해가 학문적 교과의 영역에 속하는 것이라는 신화를 무너뜨리는 데 관심을 가지고 있다. 이런 관점에 의하면, 실천적 활동에 참여하는 사람들도, 이론적 활동에 종사하는 사람처럼 온갖 종류의 지식을 끌어들여 적용하며, 그 과정에서 지식을 생성하기도 한다. 직업적 교육과정이 기능의 발달에만 관심을 갖는다는 가정은 잘못된 것이다. 여기에는 의미 있는 수준의 이론적 이해와 지적 참여가 포함된다.

그렇다면 어떤 직업이나 직장을 위해서 아동을 준비시킬 것인가? 나아가 이런 저런 직업과정을 밟을 학생들을 어떻게 선발해야 하는가? 이 과정에서 불가피하게 준비한 직업이 아닌 다른 직업으로 나아갈 수밖에 없는 학생들이 생길 수 있으며, 직업 선택의 자유를 제한하는 경우가 있다는 점에서 직업적 교육과정을 선호하지 않을 수도 있다. 만약 직업적 교육과정이 이런 문제들을 가지고 있다면, 일반적인 지식과 이해를 전수하는 데 관심을 둔 학문 중심의 교육과정이 나은 것처럼 보일 수도 있다. 아닌 게 아니라 직업 중심 교육과정을 옹호하는 학자들도 이런 문제를 인식하고 있었으며, 여기에 대한 대안으로 예비 직업교육을 옹호하는 관점이 제기되어 왔다. 즉, 특정 직업을 위해서 준비시키는 것이 아니라 현명한 직업 선택을 하는 데 필요한 정보를 갖추도록 하는 것이다. 예비 직업교육이란 두 가지 목적,

하나는 노동과 경제를 이해하도록 준비시키는 것이며, 다른 하나는 일반적인 직업 프로그램을 제공함으로써 노동에 관해 보다 현명한 선택을 내릴 수 있는 기회를 제공하는 것이다(Winch, 2000, p. 32). 그러나 이런 관점 또한 한편으로 학문적 교육과정의 잠재력을 너무 쉽게 무시하고 있다는 점에서, 다른 한편으로 일반적인 직업 프로그램이 불분명한 채 직업적 실천으로부터 멀어질 수 있다는 한계를 드러내고 있다.

참고문헌

Dewey, J. (1916). *Democracy and education*. New York: Macmilan. 이홍우 역(2007). 민주주의와 교육. 경기: 교육과학사.

Dewey, J. (1938). *Experience and education*. New York: Collier Books. 엄태동 편저(2001). 경험과 교육. 서울: 원미사.

Hamlyn, D. W. (1978). *Experience and the growth of understanding*. London: Routledge & Kegan Paul. 이홍우 외 역(1990). 경험과 이해의 성장. 경기: 교육과학사.

Hirst, P. H. (1965). Liberal education and the nature of knowledge. In R. D. Archambault (ed.), *Philosophical analysis and education*. London: Routledge & Kegan Paul.

Norman, R. (1983). *The moral philosophers*. Oxford: Oxford University Press.

Peters, R. S. (1966). *Ethcis and education*. London: allen and Unwin. 이홍우 역(2003). 윤리학과 교육. 경기: 교육과학사.

Peters, R. S. (1974). Reason and habit: the paradox of moral education. R. S. Peters(Ed.), *Psychology and ethical development*. London: George Allen & Unwin.

Pring, R. A. (1995). *Closing the gap: Liberal education and vocational preparation*. London: Hodder & Stoughton.

Ryle, G. (1949). *The concept of mind*. New York: Barnes & Noble.

Winch, C. (2000). *Education, work and social capital: Towards a new conception of vocational education*. London: Routledge.

교육의 목적은 인간의 사고와 행동의 올바른 변화를 유도하는 데 있다. 교육심리학은 인간의 정신과정과 행동을 과학적으로 연구하여 인간의 행동을 바람직한 방향으로 나아가게 하는 학문이다. 이 학문을 이해하기 위해서는 인간의 행동에 대해 보다 과학적이고 객관적으로 접근해야 한다.

이 장의 목적은 교육심리학의 기초지식을 바르게 이해하는 데 있다. 따라서 교육심리의 연구 영역과 방법을 알아보고, 발달이론을 통하여 발달의 개념과 원리, 중요 학자들의 이론을 살펴본다. 또한 인간의 학습 특성을 이해하도록 학습이론을 다룬다.

Chapter 04

교육심리학의 이해

Chapter 04 교육심리학의 이해

1. 교육심리학의 기초

1) 교육심리학이란 무엇인가?

교육학의 아버지인 헤르바르트(Herbart)는 교육학은 교육적인 면에서는 윤리학을 기초로 해야 하고, 방법적인 면에서는 심리학을 기초로 한다고 주장하였다. 이후 손다이크(Thorndike)의 『교육심리학』이라는 책이 출판되면서 교육학의 기초 학문으로서 심리학이 중요하게 다루어졌다. 심리학은 인간의 정신과정과 행동을 과학적으로 연구하는 학문이고, 교육학은 인간의 정신과정과 행동을 좀 더 좋은 방향으로 향상시켜 보다 유능한 인간으로 변화시키고자 하는 학문이다(오만록, 2008).

그러므로 교육 현장에는 교육이라는 그 자체의 독특한 문제와 연구 영역이 있기 때문에 교육심리학은 '교육이라는 장(場)에서 제기되는 문제를 심리학적인 입장과 방법에 의하여 해결하고자 하는 학문'이라고 할 수 있다. 이런 점에서 볼 때 교육심리학은 인간이 태어나서 어른이 될 때까지 교육을 계속 받게 됨에 따라 개인의 학습 경험을 기술(記述)하고 설명하여 주는 과학이라고 할 수 있다.

교육학과 심리학은 인간 행동을 과학적 방법으로 연구한다는 점에서는 공통점을 가지고 있으나, 학문적 목적과 관심에 있어서는 몇 가지 차이점이 있다. 이성진(1996)은 아래와 같이 네 가지의 차이점이 있다고 하였다.

첫째, 심리학의 목적은 인간 행동에 대한 보편적인 원리와 법칙을 확립하는 데 있다. 그러나 교육학은 학습자 개개인의 특성을 변화시키는 데 그 목적이 있다.

둘째, 보편적 원리를 확립하고자 하는 심리학은 방법론적으로 정밀성과 경제성을 중요시하며 일관성만 있다면 세심한 변화라도 중요하게 고려한다. 그러나 교육학은 다소 정밀성과 경제성이 부족하다고 하더라도 학습자의 행동에 의미 있는 변화를 일으키는 변인에 관심을 갖는다.

셋째, 특수한 변인을 제외하면 심리학은 가치중립적이며 기술적인 반면, 교육학은 가치 지향적이며 처방적이다.

넷째, 심리학은 통제된 실험실에서 원리나 법칙들이 확립되는 반면, 교육학의 원리나 법칙들은 예측 불가능한 교실 상황에 초점을 두고 있다. 이와 같이 심리적 지식을 교육 현장에 적용하는 것에 대해 여러 문제들이 존재하는 것 또한 사실이다. 따라서 교육심리학의 정체성을 확립하려고 교육에 특별한 심리학적 현상을 근거로 해서 연구 영역과 개념을 규정하고 독자적인 방법으로 탐구해 나가려는 경향이 갈수록 뚜렷해지고 있다.

결론적으로 교육심리학은 교육에 관련된 여러 문제를 심리학적으로 연구함에 있어서 교육적인 방향을 제시하는 과학적인 학문이라고 할 수 있다. 즉, 교사가 가르치는 것을 학생들이 배우는 과정에서 좀 더 과학적이고 체계적으로 접근한다고 볼 수 있다. 학생들이 배우는 과정은 교육목적의 설정, 이를 가르치기 위한 교육방법의 선택, 그리고 가르치고 난 후의 평가와 피드백으로 이루어진다. 교육심리학의 범위는 교육과정 전체이지만, 이 중 특히 '교육방법의 선택'이 교육심리학에서 집중적으로 다루어진다.

2) 교육심리학의 연구 영역

교육심리학의 연구 영역은 매우 다양하며, 교육적으로 해결해야 할 인간 행동의 전 영역이 대상이 된다고 할 수 있다. 기본적으로는 비슷하지만 부분적 차이는 분명 존재한다. 즉, 교육심리학이 취급하는 대상 자체는 근본적으로 같다고 볼 수 있다(안영진, 2001).

(1) 학습자에 대한 이해

교육은 학습자를 대상으로 하는 활동이므로 교육활동을 하기 전에 학습자에 대한 이해가 충분히 되어야 한다. 나이가 같은 학생일지라도 학생들은 공통점보다도 개인 간의 크고 작은 차이를 지니고 있다. 그래서 발달의 일반성에 대한 이해뿐만 아니라 그 과정에서의 개별 학습자 특성에 대한 이해를 필요로 한다. 학교 현장에서 학습자 특성이 여러 분야에서 나타나지만, 그중 가장 많이 다루어야 할 변인으로는 지능이다. 지능에서는 특히 정서를 담당하는 대뇌변연계와 창의성과 관련된 두뇌에 대한 심층적인 연구가 이루어져야 한다.

(2) 학습에 대한 이해

학문을 배우고 좋은 습관을 익히는 교육이 바람직하게 이루어졌을 때 행동도 올바르게 나타날 수 있다. 이 행동의 변화를 위하여 학습에 대한 체계적인 연구가 이루어져야 한다. 또 교수와 학습은 인간학습의 심리학적 기초가 되며 그것을 통하여 인간 행동의 변화를 추구한다. 그러므로 학습의 효과를 극대화시키기 위해서는 학습의 심리학적 기초를 설명하는 학습이론이 필요하다. 교육심리학은 학습에 대한 다양한 연구를 통해 학습자들이 학습을 쉽게 받아들일 수 있도록 한다.

(3) 수업과정에 대한 이해

교사가 가르치고 학생이 배우는 일은 교육에서 중요한 분야이다. 교사들이 어떻게 가르치느냐에 따라 학생들의 학습과 생활에 큰 영향을 미친다. 그래서 학생들에게 맞는 교수방법이 필요하며 수업에 대한 다양한 연구를 통해 효과적인 교수법의 이해가 필요하다. 교육의 궁극적인 목적은 학습을 극대화하는 데 있다. 교사들은 학습에 대한 동기부여를 통하여 행동으로 나타날 수 있도록 많은 도움을 주어야 한다.

(4) 생활지도와 적응에 대한 이해

교육이란 학교에서 책으로 통한 공부만 하는 것이 아니라, 학교 내에서 여러 활동을 통한 성실성, 협동심, 도덕성, 배려, 도전정신 등과 같은 사회성을 배울 수 있다. 최근에는 그 어느 때보다도 사회가 급격하게 변화한다. 이는 4차 산업혁명으로 인한 산업구조의 변화, 교육 기능의 변화, 사회구조의 변화를 들 수 있다. 이와 같이 변화되는 사회에 적응하기 위해서 학생들로 하여금 문제해결력을 키우고 자아개발에 필요한 이론이나 기법에 대한 탐구와 이해가 요구된다.

(5) 교육측정 및 평가에 대한 이해

교육활동을 효과적으로 수행하기 위해서는 교육과정에 작용하는 제 요인과 교육의 성과를 객관적으로 측정하고 평가하는 것이 필요하다. 이것을 하기 위해서는 교육평가에 관련된 기술적인 이론과 실제를 다루는 영역이 필요하다. 이러한 측정과 평가의 결과로 통해서 더 좋은 교육으로 나아갈 수 있다는 점에서 교육측정 및 평가는 교육심리학의 주요 영역이라 할 수 있다.

2. 발달이론

1) 발달의 기초

(1) 발달의 개념

발달(development)은 잠재하고 있는 본질이 점차 그 모습을 나타내면서 변화하는 현상이다. 여기서 변화란 신체와 운동 기능, 지적 사고능력, 성격 등 인간의 모든 양적인 증대는 물론, 구조와 기능의 질적인 변화인 성숙도 포함하고 있다. 또한 증가나 향상과 같은 긍정적인 변화와 함께 감소와 쇠퇴라는 부정적인 변화도 포함하고 있다(김태련, 장휘숙, 1994).

이러한 발달의 개념과 유사한 용어로는 성장, 성숙, 학습의 개념이 있다. 신체의 변화와 같은 양적 변화와 관련이 있으며, 성숙은 일정한 기간이 지나면 몸에 외부적 작용이 가해지지 않았음에도 불구하고 특정한 부분에 발달이 됨을 의미한다. 인간의 변화는 직접 관찰하기 쉬운 신체적·행동적 변화와 관찰하기 힘든 정서와 감정의 변화에 이르기까지 다양하다. 발달은 수태의 순간에서 죽는 순간까지 인간에게 나타나는 체계적인 변화를 말한다. 발달적 변화의 과정에는 신체·운동 기능, 지능, 언어, 성격, 사회, 정서, 도덕성, 성실성 등 인간의 모든 특성들이 포함된다.

발달적 변화를 일으키는 첫 번째 과정은 성숙(maturation)이다. 성숙은 누구 또는 무엇에서, 어떤 특성이 단계를 거쳐 일반적으로 기대되는 정도에 도달하는 것이다. 인간발달의 성숙적인 전개과정의 증거는 생애를 통하여 다양하게 나타난다. 성숙은 쉽게 관찰할 수 있는 신체적 변화에 기여할 뿐 아니라, 우리가 문제를 발견하고, 그것을 해결하고, 다른 사람의 감정을 이해하는 능력과 같은 심리적 변화에도 기여한다.

두 번째 결정적인 발달의 과정은 학습(learning)이다. 학습은 경험을 통하여 감정, 사고, 행동의 유형에서 비교적 영구적인 변화를 나타나게 하는 수단이다. 학령 전 아동이 야구방망이를 갖고 치기 위해서 어느 정도의 신체적인 성숙이 필요하지만, 능숙하게 공을 치기 위해서 지도와 수많은 연습이 필요하다. 우리의 능력과 습관은 단순히 자연의 웅대한 계획의 부분으로 펼쳐지는 것이 아니다. 우리는 부모와 교사 그리고 우리의 삶에서 중요한 또 다른 사람들과 상호작용을 하거나 그들을 관찰함으로써 새로운 방법으로 느끼고, 생각하고, 행동한다. 우리는 우리가 경험하는 사건으로부터 영향을 받는다. 우리가 살고 있는 환경에 반응함으로써 변화한다. 많은 발달적 변화들은 성숙과 학습 두 과정의 산물이다.

(2) 발달의 원리

① 발달은 유전과 환경의 상호작용을 통해서 일어난다.

오래전부터 수많은 학자들이 유전과 환경이 인간 발달에 미치는 영향에 대해 연구해 왔으며, 유전과 환경이라는 서로 다른 입장에서 논쟁을 벌여왔다. 최근에는 인간의 행동발달에서 유전과 환경의 상대적 영향력을 엄밀하게 구분할 수 없다는 인식이 확산되었다. 점차적으로 많은 학자들은 유전적인 요인을 기초로 하고, 성장하면서 환경이 발달적 적기에 영향을 미친다고 주장한다.

② 발달에는 일정한 순서와 방향이 있다.

인간의 발달 속도는 개개인마다 다르나, 그 순서는 일정하며 방향이 있다. 발달이 순서적으로 일어난다는 것은 이전에 발달이 일어나지 않으면 다음 단계의 발달이 이루어질 수 없다는 것을 의미한다. 그리고 발달되는 방향도 일정하게 일어난다. 예를 들어 발달은 유아들의 경우 먼저 기어 다니고 그 다음 걸을 수 있다. 또 발달 방향도 머리로부터 하부로 진행되며, 중심 부위로부터 말초 부위로 진행한다.

③ **발달은 분화와 통합의 과정이다.**

분화(differentiation)란 상위 단계로 갈수록 이전에 없던 새로운 구조가 생겨나는 것을 말한다. 통합(integration)은 여러 요소가 일정한 방식에 따라 상호 결합하여 질서 있게 종합된 전체를 형성하는 작용을 말한다.

인간의 각 기관이나 기능은 처음에는 분화되어 있지 않으나 점차 부분적이고 특수한 형태로 분화되어 가며 그와 동시에 분화된 기관과 기능들이 서로 통합되어 새로운 체제를 형성한다. 예를 들어 6개월 된 아이가 방바닥에 떨어져 있는 동전을 집으려고 하면 손가락으로 집으려고 하는 것이 아니라, 두 손으로 동전을 집으려고 한다. 이는 아직까지 손과 손가락의 역할 등이 분화되어 있지 않았기 때문이다.

④ **발달은 연속의 과정이다.**

인간의 신체 발달과정은 연속적이지만 신체의 각 부위와 정신 기능에 따라 발달의 속도가 각각 다르며, 특정한 측면의 발달에 있어서도 그 속도가 항상 일정하지는 않지만 계속 진행된다. 예를 들어 영아기에는 키의 발달 속도가 인간의 그 어느 시기보다 빠르다.

⑤ **발달에는 결정적인 시기가 있다.**

인간의 발달은 가장 적절하고도 쉽게 이루어지는 최적의 시기가 있다. 이 시기에 발달의 기회를 잃으면 다시는 회복하기 힘들어진다. 예를 들어 만 1~3세 때에 신체·인지·정서 등의 뇌 발달, 유아기 때에 또래와의 상호작용이 이루어지는 시기라고 볼 수 있다. 이 시기를 잘못 보내면 초등학교 때 학습 또는 성격 형성 등에 결함을 나타낼 수 있다.

⑥ 발달에는 개인차가 있다.

발달에는 일반적이고 보편적인 순서가 있다. 그러나 연령이 같고 성별이 같다 해도 신장이나 체중은 물론 지능과 성격 등의 발달 속도에 있어 다를 수가 있다. 왜냐하면 타고난 개인의 소질과 주어진 환경이 서로 다르기 때문이다. 예를 들면 어떤 사람은 아동기에 키가 빨리 자라고, 또 어떤 사람은 사춘기 때에 키가 급속하게 자란 경우도 있다. 이러한 개인차는 정서, 사회성, 신체 등 모든 발달 영역에서 일어난다.

2) 발달이론

(1) 피아제의 인지발달이론

피아제(Piaget)는 생물학에 큰 영향을 받았으며, 특히 그의 자녀 세 명이 성장하는 모습을 지켜보면서 그것을 기록하고 분석하여 인지발달이론을 발표하였다. 생물이 환경에 적응해 가는 과정을 지켜보면서 인간도 환경에 맞도록 점차 발달해 간다고 보았다. 피아제 이후 많은 학자들은 그의 연구를 현장에서 검증해 봄으로써 교육에 적용되었다. 피아제의 인지발달이론은 기본 개념인 도식, 동화, 조절, 평형화의 4개념과 발달단계이론으로 분류된다.

① 도식

도식(schema)은 사물이나 사건에 대한 전체적인 윤곽을 말한다. 어떤 환경 안에서, 반복에 의해 변화되고 일반화된 행동의 구조 또는 조직화를 의미한다. 이 도식은 생물체가 가지고 있는 인지적 구조이며, 생물체는 본래 가지고 태어나는 것이 아니라 생물체가 환경과 접촉해서 반복되는 행동과 경험에서 만들어지는 것이다. 예를 들어 2세 유아가 하늘에서 움직이는 것은 새라고 배웠다고 생각해 보자. 이를 통해 이 아이는 '하늘에서 움직이는 물체는 새와 같다.'라는 도식을 보유하게 된다.

그래서 사람은 태어날 때에는 아무런 도식이 없지만, 살아가는 과정에서 수많은 도식을 경험함에 따라 더욱더 정교해지고 양적으로 풍부해지면서 그것이 발달하게 된다. 이는 결론적으로 사람은 도식의 발달로 인하여 환경에 잘 적응하며 살아가게 되는 것이다.

② 동화

동화(assimilation)는 어떤 새로운 정보가 들어왔을 때, 기존의 도식에 맞추어서 새로운 정보에 융합시키는 것을 말한다. 예를 들어 2세 된 유아가 물속에서 움직이는 것을 물고기라고 배웠다고 한다면 바다에서 헤엄치는 해녀를 보면서도 물고기라고 부른다. 왜냐하면 이 아이의 인지구조 속에는 '물고기'는 있지만, '해녀'는 없기 때문이다. 이러한 과정을 동화라고 한다. 즉 새로운 경험을 기존의 경험 속에서 찾고 결합하여 도식을 수정하고 적응하는 것을 의미한다. 아이들은 이러한 도식을 통해 수많은 경험을 하게 되며, 새로운 경험과 기존의 경험들을 결합한 후 이들을 비교해 가는 과정을 통해 인지구조는 변화하며 발달해 가는 것이다.

③ 조절

조절(accomodation)은 현재의 인지적 도식이나 구조를 변화시키는 과정을 말한다. 동화는 기존에 갖고 있는 도식으로 외부 환경을 받아들이지만, 기존에 갖고 있는 도식은 조절에 의해서 변한다. 즉 새로운 정보가 들어왔을 때 기존의 도식 속에서 동화과정이 불가능하기 때문에 조절이라는 과정을 거쳐 새로운 도식이 탄생한다.

예를 들어 '다리가 4개이고 몸집이 큰 동물은 소'라고 했을 때 얼룩말을 보고 '다리가 4개이고 몸집이 크니까 소구나!'라고 하는 것은 동화이다. 그러나 다리가 4개이고 몸집이 크다고 해서 무조건 소가 될 수 없다는 것을 깨닫게 되어 인지 갈등의 상태에 빠지면 기존의 도식을 수정하게 되는데 이것이 조절이다.

④ 평형화

평형화(equilibration)란 인지 갈등에 놓인 인간이 편안한 상태를 유지하는 것을 말한다. 이는 기본적으로 동화와 조절 두 기능의 통합과정이며, 개인이 스스로 자신의 인지구조를 형성하고 재구성하는 인지발달의 핵심기능이다. 얼룩말 이야기로 돌아가 보자. 아이는 얼룩말을 다리가 4개이고, 몸집이 커서 소라고 인식하지만, 엄마가 얼룩말과 소의 차이점을 비디오로 보여주면서 다시 인식시켜 주면 어떨까? 그러면 아이의 인지구조는 엄마의 설명으로 쉽게 조절을 거치는 과정을 평형화라고 한다. 평형화는 모든 연령단계에서의 인지발달을 설명해 줄 수 있는 보편적 원리이다.

⑤ 인지발달단계 이론

피아제는 인지구조가 질적으로 구분될 수 있는 몇 개의 단계를 거쳐 변화하게 된다고 본다. 이러한 단계는 하나의 통합된 구조를 갖고 있다. 또 개인 간 연령의 차이는 있을 수 있으나 발달순서는 바뀌지 않으며 순서에 의해 다음 단계로 통합된다.

피아제는 이러한 발달단계를 다음과 같이 나눈다.

표 4-1 피아제의 발달달계

단계	시기	특징
감각운동기	출생~2	인지능력은 감각적 경험과 운동 활동에 기초
전조작기	2~7세	언어와 상징적 표상의 사용, 자아 중심적 추론
구체적 조작기	7~11세	논리적 조작을 통한 구체적 문제의 해결
형식적 조작기	11세~성인	추상적 상징의 사용, 가설적 연역적 추론

(2) 비고츠키의 인지발달이론

러시아의 심리학자인 비고츠키(Vygotsky)는 한 문화 속에 있는 가치, 신념, 관습과 사회적 집단의 기술과 같은 문화가 어떻게 세대를 거쳐 전달되는지에 관심을 갖고 연구하였다. 비고츠키는 아동이 자신보다 좀 더 지적 수준이 높은 사람들과의 상호작용이 그 문화의 사고와 행동양식을 습득하도록 하는데 필수요건이 된다고 보았다.

비고츠키 이론에서는 능력이 자신보다 떨어지거나 비슷한 아동과의 상호작용보다는 자신보다 능력이 뛰어난 아동이나 나이가 많은 성인들과의 상호작용이 학습

면에 있어서는 더 효과적이라고 보았다. 비고츠키에 의하면 근접발달영역, 비계설정, 사회적 상호작용의 핵심적인 세 가지 이론이 있다.

① 근접발달영역

비고츠키의 근접발달영역(zone of proximal development)은 학습과 발달 사이의 관계를 개념화해 놓은 것이다. 즉 아동이 혼자서는 과제를 충분히 할 수 없으나 자신보다 능력이 뛰어난 사람이 도움을 주었을 때 아동이 처리할 수 있는 과제의 범위를 말한다. 구체적인 발달 단계를 보면 아래와 같다.

표 4-2 근접발달영역의 4단계

단계	특 징
1단계	자신보다 능력이 뛰어난 아동에 의해 도움 받아 이루어지는 수행
2단계	자기 자신의 동기부여나 노력에 의해 도움 받는 수행
3단계	내면화되고, 자동화되고, 화석화되는 수행
4단계	근접발달영역을 통한 회귀로 탈자동화가 이루어지는 수행

비고츠키가 주로 사용하는 단어의 배경에는 그의 학습과 발달에 대한 견해가 잘 표현되어 있다. 그는 '발달'이란 개념은 일정한 시기에 측정에 의한 어떤 값으로 표현되는 것이 아닌 행동의 연속체라고 보았다. '영역'이라는 말은 가까운 장래에 발달할 행동들에 의해서 이 영역의 범위가 정해지기 때문으로 보았고, '근접'은 어떤 연령의 아이들한테 궁극적으로 나타나는 모든 발달 가능한 행동을 의미하는 것이 아니라, 앞으로 나타날 행동에 가장 가까운 행동들을 말하는 것이라고 하였다.

② 비계설정

비계(scaffolding)란 건물을 짓는 초기 단계에서 건물이 무너지지 않도록 건물을 지탱하는 구조물을 말한다. 이것을 교육 분야에서 근접발달영역 내에서 아동의 효과적인 학습을 위해 성인이 아동과의 상호작용 중 도움을 적절히 조절하며 제공하는 것을 묘사하기 위해 은유적으로 사용하게 되었다.

비고츠키는 아동을 하나의 건물로 간주하고, 아동이 문제해결능력을 구축해 나가는 필수적인 지원체계인 사회적 환경을 비계로 보았다. 이 방법을 실제 적용하면 교사는 아동이 필요로 하는 연구 영역 내에서 문재해결에 대한 힌트나 다른 도움을 연속적으로 주면 아동의 능력은 향상되어질 것이고, 그러면서 단계적으로 도움의 정도를 줄여 나가는 것이다. 이러한 과정이 계속되면 얼마 후 아동은 교사의 도움 없이 혼자서 문제를 해결할 수 있게 된다. 예를 들면 다음과 같다.

아동이 자기주도학습을 실천하는 데 있어서 처음에는 잘 못하지만, 교사의 지도하게 점진적으로 잘하게 되고 나중에는 혼자서 계획표를 짜고 실행하는 학습을 할 수 있게 된다. 교사의 역할은 아동들이 학습에 효과적으로 적응할 수 있도록 하며, 적절하게 비계를 설정할 수 있도록 노력해야 한다. 아동의 연구 영역에서 학습이 효율적으로 발전함에 따라 교사의 비계는 점차적으로 적어지며, 아동들은 궁극적으로 혼자서 학습하는 형태로 발전할 수 있게 된다. 결론적으로 비계설정은 연구문제와 학습자의 능력과의 간격을 좁히는 과정이 되는 것이다.

③ 사회문화적 상호작용

비고츠키는 사회적 환경은 아동의 발달적 측면에 영향을 미치며 아동의 인지적 기술이 사회적 영향을 받을 수밖에 없으므로 사회적 활동 자체가 아동의 사고를 변화시키는 요인이 된다고 하였다. 또 그는 정신적 발달이란 아동이 자기 자신과 환경의 상호작용 결과를 내면화시키는 과정이며, 정신적 발달의 내면화 과정에서 나타나는 변화는 사회적이고 개인적이라고 보았다.

즉, 인간이 보이는 인지적 기술 또는 사고방식은 생득적으로 결정되지 않고, 개인이 성장한 문화의 사회적 활동에서 수행된 산물이라는 것이다. 따라서 비고츠키의 사회문화적 상호작용이론은 아동이 양육된 사회의 역사와 그 사회에서의 아동 자신의 발달사가 사고방식에 결정적 영향을 미친다고 하였다.

그러므로 아동은 사회적 상호작용을 통해 처음에는 큰 의미 없이 한 활동과 다른 사람으로부터 보고 듣고 배우는 과정을 거쳐 새로운 생각이 나오게 된다. 이러한 생각을 도출하게끔 하는 사람은 아동 주변의 교사, 부모 또는 자신보다 능력이 뛰어난 또래이다. 이와 같이 아동 발달을 도와주는 원천으로는 교재, 기호체제, 타인 등 세 가지로 나눌 수 있으며, 이 중에서 비고츠키가 가장 중요하게 보는 것은 언어를 포함한 기호체계이다.

비고츠키는 언어와 사고 관계의 발달과정에 대한 분석을 통해 처음 2년 동안의 사고는 비언어적이고 비개념적이며, 그 다음은 자기중심적 언어 단계로 보았다. 다음은 내부언어 단계로 외현적이었던 자기중심적 언어는 점점 내면화되고 형식이 간략하게 된다. 사고와 언어를 연결시키는 것은 어떤 물질이 아니라 하나의 과정이고, 이 과정은 사고에서 언어로, 그리고 언어에서 사고로 움직인다고 보았다(김청자, 2012).

(3) 프로이드의 심리 · 성적 발달이론

① 기본 개념

성격(personality)이란 말의 영어 어원은 라틴어의 'per'(~을 통하여)와 'sonare'(말하다, 소리내다)라는 단어의 합성어인 'persona'에서 출발했다고 한다. persona란 그리스의 극장에서 배우들이 사용하는 메가폰과 같은 것이 달린 자기의 배역을 나타내는 가면을 뜻하는 것이다. 그런데 그 가면은 그것에 달린 메가폰과 더불어 배우들이 자기의 존재를 관객들에게 똑똑하게 인식시키는 데 큰 역할을 하였다. 가면이라는 뜻에서 유래한 성격의 뜻은 일반적으로 개인이 자기를 둘러싸고 있는 다른 사람에게 주는 전체적인 인상이라고 할 수 있다(노희관, 이용남, 1995).

성격발달에 대한 최초의 제안을 한 프로이드(Freud)는 신체가 성장하면서 달라지는 심리 · 성적 발달단계를 5단계로 구분하였고, 에릭슨(Erikson)은 더 세분화하여 심리 · 사회적 발달이론으로 발전시켰다. 앨포트(Allport)는 인간의 생물학적 측면을 강조하여 성격을 환경에 대한 한 개인의 독특한 적응방식을 결정하는 정신적 · 물질적 제 조직의 역동적 체제라고 하였다. 따라서 성격이란 어떤 특정한 분야를 지칭하는 것이 아니라, 사람 행동의 모든 면을 망라하는 총체적인 것이라 할 수 있다.

② 인간의 성격구조

정신분석학의 창시자인 프로이드는 인간의 성격구조를 원욕(id), 자아(ego), 초자아(superego)의 세 가지로 구분하여 제시하였다.

가. 원욕(id)

원욕은 개인의 본능적 충동으로 신생아의 기본적 특징이며, 생물학적인 충동과 욕구를 의미한다. 즉 원욕은 노골적이며, 동물적이며, 조직되지 않은 것으로써 법도 규칙도 따르지 않으며 전 생애 동안 개인의 기초가 된다. 이는 성격의 무의식적인 부분으로 기본적 욕구들의 지장고이며 성격의 기초가 되며, 본능에 따라 움직이기 때문에 모든 억압을 무시하고 모든 인간의 일차적 원리를 나타낸다. 생물학적인 충동에 의해 나타나는 정신 에너지의 즉각적인 방출은 긴장을 유발하게 되며, 이때 원욕은 현실성이나 도덕성을 전혀 고려하지 않고 자기만족만을 추구하게 되는데, 이러한 것을 '쾌락원칙(pleasure principle)'이라고 한다. 프로이드의 원욕의 충동은 주로 성적 본능과 공격적 본능이라고 보았다.

나. 자아(ego)

자아는 사고, 감정, 의지, 체험, 행위 등의 여러 작용을 주관하며 통일하는 주체이다. 자아는 원욕과 초자아를 모두 부분적으로 만족시키는 타협점을 찾으려고 한다. 자아의 주요 기능 중 하나가 내적 위험으로부터 마음을 보호하는 것이다. 즉 갈등을 담고 있는 충동이 의식으로 뚫고 들어오려는 위험으로부터 보호하는 것이다. 자아가 해야 할 일은 원욕이 사회의 윤리와 도덕적인 규율에 맞추어 본능적인 욕구를 표현할 수 있게 해준다. 이렇게 하기 위해서 개체는 배우고, 느끼고, 생각하는 것이 필요하기 때문에 자아 기능은 흔히 인지적 능력으로 분류한다. 자아는 적절한 대상이나 환경조건이 나타날 때까지 원욕에서 비롯된 긴장의 발산을 지연시킬 수 있는 힘을 말하는데 이러한 것을 '현실원리(reality principle)'라고 한다.

다. 초자아(superego)

초자아는 원욕-자아과정에 있어서 자아에 대한 경찰과 같은 역할을 수행하면서 자아를 매개로 원욕의 행위를 억압하는 작용을 한다. 즉 이는 도덕, 가치관 등 습득된 윤리적 가치를 포함하는데 일반적으로 양심이라는 말로 표현할 수 있다. 주로 부모, 교사나 초자아가 형성된 주변 사람들과의 상호작용을 통해서 사회 규범이나 가치관이 자아 속에 들어가 작용하게 된다. 궁극적으로 이것은 아이의 마음속에 도덕성이나 양심으로 내면화시킨다고 본다.

초자아의 두 가지 하위 체계에는 양심과 자아 이상이 있는데 양심은 부모나 주변인들의 처벌을 통해서 얻게 되며, 자아 이상은 부모의 인정이나 보상에 의해서 얻게 되는 것이다. 프로이드는 원욕과 초자아는 언제나 끊임없는 갈등 상태에 있으며 자아는 이것을 조정한다고 보았다.

③ 성격 발단단계

프로이드는 성격발달의 단계를 다섯 단계로 구분하였는데, 각 단계의 구분과 특징을 정리하면 다음과 같다(강경미, 구광현, 백경숙, 2005).

가. 구강기

심리성적 발달단계의 첫 번째 단계로 생후 약 1년의 기간을 말한다. 이 시기의 유아는 구강이 주된 성감대로 입, 혀, 입술 등으로 젖을 빨 때 성적 욕구를 충족시킨다. 구순기라고도 하며 유아는 배고프지 않아도 손에 잡히는 모든 것을 입에 넣고 빤다. 생후 6개월 이전까지 유아는 젖을 먹을 때 안락한 어머니의 품을 경험하지만, 어머니를 자신과 분리된 개체로서의 존재로 인식하지 못한다.

구강기는 두 단계로 나눌 수 있는데, 첫 번째가 빨기 단계이고 두 번째가 이빨이 나면서 시작되는 깨무는 단계이다. 즉, 어머니의 존재를 느끼고 자신의 욕구를 채워 주는 대상이 존재한다는 것을 알게 된다. 구강기에 적절한 보살핌을 받지 못하면 성격적 결함을 나타내게 되어 다음 발달단계로의 순조로운 이행에 문제가 생기고 이 시기에 고착되어 버린다.

구강기 전기에 성격이 고착되면 구강 수동적 성격이 되어 낙천적이고, 타인에게 의존적이며, 모든 걸 희생해서라도 인정받고 싶어 한다. 구강기 후기에 성격이 고착되면 논쟁적이고, 비꼬기를 잘하며, 타인을 이용하거나 지배하려고 해 성격이 공격적으로 바뀐다.

나. 항문기

두 번째 단계는 리비도(libido) 에너지의 초점이 구강에서 항문 부위로 옮겨지는 2~3세 시기이다. 이 시기는 대변을 보유하고 배출하는 데 극도의 관심이 있으므로 항문기라고 한다. 큰 쾌감을 얻기 위해 배설을 미루는 형태와 배설을 통해 편안함과 쾌감을 경험한다. 유아는 자신의 힘으로 괄약근을 조절할 수 있으며, 생후 처음으로 그의 본능적 충동에 대한 만족이 외부의 간섭으로 지연되는 것을 경험한다. 이때 유아는 한 인간으로서 정체감을 확립하기 시작하며 자아의 발달을 가져온다.

부모가 배변훈련을 너무 일찍 시키거나 지나치게 강압적인 태도를 취하면 성인이 되어 고집이 세고, 인색하고, 복종적이고, 시간을 엄수하며 지나치게 청결한 경향을 보인다. 또 배변훈련 시 지나치게 관대하면 잔인하고, 파괴적이며, 난폭하고, 적개심이 강해진다. 반면 적절하게 배변훈련을 받은 유아는 창의적이고 생산적인 성격의 소유자로 자라게 된다.

다. 남근기

리비도의 중심 에너지가 항문에서 생식기로 이동하는 시기로 남녀의 생식기와 성별 차이에 새로운 호기심과 구별의식을 갖게 되며 생식기의 자극을 통해 만족을 얻으려고 한다. 이 시기의 남자아이는 어머니에 대해 성적으로 접근하려는 욕망과 애착을 느끼며 아버지를 경쟁 상대로 생각하는 오이디푸스 콤플렉스(Oedipus complex)를 가지게 된다. 여자아이는 아버지에 대해 사랑의 감정을 품고 어머니를 경쟁 상대로 생각하는 엘렉트라 콤플렉스(Electra complex)를 겪게 된다. 유아는 부모에 대해 애정을 느끼며 그로 인해 동성 부모에게는 적대감을 갖는 갈등 상황에 처하게 된다. 이 상황에 대한 해결책이 동일시이며 이를 통해 초자아와 성역할의 습득이 이루어진다.

남자아이는 어머니를 성적 애착의 대상물로 여기지만, 아버지를 이길 수 없는 경쟁자라는 것을 알게 된다. 결국 아버지가 자신에게 보복할 것이라는 두려움으로 인해 거세불안(castration anxiety)을 느낀다. 이러한 불안한 마음으로 인해 자신의 욕망을 누르고 동성의 아버지를 동일시함으로써 해결된다. 남자아이들은 오이디푸스 콤플렉스를 겪으면서 더욱 남성다운 행동을 보이고 남자다워진다.

여자아이도 아버지에 대한 사랑의 감정이 어머니에 의해 좌절되는 엘렉트라 콤플렉스를 겪으며 아버지의 사랑을 잃지는 않을까 두려움을 갖지만, 동일시를 통해 이런 심리적 갈등을 해결한다. 이때 여아는 남아와 생식기 모양의 차이를 알게 되고 남아의 거세불안과 같은 남근을 부러워하는 남근선망(penisenvy)을 경험하게 된다.

남근기에 고착이 되면 남자의 경우 성인이 되었을 때 경솔하고, 과장되고, 야심적이 되며, 항상 자신의 강인함을 나타내려고 하는 경향이 있다. 여자의 경우는 성관계에 있어 순진하고 결백해 보이지만, 난잡하고 유혹적이며 경박한 기질을 갖고 있다. 프로이드는 미해결된 오이디푸스 문제는 후에 노이로제의 원인이 되며 남자의 경우 성적 무기력과 불감증의 원인이 된다고 보았다.

라. 잠복기

약 5세부터 11~13세까지로 성적인 에너지가 잠재되어 있으며, 성적 충동이나 환상들이 무의식 속으로 잠재되어 평온함을 유지하는 시기이다. 이때의 아동은 스포츠와 놀이, 지적인 활동과 같은 구체적이고 사회적으로 허용되는 행동을 한다. 학교교육의 시작으로 기본적 사회기술을 습득하고 학습하는 시기이다.

이 시기는 동성의 시기라고도 불리는데 보통 아동들이 이성을 포함하는 집단을 자발적으로 형성하지 않으며, 사회적 관계에서도 동성끼리 더 끌리는 경향이 있기 때문이다. 실제로 초자아는 강하고 부모의 교훈적인 내적 표본이 사회적 규칙으로서 가능하다. 잠복기에 고착되면 성인기에 이성에게 안정감을 느끼지 못할뿐더러 정서적으로도 고립되어 이성과의 성관계를 회피하거나 공격적인 태도로 성적 관계를 가질 수 있다.

마. 생식기

사춘기 이후 성적 기능의 성숙이 일어나는 단계이다. 여아는 월경을 하고, 남아는 흔히 선정적인 꿈을 꾸며 밤에 사정한다. 잠복기에서 생식기로 넘어오면서 서서히 이성에 눈을 뜨기 시작하게 되고 성숙한 아이들은 이성과의 성관계를 원한다. 하지만 청소년과 미혼의 경우는 성이라는 것이 사회적으로 도덕적 장벽에 막혀 있어서 이를 해소하기 위해서는 정신적으로 많은 노력이 필요하다.

이러한 노력이 반복되면서 청소년들은 일반적으로 덜 자아중심적이 되고 세상에 대해 보다 더 객관적인 관점을 갖게 된다. 또한 초자아가 적절하게 양심과 자아 이상을 갖추어 잘 형성되어지게 한다. 자아는 현실원리에 따라 움직이고, 인생의 문제를 해결하는 데 도움을 주며, 방어기제에도 과도하게 의존하지 않는다.

프로이드는 사춘기 이후에는 주로 부모로부터 자유로워지는 것이라고 갈망한다고 보았다. 아들의 경우 어머니에 대한 정신적 교감을 벗어나 그 자신의 여자를 찾고, 아버지에 대해선 경쟁과 지배에서 벗어나는 것을 추구한다고 했다. 딸의 경우도 부모로부터 독립함을 원하지만 오랫동안 쌓인 강한 의존성 때문에 부모로부터 독립한다는 것은 어려운 일이라고 보았다.

3. 학습이론

1) 학습과 학습이론

학습은 학습자가 겪는 경험의 결과로 학습자의 지식에 발생하는 영속적인 변화로 정의할 수 있다(Mayer, 2008). 주변 환경의 변화에 따라 변화된 인간의 행동과 행동을 변화시키는 모든 과정이 학습에 포함되며, 학습은 발달과 밀접한 관련이 있다. 따라서 인간의 성장에 따른 자연적인 변화나 질병이나 약물에 의한 일시적인 변화는 학습에 포함되지 않는다.

교육의 목적은 인간의 행동을 바람직한 방향으로 변화시키는 것이며, 학습의 관심사는 인간이 어떻게 학습할 수 있게 하는가이다. 그러나 학습이 이루어지더라도 학습의 결과 즉, 행동의 변화가 반드시 바람직한 방향으로 일어나는 것은 아니다. 따라서 학습이 일어나는 원리를 탐색한다면, 효과적이고 긍정적인 학습을 전개할 수 있는 기법을 모색할 수 있을 것이다.

학습이론은 학습자를 중심으로 학습의 원리를 탐색하고 바람직한 방향으로 행동 변화를 이끌어내는 학습과정을 설명하기 위한 것이다. 즉, 학습이론을 통해 학습자의 행동 변화를 가져오는 심리학적 원리가 무엇인지 설명하고 예측할 수 있다. 학습이론을 이해하는 것은 학습자의 적응행동뿐 아니라 부적응행동을 이해하는 데도 도움이 된다. 일반적으로 학습이론은 행동 변화가 일어나는 과정을 설명하는 관점에 따라 크게 학습자의 외현적 행동 변화로 설명하는 행동주의와 개인의 인지적 과정의 변화로 설명하는 인지주의 입장에서 발전해 왔다. 나아가 행동주의이론과 인지주의 이론을 통합한 사회학습이론도 제안되었다.

2) 행동주의 학습이론

인간의 행동이 외부 환경에 의해 형성되는 과정을 강조하는 행동주의는 학습을 행동의 변화로 정의한다. 행동주의 학습이론(behaviorism learning theory)의 기본 원리는 자극(stimulus)과 반응(response)의 연합이다. 그래서 연합이론 혹은 S-R이론이라고도 한다. 행동주의 학습이론에서는 자극과 반응의 반복적인 연합을 통해 학습이 이루어진다고 본다. 따라서 학습자가 주변 환경으로부터 받는 모든 자극과 반응이 연합되는 조건화가 행동주의의 주요 관심사이다.

행동주의 학습이론은 인간의 학습능력은 선천적인 것이 아니라 환경 조성을 통해 형성되며, 대부분의 인간 행동은 학습된 것으로 규정하였다. 따라서 행동주의 학습이론에서는 모든 반응이 자극에 의해 유발된다고 가정하고 조건화 원리를 이용해 바람직한 행동을 형성하고, 바람직하지 못한 행동을 수정할 수 있다고 보았다. 행동주의 학습이론은 파블로프(Pavlov)의 고전적 조건화 이론과 스키너(Skinner)의 조작적 조건화 이론으로 구분할 수 있다.

(1) 고전적 조건화 이론

현대 학습이론의 토대가 된 고전적 조건화 이론(classical conditioning theory)은 적절하게 환경을 조작하면 원하는 학습이 가능하다고 보았다. 러시아의 생리학자인 파블로프의 개의 소화과정 연구에서 고전적 조건화 연구가 시작되었다. 그는 개에게 먹이를 주는 실험을 통해 반복적으로 먹이를 줄 경우 개는 먹이를 가져오는 사람의 발소리만 듣고도 침을 분비한다는 사실을 확인하였다. 이와 같은 사실에 착안하여 동물실험을 통해 특정 반응과 관련이 없는 자극이 일정한 과정을 통해 특정 반응을 일으키게 되는 조건화 과정을 제시하였다. 파블로프는 고전적 조건화를 통해 학습이론을 과학적 기반 위에 확고히 세운 최초의 학자로 평가된다.

① 고전적 조건화

고전적 조건화 이론에서 자극과 반응이 연결되는 것을 조건화 또는 조건형성이라고 하며, 사물에 대한 사람의 정서적·인지적 반응이 고전적 조건화 과정을 통해 학습된다고 보았다. 고전적 조건화는 일정한 조건을 형성함으로써 반응을 유도해 내는 것이다. 파블로프는 실험에서 개에게 조건자극(CS: 종소리)을 무조건자극(US: 먹이)과 반복적으로 연합시켜 조건반응(CR: 침 분비)을 일으키도록 해 조건화를 형성하였다.

먹이를 주면 개는 저절로 침을 분비한다. 이때 먹이는 무조건자극(unconditioned stimulus: US)이며, 침을 분비하는 것은 무조건반응(unconditioned response: UR)이다. 무조건반응은 특별히 학습을 하지 않아도 무조건자극에 의해 지속적으로 나타나는 반응이다. 종소리는 개에게 의미 없는 중성자극(neutral stimulus: NS)이다. 하지만 종소리를 들려준 뒤 먹이를 주는 행위를 반복하면 개는 종소리만 듣고도 침을 분비하는 반응을 보인다. 종소리는 조건자극(conditioned stimulus: CS), 침은 조건반응(conditioned response: CR)이 된다. 이처럼 조건자극을 무조건자극과 연결시켜 조건반응이 나타나도록 하는 과정을 고전적 조건화라 한다.

② 고전적 조건화의 기본원리

조건화 성립을 뒷받침해 주는 기본원리에는 강도의 원리, 일관성의 원리, 시간의 원리, 계속성의 원리가 있다.

- 강도의 원리 : 조건화를 쉽게 유도하려면 자극의 강도가 강할수록 효과적이다. 첫 번째 자극보다 다음에 제시되는 자극 즉, 무조건자극이 더 강한 것일수록 조건화가 쉽게 이루어진다.
- 일관성의 원리 : 조건화 과정에서 동일한 조건자극을 일관성 있게 강화해 주어야 효과적이다.
- 시간의 원리 : 조건화는 조건자극과 무조건자극이 거의 동시에 제시될 때 가장 잘 이루어진다. 조건자극이 무조건자극보다 0.5초 정도 먼저 제시될 때 가장 효과적이며, 5초 이상 지연되면 효과적이지 못하다(Schwartz, 1989).
- 계속성의 원리 : 자극과 반응 간에 반복되는 횟수가 많을수록 효과가 있다. 학습에서는 반복연습이 많을수록 효과가 크다는 것을 의미한다.

③ 고전적 조건화의 학습 현상

- 자극일반화(stimulus generalization) : 특정한 자극에 조건화가 형성된 후 유사한 다른 자극에 대해서도 반응이 일어나는 것이다. 자극 간의 유사성이 클수록 일반화 가능성이 높다.
- 조건변별(stimulus discrimination) : 유사한 두 자극 사이의 차이점을 변별하여 반응하는 것이다. 조건자극에만 음식을 주고 비슷한 자극에는 음식을 주지 않으면 조건자극과 다른 자극을 구분하게 된다.
- 소거(extinction) : 조건형성이 된 후에 무조건자극이 없이 조건자극만 지속적으로 주어지면 형성된 조건반응이 더 이상 일어나지 않는다. 소거가 이루어져도 학습효과까지 완전히 소거되는 것은 아니다.
- 자발적 회복(spontaneous recovery) : 소거가 일어난 후 얼마 동안 시간을 둔 후 학습했던 조건자극을 다시 제시하면 조건반응이 회복되는 현상이다.
- 재조건화(reconditioning) : 자발적 회복 후에 조건자극과 무조건자극을 짝지어서 제시하면 조건반응이 원래의 강도를 되찾는 현상이다.
- 고차적 조건화(higer order conditioning) : 고전적 조건화가 일어난 후 두 번째 조건자극과 첫 번째 조건자극을 짝지어 제시하면 형성되는 또 다른 조건반응을

이차적 조건화라고 한다. 같은 방식으로 삼차적 조건형성도 가능하다.

④ 고전적 조건화와 두뇌

포유류는 고전적 조건화와 관련된 근본적인 기억 흔적이 신체의 운동 영역을 담당하는 소뇌와 관련이 있는 것으로 알려져 있다. 그러나 무조건반응은 소뇌에 기억 흔적이 없으며, 학습에 소뇌가 영향을 미치지 않는다. 그 이유는 무조건반응은 선천적 반응이기 때문에 학습된 것이 아니기 때문이다.

소뇌는 대뇌를 축소한 모양이며, 대뇌의 바로 아래쪽에 위치해 있다. 조건자극과 무조건자극의 연합과 관련된 정보는 소뇌, 특히 소뇌피질과 소뇌핵심부의 중간핵에 저장되며, 영역에 따라 조건화에 관여하는 부분이 차이가 있다. 중간핵이 손상되면 이전에 학습한 조건반응이 완전히 사라질 뿐 아니라 이후로도 재학습은 불가능하다. 하지만 소뇌피질이 손상된 경우에는 조건반응이 학습되는 것을 방해하지만 영구 제거는 나타나지 않는다. 이에 따라 중간핵은 조건반응의 생성과 실행을, 소뇌피질은 조건반응의 조정에 관여하는 것을 알 수 있다.

자폐증과 관련해 많은 경우가 소뇌피질의 세포 수가 감소된 것이 발견되었고(Ritvo et al., 1986), 소뇌 핵심부에 비정상적인 세포가 많은 것으로 나타나(Baumann, 1991), 자폐증 환자가 조건반응의 학습에 어려움을 겪는 상황을 설명해 주고 있다. 새로운 지식을 습득하는 데 중요한 역할을 하는 해마는 조건반응의 형성과정에서는 필수적인 역할을 하지 않는다.

⑤ 왓슨의 정서 연구

미국의 심리학자인 왓슨(Watson)은 고전적 조건화 이론을 인간의 행동을 설명하기 위해 적용함으로써 행동주의 심리학의 시초가 되었다. 왓슨은 아동의 발달에 관한 연구에서 고전적 조건형성이론을 최초로 인간의 정서에 적용하였다. 왓슨은 정서의 조건형성에 관심을 가졌고, 영아의 정서 반응은 선천적인 것이 아니며, 자극과 반응의 연합에 의해 학습된 것임을 밝혔다. 왓슨에 의하면 타인에 대한 긍정적인 감정은 2차 조건화를 통해 학습되어진다. 공포와 관련된 반응은 불수의적이고 자동적으로 일어나며, 뇌의 편도체가 공포의 조건화에 결정적인 역할을 한다.

왓슨의 가장 큰 업적은 공포를 탈조건화 하는 방법을 제시한 것이다.

왓슨은 공포가 조건화를 통해 학습된다면 공포의 감소도 조건형성을 통해 학습할 수 있다고 보았다. 공포 상황에 대해 안전한 노출이 지속되면 공포는 차차 감소된다. 이를 '소거'라고 한다. 그러나 소거는 자발적 회복, 복원, 재발 등을 통해 다시 공포에 대한 반응이 되살아날 수 있으며, 소거를 통해서 공포가 영구히 제거되지는 않는 것을 알 수 있다. 역조건을 형성해 공포를 해소하는 체계적 둔감화는 공포가 조건자극이 되며, 자극반응으로 이완을 짝지어 학습한다. 체계적 둔감화는 공포 상황이나 대상에 대한 소거가 일어나기 때문에 공포증 치료에 효과적인 방법으로 알려져 있다.

(2) 조작적 조건화 이론

고전적 조건화만으로는 인간의 행동을 모두 설명하는 데 한계가 있기 때문에 스키너는 조작적 조건화 이론(operant conditioning theory)을 발전시켰다. 스키너는 환경이 인간의 행동을 어떻게 통제하는지에 관심을 가졌고, 실험을 통해 동물이 주어진 환경 안에서 행동을 선택, 즉 조작할 수 있는 기회를 부여하였다. 그는 조작적 개념을 도입해 직접적인 외부 자극이 없어도 자발적인 행위가 일어나며, 조작행동은 그 행동의 결과에 따라 강화되거나 약화된다고 하였다.

스키너의 실험에서 동물들은 사전에 어떤 자동적 반응을 유도하는 자극이 없어도 우연한 행동을 통해 얻어진 결과를 반복해서 행동이 강화되었다. 스키너는 특정 버튼을 누르면 먹이가 나오도록 고안된 Skinner 상자라는 실험장치를 적용해 비둘기를 대상으로 실험을 진행하였다. 상자 안의 비둘기는 뛰기도 하고 벽에 부딪히거나 긁기도 하며 부지런히 움직였다. 그러다 우연히 먹이가 나오는 버튼을 누르자 먹이가 나왔다. 버튼을 누른 반응은 우연히 일어났지만 먹이를 받은 비둘기는 버튼 누르기와 먹이를 연결하고 버튼누르기를 학습함으로써 조건화가 이루어진다. 이때 먹이는 두 번째 반응을 유도하여 조건화를 성립시키는 강화물이 된다. 고전적 조건화에서는 강화가 반응을 일으키지만, 조작적 조건화에서는 반응 뒤에 강화가 일어난다. 조작적 조건화 이론은 강화가 핵심적인 요인이며, 강화이론이라고도 한다.

① 강화와 벌

강화(reinforcement)란 특정 행동의 발생확률이나 발생빈도를 증가시키는 현상이다. 강화는 강화물의 제시나 제거가 선행반응을 강화하는지에 따라 정적 강화와 부적 강화가 있다. 반응이 발생했을 때 자극이 제시되어 반응이나 행동의 빈도가 증가하는 모든 자극을 정적 강화라 한다. 부적 강화는 반응자가 혐오하는 자극을 감소하거나 제거함으로써 반응이나 행동의 빈도가 증가하는 것이다. 스키너는 비둘기 실험에서 첫 번째 상자에는 먹이라는 강화물을 제공해 버튼을 누르는 반응을 증가시켰다. 이때 먹이는 긍정적 강화물이다. 비둘기가 버튼을 누를 때마다 전기 자극을 주도록 되어 있는 두 번째 상자에서는 전기 자극을 제거함으로써 버튼을 누르는 반응을 증가시켰다. 이때 전기 자극은 부적 강화물이다.

벌(punishment)이란 바람직하지 못한 반응을 약화 또는 감소시키기 위한 것으로, 바람직하지 않은 반응을 감소시키기 위해 혐오자극을 제공하여 반응비율을 감소시키는 수여성 벌과 바람직하지 못한 반응을 감소시키기 위해 정적 강화를 받을 수 있는 기회를 차단해 불유쾌한 감정을 경험하게 하는 제거성 벌이 있다.

② 강화계획

반응에 대한 강화의 제시나 제거를 지시하는 규칙이나 절차로 반응이 일어날 때마다 강화를 제공하는 계속적 강화와 특정한 반응에만 강화를 주는 간헐적 강화가 있다. 스키너의 동물실험을 통해 학습 초기에는 계속적 강화가 이루어지는 것이 가장 효과적이라고 밝혀졌다. 그러나 학습과정에서 계속적 강화가 불가능하므로 특정 반응이 강화받는 형태를 체계적으로 연구한 것이 강화계획(schedules of reinforcement)이다. 간헐적 강화는 시간간격과 반응 횟수에 따라 고정간격 강화계획, 변동간격 강화계획, 고정비율 강화계획, 변동비율 강화계획으로 구분한다.

- 고정간격 강화계획(fixed interval schedule): 반응이 일어난 후 다음 강화를 주는 시간적 간격을 고정시킨 방법이다. 강화시간이 가까워질수록 반응비율이 증

가하지만 강화 후에는 감소한다. 지속성이 약해 정해진 시간에 강화가 주어지지 않으면 반응비율이 급속히 감소한다.

- 고정비율 강화계획(fixed ratio schedule): 일정한 횟수의 반응 후에 강화를 주는 방법이다. 반응비율이 빠르게 나타나지만 강화 후에 휴지되며, 지속성이 약해 일정한 횟수 후에 강화가 주어지지 않으면 반응비율이 급속히 감소한다.
- 변동간격 강화계획(variable interval schedule): 강화가 주어지는 시간간격을 변화시키는 방법으로, 반응비율이 느리지만 꾸준하며 강화 후에도 휴지되지 않는다. 지속성이 강해 반응비율이 천천히 감소한다.
- 변동비율 강화계획(variable ratio schedule): 불규칙한 횟수에 반응한 후 강화를 주는 방법이다. 반응비율이 매우 높으며 강화 후에도 휴지되지 않는다. 지속성이 강해 반응비율이 높게 지속된 후 서서히 감소한다. 강화계획 중 가장 소거가 어려운 강화계획이다.

③ 조작적 조건화와 두뇌

변별자극이 있는 조작적 조건화에 결정적 역할을 하는 두뇌 영역은 기저핵이다. 특히 기저핵은 강화와 처벌에 대한 피드백에 기초한 S-R연합학습에 반드시 필요하다(McDonald & White, 1993). 신경전달물질 중 하나인 도파민은 조작적 조건화 동안에 정적 강화가 이루어질 때 분비된다(Brembs, 2003). 도파민 전달을 방해받을 경우 조작적 조건화는 소거된다.

3) 사회학습이론

사회학습이론(social learning theory)은 지적 행동주의의 대표적 학자인 반두라(Bandura)가 제안한 학습이론으로 모델링학습이론 또는 관찰학습이론, 인지적 행동주의 학습이론이라고도 한다. 인간은 의식하지 않아도 부모나 타인의 행동을 모방하는 과정에서 언어와 사회화 과정을 학습하는 능력을 가지고 있다. 이에 사회학습이론에서는 직접적인 경험보다 타인의 행동을 관찰하고 모방하는 데서 오는 행동

변화를 강조하였다. 사회학습이론에서는 개인적 요인과 사회적 요인이 상호작용한 것을 행동으로 보고, 장면과 행동에 따라 요인의 영향력이 달라진다고 보았다.

반두라의 공격행동과 관련된 실험에서는 아동을 세 집단으로 나누어 각 집단별로 다른 영상을 관찰하게 하였다. 제시된 영상은 모델이 인형을 공격한 후 첫 번째 집단에는 보상을 받는 영상을, 두 번째 집단에는 벌을 받는 영상을, 세 번째 집단에는 강화나 벌이 주어지지 않는 영상을 보여주었다. 세 집단의 아동 모두 영상과 같은 상황 속에 투입하고 공격행동의 정도를 측정하였다. 벌 영상을 본 집단이 가장 덜 공격적이었고, 강화 영상을 본 집단이 가장 공격적이었다. 아동은 모델을 관찰함으로써 대리강화(vicarious reinforcement)와 대리처벌(vicarious punishment)을 대리경험하고 학습한 것이다. 사회학습이론의 과정은 주의집중, 파지, 재생, 동기화의 4단계로 구분한다.

① 주의집중단계

관찰을 통해 행동을 학습하려면 그 행동이 관찰자의 주의를 끌어야만 한다. 주의집중 과정에서 모델을 선택적으로 관찰하고 주목할 내용을 결정한다. 관찰에 영향을 미치는 요인은 다양하며, 특히 감각능력, 관찰자의 특징, 과거의 강화, 모델의 특성 등이 관찰자의 선택적 주의에 영향을 미칠 수 있다.

② 파지단계

모델을 관찰한 후 관찰한 내용을 파지하는 과정을 거친다. 파지는 주로 심상이나 언어에 의존해 이루어지며, 모델의 행동을 일정 기간 동안 상징적인 형태로 표상해 두게 된다. 상징적 부호화와 더불어 파지과정에서 중요한 것은 시연(rehearsal)이다. 시연에는 모델이 행동하는 것을 마음속으로 상상하는 내적 시연과 실제로 행동을 하는 외적 시연이 있다. 학습자가 모델의 행동을 조직하고 마음속으로 시연한 후 외현적 행동으로 표현할 때 최고의 관찰학습이 된다.

③ 운동재생단계

관찰자가 새로 획득한 행동을 적절한 행동으로 변환시키는 과정이다. 이 과정에서 관찰자의 기억 속에 담긴 심상이나 언어적 부호가 중요한 기능을 한다. 모델의 행동을 모방하는 과정에서 모델과의 비교를 통한 행동수정도 이루어진다.

④ 동기유발단계

인간은 관찰에 의해 학습된 행동이 가치가 있다면 모델행동을 수행하지만, 강화가 주어지지 않거나 처벌이 주어진다면 그 행동은 수행하지 않게 된다. 따라서 관찰학습이 행동으로 표현되기 위해서 적절한 동기유발이 필요하다.

4) 인지주의 학습이론

학습은 외현적 행동뿐만 아니라 정신적 과정의 변화를 포함하고 있기 때문에 행동주의에서 주장하는 외현적 행동만으로는 인간의 학습을 설명하는 데 한계가 있다. 이에 학습을 행동의 변화가 아니라 인지구조의 변화로 보고 인지과정을 강조하는 인지주의 심리학이 대두되었다. 인지과정을 밝히기 위한 인지주의 학습이론(learning theory of cognitivism)은 통찰학습이론과 정보처리이론이 대표적이다.

(1) 통찰학습이론

통찰학습이론(insight learning theory)은 독일의 형태심리학자인 쾰러(Köhler)가 형태심리학에 근거하여 주장한 학습이론이다. 쾰러는 침팬지를 대상으로 문제해결에 관한 실험을 하던 중 문제해결 행동은 시행착오를 거듭하는 과정이 아니라 통찰을 통해 문제의 요소를 재구조화하는 과정에서 이루어진다는 이론을 제시하였다.

쾰러는 술탄이라는 침팬지가 들어 있는 우리의 천장에 바나나를 매달아 놓고 크기가 다른 상자 몇 개, 작은 막대기, 긴 막대기 등을 넣어두었다. 이 실험에서 침팬지는 행동주의의 주장처럼 조건반사나 시행착오를 통해서가 아닌 통찰을 통해 우리 내부의 전체 구성요소를 파악한 후 요소들을 활용하여 바나나를 따먹었다. 침팬지는 상자를 쌓고 올라가서 바나나를 따거나, 작은 막대기로 따다가 닿지 않는 것을 확인하고 긴 막대기를 사용해 바나나를 따는 데 성공하였다. 이 실험에서 침팬지는 서로 관계없는 바나나와 상자, 막대기 요소를 통찰하는 과정에서 관계성을 파악하고 문제해결을 위해 구조화함으로써 인지구조의 변화를 경험하였다. 따라서 통찰이란 상황을 구성하는 요소 간의 관계 파악이며, 통찰학습은 통찰과정을 통해 일어나는 학습자의 인지구조 변화라고 정의할 수 있다. 통찰학습은 문제해결과정에서 급격하고 완벽하게 이루어지기 때문에 '아하 경험(aha experience)' 또는 '아하 학습(aha learning)'이라고도 한다.

쾰러는 침팬지 실험을 통해 다음과 같은 결론을 내렸다. 첫째, 문제해결은 과거 경험이 아니라 경험적 사실을 재구성하는 인지구조의 변화이다. 둘째, 통찰력은 탐색적인 과정을 통해서 이루어지며, 우연히 이루어지는 시행착오와는 다르다. 셋째, 통찰학습은 종류와 개체에 따라 차이가 있다.

(2) 정보처리 학습이론

학습은 단순히 환경으로부터 받는 자극과 그에 대한 반응만으로 설명할 수 없기 때문에 내부의 인지과정에 대한 설명이 필요하다. 인간의 행동을 정보처리적으로 설명하는 정보처리 학습이론(information processing learning theory)은 정보와 관련된 내적 처리과정을 컴퓨터의 처리과정에 비유하고 있다. 정보처리 학습이론의 모델은 투입된 정보가 저장되는 정보저장소와 정보저장소로부터 정보의 이동과 관계된 인지처리과정으로 구성되어 있다. 정보처리 학습이론은 인간의 학습은 새로운 정보를 받아들여 의미 있는 정보를 기억 속에 저장하고 다시 인출하는 학습자 내부의 학습 발생 기제를 설명하고 있다. 따라서 이러한 정보처리는 부호화, 저장, 인출 기억의 3단계로 이루어진다.

① 정보저장소

정보저장소는 투입된 정보가 저장되는 장소를 의미하며 서류철 등으로 비유된다. 정보저장소에는 감각등록기, 작업기억(단기기억), 장기기억 등의 세 가지 요소가 포함되어 있다.

- 감각등록기 : 감각기관으로부터 들어온 정보를 순간적으로 저장하는 기억으로

감각기억이라고도 한다. 저장용량에 제한이 없지만 주의집중 여부에 따라 정보는 즉시 소멸되거나 단기기억으로 전이된다. 뇌는 중요하다고 판단되는 자료만 선별하도록 최적화되어 있으며, 변연계에 위치한 시상과 망상활성계가 선별작업을 담당한다. 감각등록기는 정보를 아주 짧은 시간 동안 저장하며, 시각은 약 1초 정도, 청각은 약 4초 정도를 저장한다. 정보가 단기기억으로 전이되기 위해서는 시연, 부호화, 이미지화 등의 과정이 필요하다.

- 단기기억 : 작업을 하는 상태의 정보를 보관하는 저장고로 일시적 기억의 초기 단계를 모두 포함하며, 작업기억이라고도 한다. 대부분 작업기억은 사고를 담당하는 전두엽에서 이루어진다. 단기기억에서는 정보가 의미 있는 형태로 부호화되고 약 20~30초 동안 저장된다. 단기기억은 정보 저장의 용량과 시간에 제한이 있기 때문에 청킹을 통해 단기기억의 용량을 증가시킬 수 있다. 청킹이란 개별 정보를 보다 의미 있는 덩어리로 조합하는 것을 의미한다. 단기기억의 용량은 나이에 따라 다소 차이가 있지만, 5~9개, 평균 7개 정도이다. 단기기억 속의 정보는 정교화 시연을 통해 장기기억으로 전이된다.
- 장기기억 : 장기기억은 정보를 영구적으로 저장할 수 있는 곳으로 몇 분에서 길게는 평생 동안 저장한다. 이러한 저장은 해마가 정보를 부호화해 장기기억으로 보낼 때 발생한다. 해마가 장기기억으로 보낼 정보를 분류하는 기준은 의미와 이해이다. 의미가 있거나 이해가 된 정보는 장기기억으로 쉽게 전이된다. 한편 장기기억은 일화기억과 의미기억, 절차기억으로 구분한다. 일화기억은 주로 개인의 경험과 관련된 기억으로 해마와 대뇌에서 처리된다. 별다른 노력이 없어도 쉽게 회상되지만, 매우 의미 있는 경우가 아닐 때에는 종종 인출에 실패하는 경향이 있다. 의미기억은 사실, 아는 것에 관한 지식으로 해마와 대뇌에서 처리된다. 학습과 관련된 정보는 대부분 의미기억이다. 의미기억과 관련된 정보는 상호 연결하는 도식(schema)이 생성되어 체계적인 정보망을 구성하게 된다. 장기기억은 이러한 정보의 도식을 수없이 많이 가지고 있다. 절차기억은 운전이나 자전거 타기와 같은 행위에 대한 절차를 기억하는 운동기술과 인지기술에 대한 기억이다. 절차기억은 주로 소뇌와 관련이

있으며 한 번 숙련된 절차기술은 쉽게 망각되지 않는다. 장기기억에 저장된 정보를 회상하는 데 실패했다면 망각 때문이 아니라 접근 실패나 인출 실패 때문이다.

② 인지처리과정

하나의 정보를 하나의 정보저장소에서 다른 정보저장소로 옮기는 내부적이고 지적인 활동을 말한다.

- 선택적 주의(selective attention): 외부로부터 들어오는 자극에 반응하여 중요한 자료만 선별하기 위해 주의집중이 선택적으로 일어난다. 감각등록기에 들어온 수많은 자극들은 주의집중을 하지 않으면 곧 유실된다. 따라서 선택적 주의집중을 통해 저장될 정보와 유실될 정보가 구분된다.
- 지각(perceptual): 감각등록기에 저장된 정보는 주의집중을 통해 지각하게 된다. 지각은 정보에 의미와 해석을 부여하는 과정으로 중요하다고 판단된 자료에만 집중하도록 한다. 지각은 과거의 경험 정도에 따라 결정되며, 동일한 정보라도 개인의 경험 차이에 따라 해석은 다르게 이루어진다.
- 시연(rehearsal): 학습자가 작업기억에서 새로운 정보를 재처리하는 과정이다. 시연은 정보를 제시된 형태 그대로 정확하게 기억하기 위해 반복하는 기계적 시연(rote rehearsal)과 의미나 이해를 확인하기 위해 정보 간의 연결을 형성하는 정교화 시연(elaborative rehearsal)의 두 가지가 있다. 기계적 시연의 방법에는 단순 반복, 누적 반복 등이 있고 정교화 시연의 방법에는 바꾸어 말하기, 예상하기, 질문하기, 선택하기, 필기하기, 요약하기 등이 있다.
- 부호화(encoding): 투입된 새로운 정보가 장기기억 속에 존재하고 있는 기존의 정보와 연합하는 것으로, 작업기억에서 장기기억으로 정보를 이동시키는 과정이다. 부호화는 정보처리 학습이론에서 가장 중요한 인지처리과정이며, 부호화 과정을 거치지 않을 경우 대부분의 정보는 소멸된다. 부호화와 관련된 뇌 영역이 해마이며, 해마는 학습 후 우리가 잠을 자는 동안 부호화를 진행한다. 새로운 정보가 장기기억 속으로 부호화되는 데 있어 가장 중요한 점은 의

미부여이다. 정보에 의미가 부여되면 장기기억 속에서 다른 정보들과 연결되어 새로운 체제를 구축하게 되며, 정보가 유의미할수록 쉽게 저장된다. 이처럼 정보를 부호화하는 데는 좌뇌가 더 많이 작용한다.

- 인출(retrieval): 장기기억에 존재하는 정보를 탐색하는 과정이며, 부호화와 밀접한 관련이 있다. 기억된 정보를 인출하는 데는 우뇌가 더 많이 작용하며 전두엽에서 정보의 정오를 판단한다. 정보를 인출하기 위해서는 외부 자극과 저장된 정보를 비교하는 재인(recognition)과 장기기억 속의 정보를 찾아서 인출하는 회상(recall)의 방법을 사용한다.

③ 기억

기억은 학습한 내용을 저장·보관해 두었다가 필요할 때 재생하여 인출해 내는 과정이다. 기억은 현재 학습하는 내용이 기존에 학습한 내용과 같다는 것을 확인하기 위해 기명, 파지, 재생, 재인의 4단계를 거친다. 기억된 모든 정보가 재생되지는 않으며, 재생되는 것을 파지라 하고 재생되지 않는 것을 망각이라 한다.

- 기명: 자극을 지각해서 정보를 받아들여 정리하는 과정이다.
- 파지: 기명된 정보를 일정기간 동안 기억흔적으로 보존하는 과정이다.
- 재생: 파지하고 있는 정보를 다시 생각해 내어 의식화하는 과정이다.
- 재인: 기명된 정보와 재생된 정보가 일치하는지를 의식하는 과정이다.

기억의 과정은 입력(부호화), 저장, 인출의 세 단계로 구성된다. 기억과 관련해 파지를 높이고 망각을 줄이는 것은 학습의 성공을 위해 매우 중요하다. 파지를 높이고 장기기억으로 쉽게 전환할 수 있는 방법에는 심상, 조직화 및 정교화, 시연, 의미화, 주의집중, PQ4R 등이 있다.

- 심상: 제시된 자극의 심상을 떠올려 자기가 알고 있는 장소나 거리, 대상에 관련시켜 기억하고 재생하는 방법이다.
- 조직화 및 정교화: 주어진 자극과 관련 내용을 의미 있게 조직화하며, 기억해야 할 단위 용량을 줄여 기억능력을 높이는 방법이다.

- 시연: 정보를 단기기억 속에 붙잡아 두기 위해 반복학습을 함으로써 학습내용을 장기기억화하는 방법이다.
- 의미화: 기억해야 할 정보를 관련된 의미와 연결시켜서 기억하는 방법이다.
- 주의집중: 제시된 자극이나 정보에 대해 주의를 집중하여 기억하는 방법이다.
- PQ4R: 개관(preview), 질문하기(question), 생각하기(reflect), 암송하기(recite), 복습(review) 등 6단계로 이루어지며, 학습내용을 장기저장하는 데 효과적이다.

④ 망각

외부로부터 입력된 환경 정보가 모두 저장되고 유지되는 것은 아니다. 정보가 인간의 기억체계 내에 부호화되어 저장되었다가 인출되는 과정에서 많은 양의 정보가 사라진다. 망각이란 일단 기억한 정보가 시간의 경과, 사용하지 않음 등으로 인해 약화되고 소멸되어 다시 재생되지 않는 현상을 말한다. 망각 현상을 설명하는 이론에는 소멸이론, 대치이론, 간섭이론, 인출실패이론 등이 있다.

- 소멸이론: 흔적쇠퇴설이라고도 하며, 망각의 원인을 시간의 경과에 따라 기억흔적이 사라지기 것으로 본다. 소멸이론은 시간의 경과를 망각의 원인으로 보기 때문에 망각은 시간의 경과에 비례한다고 본다. 최근에 기억한 사실보다 과거에 기억한 사실이 기억해 내기 어려운 것은 소멸이론과 관련이 있다.
- 대치이론: 새롭게 입력된 정보에 의해 기존의 정보가 망각되는 것으로 단기기억의 용량이 제한되어 있기 때문에 나타나는 현상으로 본다. 단기기억 저장용량의 제한으로 인해 이전의 정보가 새로운 정보에 의해 밀려난 결과를 망각으로 보는 이론이다.
- 간섭이론: 기억 속에 저장된 정보 간의 간섭으로 인해 망각이 일어나는 것으로 본다. 기억과 관련된 간섭에는 선행된 학습내용이 후속학습 내용에 대한 회상을 방해하는 순행간섭과 후속학습한 내용이 선행학습된 내용의 회상을 방해하는 역행간섭이 있다.
- 인출실패이론: 장기기억 속에 저장된 정보를 인출하지 못함으로써 망각이 발생한다는 이론이다. 정보가 사라지는 것은 아니며 망각은 단지 적절한 단서

가 제공되지 않음으로 인해 회상에 실패한 것으로 본다.

⑤ 전이

기존에 학습한 내용을 새로운 장면에서 적용하는 것을 전이라 한다. 전이에는 선행학습이나 경험이 새로운 학습을 촉진하는 긍정적 전이와 선행학습이 새로운 학습을 방해하는 부정적 전이가 있다. 또한 이미 알고 있는 지식이 내용은 다르지만 비슷한 수준의 과제를 수행할 때 나타나는 수평적 전이와 같은 교과에서 보다 높은 수준의 과제를 학습하기 위해 과거에 학습한 내용을 적용하는 수직적 전이가 있다. 전이를 설명하는 이론에는 형식도야설, 동일요소설, 일반화설 등이 있다.

- 형식도야설 : 훈련의 전이효과를 중시하는 이론으로 교과 학습을 통해 연습을 하면 인간이 가지고 있는 기억력, 주의력, 상상력 등이 단련이 되며 그 효과로 여러 특수한 분야에 걸쳐 일반적인 전이가 이루어진다는 이론이다.
- 동일요소설 : 학습과제 사이에 동일한 요소가 있을 경우에만 전이가 일어난다는 이론이다.
- 일반화설 : 선행학습에서 획득한 원리나 법칙이 후속학습에 활용될 때 전이가 일어난다는 이론이다. 이때 일반 원리에 대한 지식이 후속학습 장면에서의 전이에 영향을 미치는 요인이라고 본다. 선행학습과 후속학습 간의 구체적인 특성이 다를수록 일반 원리는 더 중요하다.

참고문헌

강경미, 구광현, 백경숙(2005). 아동발달. 서울: 대왕사.

김아영(2010). 학업동기: 이론, 연구와 적용. 서울: 학지사.

김청자(2012). 교육심리학의 이해. 서울: 동문사.

김태련, 장휘숙(1994). 발달심리학. 서울: 박영사.

노희관, 이용남(1995). 교육심리학 탐구. 경기: 교육과학사.

안영진(2001). 21세기 교사양성을 위한 교육심리학. 경기: 양서원.

오만록(2008). 교육심리학. 경기: 교육과학사.

이성진(1996). 교육심리학 서설. 경기: 교육과학사.

정옥분, 정순화, 임정하(2007). 정서발달과 정서지능. 서울: 학지사

정종진(2008). 생활 속의 심리이야기. 경기: 공동체.

Atkinson, J. W. (1983). *Personality, motivation and action.* New York: Pareger.

Bandura, A. (1986). *Social foundations of thought and action: A social cognitive theory.* Englewood Cliffs, NJ: Prentice-Hall.

Bandura, A. (1993). Perceived self-efficacy in cognitive development and functioning. *Educational psychologist, 28*, 117-148.

Bauman, M. L. (1991). Microscopic neuroanatomic abnormalities in autism. *Pediatrics, 87*, 791-795.

Eggen, P. D., & Kauchak, D. (1992). *Educational psychology: Classroom connections.* New York: Macmillan Publishing Company.

McDonald, R. J., & White, N. M. (1993). A triple dissociation of memory systems: hippocampus, amygdala, and dorsal striatum. *Behavioral neuroscience, 107,* 3-22.

Brembs, B. (2003). Operant reward learning in Aplysia. *Current directions psychological science, 12,* 218-221.

Izard, C. E. (1971). T*he face of emotion.* New York: Appleton-Contury-Crofts.

Lewis, M., Alessandri, S. M., & Sullivan, M. W. (1992). Differences in shame and price as a function of children's gender and task difficulty. *Child development, 63*, 630-638.

Malatesta, C, Z., & Haviland, J. M. (1982). Learning display rules: The socialization of emotion expression in infance. *Child development, 53*, 991-1003.

Mason, T. C., & Stipek, D. J. (1989). The stability of students' achievement-related thoughts and school performance from one grade to the next. *Elementary school journal, 90,* 57-67.

Mayer, J. D. & Salovey, P. (1997). What is emotional intelligence? In P. Salovey & D. Sluyter(Eds.). *Emotional development and emotional intelligence: Implications for educators*(pp. 3-31). New York: Basic Books.

Mayer, J. D., & Salovey, P. (1993). The intelligence of emotional intelligence. *Intelligence, 17*(4), 433-442.

Mayer, R. (2008). Applying the science of learning: Evidence-based principles for the design of multimedia instruction. *American psychologist, 63*(8), 757-769.

McClelland, D. (1985). *Human motivation*. Glenview, KI: Scott Joresman.

Ritvo, E. R., Freeman, B. J., Scheibel, A. B., Duong, T., Robinson, H., Guthrie, D., & Ritvo, A. (1986). Lower Purkinje cell counts in the cerebella of four autistic subjects: Initial findings of the UCLA-NSAC Autopsy Research Report. *American jonrnal of psychiatry, 143*(70), 862-866.

Schwartz, B. (1989). *Psychology of learning and behavior*(3rd ed.). New York: Norton.

Sroufe, L. A. (1979). Socioemotional development. In J. D. Osofsky(Ed.), *Handbook of infant development.* New York: Wiley.

교육은 사회적 맥락 속에서 이루어지는 행위이기 때문에 항상 구체적인 사회 현실 속에서 파악되어야 한다. 사회적 산물이며 사회적 현상인 교육은 이렇게 사회적 탐구의 대상으로 관심을 받아왔다.

본 장에서는 먼저 교육사회학의 기본 개념들과 발달 과정을 살펴보고 교육과 사회의 관계를 설명하는 지식 체계인 교육사회학 이론을 검토하고자 한다. 교육사회에 대한 논의는 교육사회학의 기초이론들을 바르게 학습하고 이를 바탕으로 현 사회현상에 대한 교육적 안목을 기르는데 기여할 것이다.

Chapter 05

교육사회학의 이해

Chapter 05 교육사회학의 이해

1. 교육사회학의 개념과 발달

1) 교육과 사회

인간은 사회를 떠나서는 살 수 없고 사회의 구성원으로 살아가야만 인간다운 삶을 영위할 수 있다. 따라서 우리는 인간을 사회적 동물이라 부른다. 인간은 사회 구성원으로 성장해 가면서 사회적·문화적 특성에 따라 각기 다르게 성숙하고 발전해 간다. 이처럼 인간은 자기가 속해 있는 집단 속에서 갖가지 행위 양식이나 가치규범과 같은 문화내용을 학습해 가고 내면화하는 과정을 거치게 되는데, 이러한 과정을 넓은 의미에서 교육이라 할 수 있다.

한편 사회는 사회에 필요한 여러 기능을 효율적으로 수행하기 위해서 여러 가지 제도를 가지고 있다. 경제는 재화와 서비스를 생산 분배하여 우리의 삶을 윤택하게 만들고, 종교는 유한한 인간을 신앙을 통하여 무한한 절대자와 연결시킴으로써 삶의 의미를 확대시킨다. 교육 또한 경제, 정치, 종교 등 다른 사회적 산물과 마찬가지로 전체 사회를 구성하는 한 부문으로 그 시대의 사회·정치·경제적 조건의 영향을 받음은 물론 사회의 각 부분이나 영역에 영향을 끼친다.

이렇게 사회적 산물이며 사회적 현상인 교육은 사회 속에서 대개 다음의 세 가지 역할과 기능을 수행하고 있다.

첫째, 문화전승 및 사회통합 기능이다. 교육은 문화를 창조하고 사회의 변화를 촉진하는 사회 문화적 기능을 가지지만 우선은 과거부터 계승되어 온 문화를 유지하는 기능을 수행한다. 이 같은 보수적 기능은 사회화의 기능, 사회적응 기능, 사회의 질서유지 기능, 사회 통합기능 등을 포함하는 것이다. 역사적으로 전승된 언어, 신앙, 지식, 기술, 가치관, 규범, 태도, 사고 및 행동양식을 포함하는 문화내용을 다음 세대에 전승시키는 것이 교육의 일차적 과제이다.

또한 이러한 사회적으로 공인된 행동양식과 생활양식의 전승으로 인하여 사회 공동생활의 유지와 통합이 가능하다는 점에서 문화전승 기능을 우선시하게 된다. 그것의 구체적 표현이 사회화 기능이고 사회적응 기능이며 나아가 사회유지와 통합 기능이다.

둘째, 사회혁신 및 사회이동 기능이다. 교육은 사회화, 사회적응, 사회유지 및 통합 기능과 같은 보수적 기능만 담당하는 것이 아니라 사회를 변화시키고 더 나아가 더욱 바람직한 방향으로 개선·발전시키는 능동적이며 진보적이고 혁신적인 기능을 담당하기도 한다. 사회변화는 사회구성원의 의식, 가치관, 태도 등을 포함하는 사고 및 행동양식의 변화를 통해서 이루어진다. 이 같은 사고 및 행동양식의 변화는 곧 교육을 통해서 가능하다.

또한 교육은 사회적 이동 기능을 수행하게 된다. 사회적 이동에는 사회 계층이동과 같은 종적·수직적 이동과 지역적 이동과 같은 횡적·수평적 이동이 있다. 이러한 이동에 작용하는 변수에는 여러 가지가 있을 수 있으나 교육의 영향은 매우 큰 것이다. 교육을 통해서 신분의 변화가 있을 수 있고 교육을 통해서 직업 또는 거주의 이동이 있을 수 있기 때문이다.

셋째, 사회충원의 기능이다. 교육이 수행하는 기능 중 가장 현실적이고 구체적인 기능은 사회충원 기능이다. 이 기능은 지식, 기술, 가치관, 태도 등의 육성을 비롯하여 인력의 선발, 분류, 배치 등의 기능을 포함하는 의미를 갖는다. 이 같은 기능은 가정교육을 비롯한 사회교육에서도 직접·간접으로 수행하는 것이나 학교교육이 주로 담당한다. 즉 사회의 존속과 발전을 위해서 수행되는 다양한 일은 각기 다른 수준의 자질을 가진 인력을 요구하는데 이 같은 인력수요는 교육에 의해서 충족되는 것이다.

2) 교육사회학의 기본 개념

(1) 사회화

인간이 태어났을 때에는 생물학적 존재이나 사회에서 살아가면서 사회적 존재가 된다. 즉 인간은 인간에게 주어진 무한한 학습능력에 의해 자기가 속한 사회의 규범, 가치, 태도, 지식 등을 습득함으로써 그 사회의 구성원이 되어 간다. 이와 같이 생물학적 존재가 사회의 가치, 규범, 태도, 지식 등을 내면화함으로써 사회의 구성원이 되어가는 과정을 사회화(socialization)라고 한다.

교육이 사회생활에 필요한 지식과 기능을 가르치는 장소라면 교육도 사회화의 일부분이 될 수 있다. 그러나 사회화가 무의도적 · 비형식적으로 이루어진다면 교육은 의도적 · 계획적으로 이루어지기 때문에 그 과정에 있어서 상호 차이가 있다. 이렇게 볼 때, 교육과 사회화는 같은 개념이라기보다는 유사 개념으로 보아야 한다.

(2) 문화

문화(culture)란 말은 대단히 다양한 의미로 사용된다. 일반적으로 "문화 또는 문명은 사회 성원으로서의 인간이 습득한 지식, 신념, 예술, 도덕, 법, 습관, 기타 모든 능력을 포함하는 복합적인 총체"로 이해된다. 이 모든 것은 형식적 · 비형식적 학습과정을 통해 습득한 신앙, 관습, 규범, 생활양식, 기술 등과 같은 것이다. 이런 문화는 사회의 신입자에게 그 사회의 가치체계를 교육하고 사회구조 속에서 특정한 위치를 점유하게끔 훈련시켜 사회를 유지 · 존속시켜 준다.

문화는 여러 가지 기능을 하는데 그것은 개인에 대한 기능과 사회에 대한 기능으로 나누어 볼 수 있다. 개인에 대한 기능에는 다음과 같은 것이 있다. 첫째, 문화는 모든 개인이 어떤 사회적 상황에서 느끼고, 생각하고, 행동하는 법칙을 제시해 준다. 둘째, 문화는 생리적 욕구를 충족하는 방식을 제공해 준다. 셋째, 문화는 개인의 가치, 목표, 희망, 포부 등을 갖게 해 준다. 넷째, 문화는 인간의 양심을 결정해 준다. 다섯째, 문화는 개인에게 소속감을 가지게 한다. 여섯째, 문화는 개인의 성격 형성에 영향을 준다.

또한 문화는 사회적 기능을 수행하는데, 그것은 바로 사회통제 기능이다. 즉 문화는 한 사회의 집단과 개인의 행동양식을 규정하고, 모든 사회 구성원은 이에 맞게 행동하도록 함으로써 사회의 질서를 유지하여 한 사회가 통합 · 유지 · 존속하도록 한다.

(3) 사회계층

사람은 일정한 사회적 지위를 갖게 되며 각자의 지위나 능력에 따라 보수, 사회적 평가, 역할수행이 다르다. 이렇게 위계적인 사회체제 속에서 직업, 배경, 개인의 능력, 기술 등에 의하여 사회적 특권, 위신, 이익 등이 사회적으로 불평등하게 분배되어 있는데, 이런 가운데서 서로 비슷한 위치에 있는 인구의 집단을 사회계층(social stratification)이라고 한다.

사회계층은 이와 유사한 개념인 사회계급과 혼돈하기 쉽다. 사회계급은 사회적 권력에 의해서 인간집단이 지배와 종속의 관계에 있게 하는 비인위적 구분이다. 따라서 사회계급은 사회 권력에 의해 이해를 달리하는 이질적 집단으로 구성되어 있다.

사회계층과 교육과의 관계를 살펴보면 첫째, 사회계층은 교육 기회의 불평등을 초래한다. 즉 개인의 사회계층에 따라 개인에게 주어지는 교육의 기회가 불평등하다는 것이다. 둘째, 사회계층의 계층 문화는 교육의 과정에 영향을 미친다. 각 개인이 소속된 계층의 문화는 개인의 행동양식에 영향을 주기 때문에 학교교육에도 영향을 미친다. 예를 들어 학업성취가 가장 높은 집단은 바로 중간 계층이다. 이는 이들 계층의 사람들은 학업성취를 통해 자신의 지위를 유지하기 때문에 자신의 자녀도 학업을 통해 지위를 유지하기를 기대하기 때문이다. 셋째, 교육은 사회이동의 중요한 원인 중 하나다. 넷째, 교육은 하위 계층의 문화를 자극하여 변화를 가져오게 할 수 있다. 학교에서 주어지는 문화는 중류 문화이기 때문에 이것을 학습한 하층 계층의 학생이 스스로 중류 문화를 수용하여 향유하게 된다.

(4) 사회변동

사회변동(social change)은 사회의 변화를 말하지만 학자에 따라 상이하게 정의되고 있다. 즉 사회변동은 일정한 시간적 간격을 두고 사회 조직의 유형에 일어나는 중요한 변화를 의미하기도 하고, 사회관계의 유형, 지위나 역할관계, 집단의 권력구조, 제도적 조직 등의 변동을 의미하기도 한다. 또한 사회변동은 가치관, 규범, 지식, 이념, 신앙 등의 변화를 의미하기도 하는데 특히 이것을 문화 변동이라고 하기도 한다.

일반적으로 사회변동이란 사회구조와 사회적 상호작용의 유형이 달라지는 현상을 말한다. 인구구조, 교육구조, 가족구조, 출산율, 노사관계 등의 변동이 사회변동에 해당된다. 오늘의 관습, 도덕, 법률, 정치조직, 경제구조 등은 모두 오랜 사회변동의 과정에서 누적되어 이루어진 것이며 사회는 이런 사회변동에 의해 발전해 가는 것이다.

사회변동이 일어나는 요인은 단일적 요인에 의해 일어난다기보다는 여러 가지 복합적 원인에 의해 발생한다. 이들 요인들을 살펴보면 다음과 같다. ① 기술공학의 변화가 사회 변동을 야기한다(기술결정론). ② 기술의 변화는 긴요한 사회적 요구에 대한 반응으로 나타난다(사회적 수요론). ③ 사회변동은 물질문화에 대한 적응이다(문화지체론). ④ 문화적 관심과 신념이 사회변동을 야기한다(Weber의 프로테스탄트 윤리와 자본주의 정신). ⑤ 개인의 창의적 성격과 성취동기에 의해 사회변동이 일어난다(사회심리학). ⑥ 이데올로기의 변화가 사회를 변화시킨다. ⑦ 사회의 균형의 과정, 분화와 통합, 구조 변동, 진화와 적응력의 증대가 사회를 변화시킨다(구조기능주의). ⑧ 사회적 갈등이 사회를 변화시킨다(갈등론).

이러한 요인에 의해 사회가 변화되면서 아래와 같은 영향이 발생하고 교육적 과제를 형성한다. 첫째, 사회변동은 사회의 긴장과 갈등을 초래한다. 즉 구세대의 문화와 신세대의 문화 사이에 긴장과 갈등을 초래하는 것이다. 둘째, 사회변동은 많은 사회 해체적 문제를 야기시킨다. 사회 해체는 개인적인 결속이나 기관의 유기체가 약화되는 것을 말하는데, 그것은 사회변동으로 말미암아 존재의 적법성을 상실하기 때문에 오는 현상이다. 셋째, 사회변동은 일탈적 문제를 야기한다. 사회변동은 새로운 행동양식을 요구하고, 이는 기존의 문화에 있는 사람들에게는 위협적인 형태를 지닌다.

3) 교육사회학의 발달

교육은 사회성을 띠고 있고 또 사회적 맥락 속에서 이루어지기 때문에 사회학적 탐구 대상이 되어 왔다. 교육에 대한 사회학적 탐구 즉 교육사회학 연구에는 두 가지 조류가 오랫동안 병존해 왔다. 하나는 사회학의 지식을 교육 실천에 응용하려는 실천지향적 연구로 대체로 교육학자들이 발전시켜 왔으며 흔히 영어로 교육적 사회학(educational sociology)으로 불린다. 다른 하나는 교육 현상에 대한 탐구를 통하여 사회학의 지식과 이론을 넓혀가려는 이론지향적 연구로 사회학자들이 중심 역할을 해 왔으며 교육의 사회학(sociology of education)으로 불린다.

사회학의 지식을 교육실천에 응용하려는 노력으로서 '교육사회학'이 처음으로 등장한 것은 1907년 미국 콜럼비아 대학교에 교육사회학 강좌가 개설되면서부터이다. 그 후 10년쯤 지난 1916년에는 이 대학에 교육사회학과가 창설되었고 1920년대 초에는 미국교육사회학회가 창립되고 1926년에 전문학술지가 창간되었다. 이 시기의 미국 '교육사회학'은 학교의 여러 가지 문제를 해결하고 학습자를 지도하는 데 필요한 사회문화적 지식을 모아 놓은 것이었다. 이런 실천지향적 교육사회학(educational sociology)에 대한 관심은 1930년대를 지나면서도 여전하였으며 1950년대 중반까지도 유지되었다.

하지만 1950년대 이후 교육사회학을 교육 현상에 대하여 사회학적으로 탐구하는 학문으로 생각하는 학자들이 늘어갔다. 이들은 말할 것도 없이 대부분 사회학자 또는 사회학적 훈련을 받은 사람들이었다. 이 경향은 1960년대에 이르러 두드러졌고 결국 종래의 교육사회학과는 다른 새로운 성격의 교육사회학(sociology of education)이 등장하게 되었다.

교육사회학 연구 동향은 1970년대에 들어와서 또 한 차례 변화를 겪는다. 이 새로운 동향도 역시 일반사회학의 동향을 반영한 것으로 당시까지의 교육사회학 연구를 기능주의라고 몰아 부치는 새로운 주장이 나타났다. 이른바 갈등이론의 등장이다. 갈등이론은 종래의 교육사회학 연구들이 사회의 한 하위 체계로서의 교육, 특히 학교의 순기능에만 지나치게 치중해 왔으며 역기능에는 거의 주의를 기울이지 않았던 데에 대한 하나의 반성으로 불가피한 출현이라고 말할 수 있다.

교육사회학에서 갈등이론은 1970년대까지 그 세력을 확장하였고 이후 1980년대 후반 들어 기능이론과 갈등이론 사이의 공방이 소강 상태에 접어들면서 양대 이론의 한계를 극복하려는 노력이 나타나기 시작하였다. 두 이론은 학교의 사회적 기능에 대한 쟁점을 부각시키는 데에 크게 기여하였지만, 두 이론이 모두 교육 현상을 설명하는 데에 한계가 있는 것도 드러났기 때문이다.

이에 따라 교육을 사회구조적 조건에 따라 결정되는 한낱 수동적 도구로 보지 않으며, 따라서 주체적 의지를 가지고 역사적·사회적 조건과 교섭하면서 구성원 상호 간에 협력, 경쟁, 갈등, 타협하는 살아 있는 실체로서의 교육을 이해하고 설명하는 연구가 등장하게 되었다. 이러한 관점은 베버의 사회이론에 기초를 두고 현상학과 해석학의 영향을 받으면서 발전한 해석적 교육사회학 이론이다.

2. 교육사회학의 세 가지 접근 관점

1) 기능주의 교육이론

(1) 기능주의

사회학에서 주요한 이론적 접근의 하나인 기능주의는 구조기능주의, 합의 또는 균형이론이라고도 한다. 기능주의는 사회학의 아버지 꽁트와 사회유기체론의 스펜서에 의해 그 기초가 형성되었으며 교육사회학의 선구자인 뒤르껭, 말리노브스키와 래드크리프 브라운 등을 거쳐 다양하게 발전하였고, 파슨즈에 의해 매우 포괄적인 사회학 이론으로 정립되었으며 머톤에 의해 정예화되었다.

1980년대 중반에는 기존의 기능주의에 대한 다양한 비판들을 적극적이고 창조적으로 수용함으로써 이론 자체의 설명력을 높이는 동시에 통합이론을 위한 새로운 패러다임을 제시하는 노력에 힘입어 신기능주의로 나타났다.

기능주의 관점의 교육사회학 이론을 살펴보기에 앞서 기능주의 사회학 이론의 중심 개념을 살펴보기로 한다(김경동, 1985, pp. 92-97; 석태종, 1988, pp. 36-38; 한준상 외, 1996, pp. 41-46).

① 구조와 기능

기능주의자들은 조직의 구조(structure)와 기능(function)에 관한 문제에 관심을 갖고 있다. 그들은 사회를 많은 부분들로 만들어진 존재라 보고, 이들 각 부분들은 사회의 구조를 형성한다고 본다. 그들은 전체 사회나 사회체제를 구성하는 부분으로 제도들을 생각하였다. 체제의 부분들은 전체 체제에서 체제를 구성하는 부분들의 기능과 목적이라는 의미로 논의되었다. 사회를 한 체제로 보았을 때, 이것이 유지·존속되기 위해서는 꼭 수행되어야 하는 임무 또는 활동이 있는바, 이를 기능이라 한다. 되풀이되는 어떤 활동의 기능은 전체로서 한 사회의 사회적 삶에 역할을 하므로, 이것은 사회의 구조적 유지 존속에 이바지한다.

② 통합

기능주의자들은 사회의 여러 부분들이 제한적이기는 하지만 그것들이 서로 통합(integration)되어 있어서 사회의 한 부분에 발생하는 변화는 다른 부분에 영향을 미친다고 한다. 즉 사회의 각 부분들은 서로 독립·대립적인 갈등관계에 놓여 있는 것이 아니고 동등한 상호의존과 상호연관적인 관계를 이루고 있기 때문에 전체 사회의 존속에 기여하게 된다. 따라서 사회의 각 부분들은 서로를 보완하며, 사회 전체가 원활하게 운영되는 안정된 사회가 통합이 잘 이루어진 것이라고 볼 수 있으며, 통합의 개념은 어떻게 사회가 안정을 유지할 수 있는가 하는 질서의 문제와 관련이 있다.

③ 안정

기능주의자들은 사회가 다소간의 변동을 피할 수는 없지만, 급진적이고 돌발적인 변동을 가져오는 힘보다는 사회의 질서를 유지하고 안정(stability)을 꾀하려는 힘을 더 강조한다. 사회질서라는 관점에서 사회체제의 중요한 특성은 균형이라는 개념으로, 사회의 어느 한 부분의 변화가 사회의 존속에 위협이 되지 않도록 하기 위해서 다른 부분이 이를 보상함으로써 균형을 통해 안정을 이루게 된다는 것이다.

④ 합의

기능주의자들은 어떤 사회에서나 중요한 지각·감정·가치 및 신념에 대한 일반적 합의(consensus)는 존재해 왔다고 본다. 물론 합의는 성질과 범위에 따라 사회마다 차이가 있지만, 모든 사회에서는 사회생활이 가능한 세계에 대한 개괄적이고 종합적인 일련의 가정을 갖고 있다. 이렇게 사회적 안정과 사회질서 유지에는 합의의 창출이 요구된다. 홉스의 유명한 명제인 만인에 대한 만인의 전쟁 상태가 극복되기 위해서는 사회의 모든 구성원이 사회구성원들의 특수한 목표와 관심과 신념을 초월하는 어떤 일반적 원리를 수용하고 실천할 수 있어야 한다(최정웅, 1993, p. 77).

(2) 기능이론과 학교교육

먼저 뒤르껭(Durkheim)은 교육을 사회화와 동일시하였다. 사람은 비사회적 존재로 태어나므로 이를 사회적 존재로 길러야 하는데 교육이 바로 그러한 기능을 수행한다는 것이다. 그는 사회화를 위한 교육의 기능을 보편적 사회화와 특수 사회화로 나누어서 설명하였다. 보편적 사회화는 전체로서의 사회가 요구하는 신체적 · 지적 · 도덕적 특성의 함양이며 특수 사회화는 개인이 속하게 되는 특정 직업세계와 같은 특수 환경이 요구하는 신체적 · 지적 · 도덕적 특성의 함양을 가리킨다.

기능주의를 더욱 다듬어서 체계적 이론으로 발전시킨 사람은 바로 파슨즈(Parsons)이다. 그는 교육을 과거 사회와는 다르게 현대 사회에서 매우 중요한 부분이라고 믿었고 특히 모든 시민의 기회 균등과 관련해서 학교교육을 현대 민주 사회의 발달과 유지에 중요한 기능을 수행한다고 생각했다. 파슨즈는 학교교육의 사회화 기능을 강조하는 동시에 산업사회에서의 인력배치 기능을 부각시킴으로써 사회적 선발 기능도 강조하였다.

교육사회학의 거시적 관점에서 기능주의 이론은 교육이 사회 안정에 얼마나 이바지하며 사회적 요구를 얼마나 충족시킬 수 있는가에 관심을 갖는다. 이런 기능주의에서 말하는 교육의 기능은 다음과 같다.

① 사회화

일반적으로 사회화란 인간이 사람다운 사람이 되어가는 과정을 말하며 각 사회가 그의 문화적 유산을 세대에서 세대로 면면히 이어가는 과정으로 본다.

기능주의자들은 이런 사회화 과정을 교육과 같은 뜻으로 보고 있다. 이것은 뒤르껭의 교육에 관한 설명에서 잘 나타나 있다(최정웅, 1993, p. 9; 김신일, 2000, p. 55). 그에게 교육은 사회생활을 위한 준비를 아직 갖추지 못한 어린 세대에 대한 성인 세대의 영향력 행사이다. 즉, 교육은 비사회화의 상태의 비성인을 사회화된 성인으로 성숙케 하는 과정으로 교육의 주된 기능은 개개인의 능력과 잠재력을 계발하는 것이 아니라 사회가 요구하는 능력과 재능을 계발하는 것으로 보고 있다. 이렇듯 뒤르껭에게 있어 교육의 기능은 사회의 유지 존속에 있으며, 인간에게 부족한 규범체계와 지적 체계를 준비시킴으로써 사회화시키고 인간화시키는 과정이 곧 사회적 기능이라고 본다.

기능주의를 구체화한 파슨즈는 교육의 두 가지 본질적 기능을 사회화 기능과 사회선발의 기능으로 보고, 그 중 보다 중요한 기능을 사회화 기능이라고 강조한다. 그는 학교와 학급을 사회체제로 보아 학교가 사회화 기구로서 어떻게 전체 사회에 이바지하는가를 설명하였다. 그는 학교를 사회화 기구로서 개인의 인간성을 도야하고 성인으로서의 사회적 역할을 수행해 나갈 수 있도록 준비시키는 조직체로 보고 있다. 즉, 교육은 사회적 역할 수행을 위해 필요한 개인의 능력을 도야하는 중요한 사회화 과정으로 보는 것이다.

② 사회적 선발 · 배치

기능주의자들은 교육을 사회통합의 원천으로 취급하고 있지만, 또한 교육체제의 기능적 분화와 선발의 기능을 강조해 왔다. 교육은 사회질서와 사회적 조화를 위해서 사회화 기능뿐만 아니라 다양한 부류의 사람들을 사회의 특정 지위에 분류하는 기능을 수행한다는 것이다. 파슨즈를 비롯한 기능주의자들은 앞에서 설명한 사회화의 기능을 교육의 제1차적 기능이라 하고, 사회적 선발 · 배치를 2차적 기능이라고 한다.

학교의 선발 · 배치 기능은 학교가 학생들을 능력이나 소질, 취미 등을 기초로 선발하고, 학생들은 일정 기간 교육을 받은 후 특수한 사회적 지위를 갖게 되는 것을 말한다. 다시 말해, 학교는 사회적 선발 · 배치 기능을 수행하기 위하여 학생들을 선발 · 분류하고, 이들에게 서로 다른 경험을 전수하여 적재적소에 배치하는 역할을 한다는 것이다. 이와 같이 학교교육이 수행하는 기능 중 인력을 선발・분류・배치하는 바로 이 기능이야말로 어쩌면 가장 현실적이고 구체적인 기능일 것이다. 교육 선발에 대한 이와 같은 기능론적 해석은 첫째, 능력과 재능은 사람마다 다르며 높은 능력일수록 소유자가 적다는 것과 둘째, 선발기준이 능력본위이어야 한다는 것을 기본 전제로 삼고 있다(김병성, 1990, p. 49).

이처럼 기능주의자들은 학교를 ① 재능 있는 사람들을 분류・선발하는 합리적인 체제로서 가장 유능하고 동기가 강한 사람들을 최고의 지위에 오르게 하고, ② 갈수록 전문적 기술과 지식에 의존하게 되는 사회에서 대부분의 역할 수행에 필요한 인지적 기술과 규범을 가르치는 현대사회의 필수적인 기관으로 본다. 즉 능력주의 사회, 전문가 사회, 민주주의 사회로 일컬어지는 현대사회에서 학교교육은 전체 사회질서를 위해 어떤 필요불가결한 가능을 수행하는바 사회적 출세는 능력에 입각한 자유경쟁에 의해 결정되며 학교교육이 긍정적인 역할을 하고 있다고 본다.

참고자료

뒤르껭(Emile Durkheim, 1858~1917)

프랑스의 사회학자인 뒤르껭은 마르크스, 베버와 함께 사회학의 기초를 놓은 고전사회학자이다. 뒤르껭은 교육적 사실을 다양한 사회와의 관계로 기술하는 것이 교육과학의 과제라고 하였다. 교육은 그 기원에 있어서나 그 기능에 있어서 절대로 사회적인 것이며, 따라서 교육학은 다른 과학보다 사회학에 의존해야 한다고 강조하였다.

뒤르껭은 인간성을 회복하고 새로운 사회적 제도를 형성하는 데 가장 강력한 수단으로서 교육과 종교에 관심을 가졌고 특히 교육은 사회가 요구하는 기본적인 관계와 역할을 가르침으로써 개인을 사회적 존재로 성장시키고 그 사회의 동질성을 강화할 수 있는 중요한 수단으로 보았다. 그의 사상은 『사회분업론』(The Division of Labour in Society, 1893)과 『자살론』(The Suicide, 1897)을 통해 세상에 알려졌으며 사회학 방법론, 종교사회학, 교육사회학, 지식사회학, 구조주의 인류학, 현대사회론 등에 큰 공헌을 하였다.

출처: 김동위(2004), 교육사회학신강, p. 338. 김신일(2012), 교육사회학, p. 59.
이종각(2004), 교육사회학총론, p. 477.

또한 최근의 신기능주의(new functionalism) 관점은 학교교육을 비판하면서도 동시에 학교교육의 강화를 주장하는 특성을 지니고 있다. 이러한 관점은 사회통합 기능만을 강조하는 것이 아니라 비판적 기능도 중시함으로써 사회통합과 아울러 사회분화의 기능도 동시에 이룩하는 경향을 지니고 있다. 특히 신기능주의는 효율적인 학교운동을 통한 학교교육 기능의 강화 노력과 함께 교육의 질 향상을 위한 교사의 수월성을 강조하기도 한다(김병성, 2002, pp. 62-64).

참고자료

파슨즈(Talcott Parsons, 1902~1979)

미국의 사회학자로서 행위이론의 주창자인 파슨즈는 막스베버와 빌프레도 파레토의 업적을 미국 사회학계에 소개하는 데 중요한 역할을 했으며 꽁트와 스펜스에 의해 기초가 형성되고 뒤르껭, 파레토 등에 의해 발전하였던 기능주의 이론을 사회에 대한 분석을 위한 일반적인 이론체계로서 포괄적인 사회학 이론으로 정립한 학자로 평가받는다.

파슨즈는 학교교육의 사회화기능을 강조함과 동시에 산업사회에서 학교는 자질과 능력에 따라 사람들을 선발하고 직업구조에 배치시키는 사회적 선발기구라고 강조했다. 또한 능력에 바탕을 둔 선발장치로서의 시험제도는 보편주의, 업적주의 객관적인 평가로서의 감정중립성 등의 요소를 가지며 학교는 이러한 기능을 수행하고 있다고 보았다.

출처: 김신일(2012), 교육사회학, p. 64.

2) 갈등주의 교육이론

초창기 교육사회학의 주류 이론으로 각광을 받던 기능주의 사회학 이론은 1960년대 중반부터 콜맨(J. Coleman) 등의 학업성취도 연구에 의하여 일대 전환기를 맞게 된다. 이들은 학생의 학업성취도 격차는 물리적 학습환경이나 교사의 자질이 아니라 부모의 가정 배경에 있음을 실증적으로 밝혔다. 이 시기를 전후하여 사회학자들의 관심은 학생의 학업성취도에 영향을 미치는 가정 배경과 사회적 자원의 불평등한 배분에 관심을 기울이기 시작했으며, 이러한 배경 속에서 1970년대를 거치면서 기능이론에 필적할 수 있는 또 하나의 주류 이론으로 갈등주의 이론이 급부상하였다. 갈등주의 이론은 종래 기능론적 관점에서 소홀히 취급하였던 국가에 의한 이데올로기의 통제, 사회계층에 따른 불평등한 교육기회의 배분, 교사와 학생의 갈등 등과 같은 교육 현상의 탐구에 관심을 기울였다.

(1) 갈등이론

기능주의적 관점에서는 사회의 속성을 통합과 안정 그리고 균형 유지로 본 것과는 달리 갈등이론에서는 사회의 속성을 이해관계를 달리하는 집단 간의 대립과 갈등 그리고 투쟁으로 보고 있다. 갈등이론은 주로 마르크스(K. Marx)와 베버(M. Weber)의 고전적 사회학 이론에 토대를 두고 1970년대 이후 현대 자본주의 교육체제의 모순을 지적하면서 크게 부각되었기 때문에 이들은 신마르크스주의자(Neo-Marxist)라 규정하기도 한다.

① 마르크스의 계급갈등론

현대 갈등이론의 선구적 역할은 '모든 인류의 역사는 계급투쟁의 역사'라고 주장한 마르크스에게서 찾을 수 있다. 마르크스는 사회적 과정을 일의 전문화에 의한 분업과 생산수단의 소유 유무에 의한 분업으로 생기는 이분법적 분리 현상으로 설명하고 있다. 즉 고대사회는 노예와 노예소유자, 봉건사회는 농노와 토지를 가진 귀족으로, 현대 자본주의 사회는 프롤레타리아와 부르주아로 나누어져 있다고 본다. 마르크스는 역사의 발전과정을 유산계급과 무산계급의 경제적 이해관계를 둘러싼 갈등관계로 파악하고 있다. 즉, 생산수단을 소유한 유산계급은 무산계급을 철저히 소외시키고 그들을 현 사회질서에 순응하게 하여 불평등한 사회구조를 정당화한다. 무산계급은 유산계급의 불평등한 경제적 이익의 독점을 막고, 그들의 정당한 보상을 위해 유산계급과 적대적 관계에 놓이게 된다.

요컨대, 마르크스가 말하는 사회구조는 경제구조인 토대의 성격에 의해 이루어지며, 경제구조에 의해 노동의 위계적 관계가 형성된다. 지배집단인 유산계급은 경제적 부를 독점하고 지배적 질서를 창출하여 무산계급의 경제적 이익을 착취한다. 무산계급은 유산계급의 불평등한 지배질서에 대항하게 되며 이 두 계급은 적대적 위치에서 심각한 갈등관계를 표출한다. 이런 의미에서 마르크스의 갈등론을 계급갈등론이라 부른다.

② 베버의 권력갈등론

베버의 권력갈등론은 마르크스가 남긴 계급 갈등의 격렬한 논조를 새롭게 손질한 이론이다. 사회의 갈등 현상을 인지하는 데에는 베버도 마르크스가 말하는 계급갈등의 이론적 중요성을 인정하고 있었다. 베버도 재산을 가지고 있거나 갖지 못하였다는 사실 자체가 계급 분화의 주요한 바탕이 되고 있음을 강조하였을 뿐 아니라 소수의 재산 소유자와 재산을 소유하고 있지 못한 다수 사이에 경제적인 대립과 반목이 일어나는 것은 자연스러운 현상이라는 점도 역시 강조하였다.

베버는 갈등을 권력과 이어져 있다고 생각하였다. 그는 사회학의 관심 대상으로 삼는 모든 사회적인 관계는 권력관계라는 등식의 형태로 바라본다. 이러한 권력관계는 저항과 반대를 무릅쓰고 강제하는 힘의 움직임이 있기 때문이며 그것은 필연적으로 갈등을 자아내는 관계일 수밖에 없다고 한다.

베버는 마르크스의 계급갈등이 터하고 있는 소유관계에 복잡성을 더해 주고 있다. 그는 단순한 물질적 생산 수단이 아닌 다른 종류의 생산 수단도 동원하고 통제하는 데서 비롯되는 조직 안에서의 갖가지 갈등에 주목하고 있으며, 사회적 관계를 권력관계라고 보고 있기 때문에 그의 갈등론은 권력갈등론으로 불리고 있는 것이다.

(2) 갈등이론과 학교교육

1960년대를 전후하여 기능주의의 사회구조적 모순이 서서히 노출되기 시작하면서 1970년대에 이르러 교육과 사회발전에 대한 낙관론적 견해인 기능주의적 관점은 점차 비판과 도전을 받게 되었다. 학교를 지나치게 개인의 성공을 위한 수단으로 이용하려는 경향으로 말미암아 교육이 지향하고자 하던 인간성 개발과 평등기회 지향에 문제점이 생기기 시작하였다. 갈등론적 이론가들은 교육의 불평등과 불공정성을 파헤치고 사회적 불평등이 현행 학교교육을 통하여 어떻게 강화·유지되는가를 밝히는 데 관심이 있었다. 그들은 학교교육의 기회 확대와 양적 성장에도 불구하고 사회적 불평등은 여전히 존재하고 있다는 점을 들어 기능론에 입각한 자유주의적 이데올로기의 허구성을 지적한다. 즉, 교육은 사회에 존재하는 모든 계급에 평등하게 주어지기보다는 사회 저변에 깔려 있는 불평등과 불공평성을 강화·유지함으로써 평등사회 실현은 하나의 이상에 불과하다고 현행 학교교육을 신랄하게 비판한다.

① 경제적 재생산이론

보울스(Bowles)와 진티스(Gintis)는 공저(共著)『자본주의 미국의 학교교육』(Schooling in Capitalist America, 1976)에서 미국의 교육을 소재로 하여 자본주의 교육을 비판하고 있다. 이 저서의 핵심은 학교는 한 사회의 지배적 생산관계를 반복적으로 재생산하는 구실을 한다는 것이다. 보울스와 진티스는 미국의 학교교육은 앞에서 파슨즈가 주장한 바와 같이 보편적 가치를 가르치는 것도, 인재를 공정하게 선별하여 사회에 배치하는 것도 아니고, 오히려 자본가층에게 이로운 태도와 가치관을 가르치고 기존의 계층 구조를 정당화하고 지속시킨다고 비판한다. 그들은 이러한 재생산이 이루어지는 과정을 대응원리로 설명하고 있다.

교육은 곧 경제구조나 경제 현상과 대응되어 사회계급이나 자본가 집단의 이해를 반영하여 이들이 요구하는 성격적 특성을 반영한다고 보기 때문에 그들의 이론을 대응이론이라고 하며, 또한 학교가 자본주의의 불평등 체제를 심화시킴으로써 불평등한 계급관계가 재생산한다 하여 직접 재생산이론 또는 경제적 재생산이론이라 일컬어진다.

② 문화적 재생산이론

부르디외와 번스타인은 모두 문화의 상대적 자율성이란 명제에 근거하여 제도교육과 자본주의적 경제구조를 일대일의 대응관계로 보는 관점이 잘못되었다고 비판한다. 그들은 제도교육 장면에서 일어나는 여러 현상을 정확하게 이해하기 위해서는, 경제적 측면보다는 문화적 측면에 보다 세밀한 주의를 기울여야 한다는 점에서 일치된 견해를 보이고 있다.

문화적 재생산 이론을 대표하는 학자는 부르디외(Bourdieu)로 불평등이 재생산되는 것을 밝히기 위해 교육과 계급구조와의 관계를 연구하여 학교를 문화적 지배를 재생산하는 장치로 설명하고 있다. 부르디외는 문화생활 국면에 나타나고 있는 불평등 현상에 주목하고 문화자본과 아비투스란 개념을 구안하였다.

특정 계급이나 또는 그 계급에 속한 특정 지위집단의 구성원들은 자신들이 공통적으로 겪는 경험을 통해 유사한 아비투스를 형성한다. 이렇게 형성된 아비투스는 각 계급별 또는 집단별로 독특한 문화 실천을 통해 문화자본으로 전환하게 된다. 이에 따라 문화를 축으로 한 계급관계는 근본적으로 변화되지 않고 그대로 재생산된다는 것이다. 이 재생산과정에서 제도교육을 중심으로 형성된 문화 시장은 결국 구조적으로 불평등한 계급관계를 학력의 격차로 전환시키는 장(場)으로서의

참고자료

부르디외(Bourdieu, Pierre, 1930~2002)

프랑스의 사회학자이자 참여지식인이며, 파리 사회과학대학원(EHESS)과 프랑스 최고 학술기관인 콜레주 드 프랑스의 사회학 교수이다. 파리 고등사범학교를 졸업한 뒤 25세 때 교수 자격시험에 합격하였고 이어 지방 고등학교 교사를 거쳐 알제리대학 조교로 근무하면서 저술 활동을 시작해 1958년, 첫 저서인 『알제리 사회학』을 발표하고, 34세에 파리 고등실천학교 학과장으로 부임하였다.

1968년 유럽사회학센터를 설립하고 『사회학연구』를 발행하기 시작, 이때부터 사회학을 '구조와 기능의 차원에서 기술하는 학문'으로 파악하는 한편 후기 구조주의 입장에서 구조와 행위의 관계를 설명하는 입장을 취했다. 1970년에는 학교의 독립성과 중립성이 환상에 불과하다는 내용을 다루면서 구조와 행위의 통합을 꾀한 역저 『재생산』을 출간해 사회적으로 큰 반향을 불러 일으켰다.

41세 때인 1981년 콜레주 드 프랑스 교수로 취임한 이후 활발한 저술활동을 하는 틈틈이 현실 참여에도 앞장서 텔레비전에 출연해 언론기자들을 비판하고, 실업자들을 지지하며, 문명파괴운동, 신자유주의자들에 대한 비판 등 행동하는 지식인이라는 평가를 받고 있다.

출처: 김동위(2004), 교육사회학신강, pp. 308-309.

구실을 한다. 부르디외는 학교에서 가르치는 것은 지배-피지배 집단 간 권력관계의 정통성을 받아들이도록 구성된 상징체제라고 보고, 계급사회는 '상징적 폭력'을 매개로 하여 재생산된다고 설명한다(김병성, 2007, p. 64).

문화재생산 이론의 또 다른 저명한 학자로는 번스타인(Bernstein)을 들 수 있다. 번스타인에 의하면 어법의 차이는 인지양식 또는 학업성취의 차이에까지 영향을 미친다. 노동계층의 아동은 그들이 사용하는 제한된 언어가 학교에서 요구하는 정교한 언어에 익숙하지 않으므로 지배계층의 아동이 노동계층의 아동보다 학업성취가 높은 경향이 있다고 주장한다. 즉, 교육에서 쓰이는 교수법이 지배계급의 필요에 의해서 선택되고 있는 이상, 노동계층의 학습부진은 자신들의 문화가 학교에서 거부당하였기 때문이지 그들의 능력이 중산층보다 열등한 까닭이 아니라는 것이다.

참고자료

번스타인(Basil Bernstein, 1924~2000)

영국의 교육학자이자 사회학자인 번스타인은 1950년대에 직업학교의 교사로 재직하면서 하류층 출신 아동들의 낮은 학업성과에 대해 설명하지 못하는 부분을 연구하려고 시도했으며, 그의 연구는 하나의 가설로 정립되어 "Sprache und Lernen Sozialprozeβ"라는 논문으로 1961년에 처음 발표되었다.

번스타인은 노동자계층 출신 학생들과 직업상의 접촉을 함으로써 사회언어학적 연구에 몰두하게 되었으며 그들이 학교에서 요구하는 표준영어를 잘 구사할 수 없는 데서 생기는 손해를 인식하고 그 시정책을 강구하기 위한 연구를 필생의 과업으로 삼게 된 이후 무려 15년(1956~1973) 이상의 기나긴 기간 동안에 걸쳐 "계층 특유의 언어수행 이론"을 해명하는 데 바쳤다.

출처: 김동위, 교육사회학 신강, pp. 293-294.

③ 저항이론

저항이론은 '제도교육이 수행하는 일이 재생산 이외는 없는가?'라는 새로운 질문을 야기시킨다. 저항이론은 전통적인 기능론과 재생산론의 한계에 대한 설명체계로 인식되어 수많은 비판적 교육이론가들에 의해 확대 · 수용되었다. 이런 관점에서 저항이론을 탈재생산이론이라고도 한다. 애플(M. W. Apple), 지루(H. Giroux), 카노이(M. Carnoy), 윌리스(P. Willis), 프레이리(P. Freire)는 탈재생산 논의에서 학교교육의 재생산 관점을 지양하고 제도교육을 통해 구조적 불평등이 끊임없이 재생산되고 있다는 악몽에서 탈출하는 실마리를 찾는다. 이들 저항이론가들은 학생들이 학교가 제공하는 헤게모니 정보를 수동적으로 내면화하며, 교사는 늘 재생산적인 역할을 한다는 재생산론자들의 가정이 틀렸다고 주장한다. 학교가 항상 자본주의 계급에 필요한 노동자 형태를 생산하는 것도 아니며, 대신에 학교는 정치적 투쟁이 일어나는 '경쟁의 장'으로 봐야 한다는 것이다.

표 5-1 기능이론과 갈등이론의 비교

	기능이론	갈등이론
사회관	• 사회의 모든 요소는 안정지향적이다. • 사회의 각 요소들은 상호 의존적이며 통합적인 기능을 한다. • 사회변화는 점진적이고 누적적으로 진행된다. • 사회체제 유지를 위해 사회 구성원들의 공동체 의식을 강조한다. • 사회의 지위 배분은 개인의 성취능력에 따라 달성된다. • 사회의 가치, 규범, 관습 등은 구성원들의 합의에 따른 것이며, 보편적이고 객관적인 성격을 지니고 있다.	• 모든 사회는 변화지향적이다. • 모든 사회는 불일치와 갈등이 일어나고 있다. • 사회변화는 급진적이고 비약적으로 진행된다. • 사회의 각 집단은 경쟁적이고 대립적인 관계를 지니고 있다. • 일반적으로 사회가 선호하는 가치는 지배집단과 관련을 맺고 있다. • 사회의 각 기관들은 지배집단의 이익에 봉사하고 있다. • 사회갈등의 원인은 재화와 희소성과 불평등한 분배에 기인한다.
교육관	• 학교는 사회의 안정과 질서에 기여하는 제도다. • 학교는 사회가 요구하는 기술, 지식 등과 공동체 의식을 전수한다. • 학교는 사회구조적 모순을 해결하여 주며, 사회 평등화를 도모한다. • 교육은 독립적이며 자율적이라는 자유주의적 이데올로기에 근거하고 있다. • 학교는 개인의 능력과 노력에 따라 공정한 평가를 하며, 아울러 정당한 사회적 보상이 주어진다.	• 학교는 기존의 위계질서를 공고히 하며, 지배계급층의 이익에 종사하는 도구다. • 학교는 기존의 질서를 재생산함으로써 사회 불평등을 영속화한다. • 교육이 이데올로기적 상부구조로서 경제적 토대의 대응체라는 유물론적 해석에 근거하고 있다. • 학교는 피지배계층에게 기존의 불평등한 위계구조에 순응하도록 강요하는 이데올로기적 기관이다. • 학교는 인간을 강요하고 억압함으로써 타율적이고 수동적인 존재로 전락시키고 있다.

출처: 이인학 외(2013). 최신 교육의 이해.

3) 해석주의 교육이론

(1) 해석주의

해석학적인 관점에서 볼 때 세상의 실체와 그 법칙은 인식 주체, 즉 인간의 인식 밖에 객관적으로 존재하는 것이 아니라 인간에 의해 부단히 구성되어 가는 것이다. 인식하는 주체와 인식하는 대상인 객체가 서로 떨어져 있는 것이 아니라 인식주체의 의식에 포착되었을 때 객체가 의미 있는 현상이 되는 것이다. 이러한 관점에서 보면 같은 현상이라도 개개인에 따라 집단에 따라 다르게 받아들여질 수 있고, 다른 시점, 다른 상황에서 다르게 해석될 수 있는 성질의 것이다. 따라서 해석학적인 연구방법은 보편타당한 진리를 찾는 대신에 진리를 둘러싼 대립과 갈등 또는 합의의 과정과 그 의미를 이해하는데 주안점을 두며, 현상을 인과법칙에 의해 설명하거나 분석하려하기보다는 실재(reality)를 보다 미시적이고 주관적인 관점에서 '이해'하려 한다.

이러한 측면에서 사회적 실재는 상호 주관적인 과정에서 비롯되는 생성물이며 문화로 이해될 수 있는 사회적 현상이다. 해석학적 연구가 생활세계와 문화에 대한 연구에 주목하고, 일상생활 세계를 구체적으로 이해할 수 있는 해석적 기술(interpretive description)을 강조하며, 개인의 인식과 행동이 집단적이고 문화적 맥락에서 어떻게 형성되고 작용하는지를 밝히려하는 것은 이러한 인식에 토대를 두고 있다.

교육사회학에서 기능이론과 갈등이론이 교육과 다른 사회제도와의 관계를 규명하고 설명하고자 하는 거시적인 접근방법을 보여주는 반면, 해석학적 연구는 교육의 내적인 과정에 대한 미시적인 접근방식을 보여준다. 인간의 경험을 이해하는 것에 목적이 있기 때문에 교육 생활세계, 교육적 삶의 실재(reality)가 중요한 연구 대상이 되고 있는 것이다.

해석학적 패러다임은 여러 계보로 이루어져 있고 학자마다 분류하는 방식이 다르지만 일반적으로 상징적 상호작용론, 현상학적 사회학, 민속방법론 등으로 분류된다.

① 상징적 상호작용론

미드(G. H. Mead)와 블루머(H. Blumer)로 대표되는 상징적 상호작용론은 인간을 대상과 상황을 주관적으로 해석하여 의미를 부여하고, 그것에 따라 능동적으로 자신의 행위를 조종하는 주체로 본다. 미드에 의하면 인간은 반성력(reflexiveness)을 가진 마음을 지니고 있고, 이러한 마음은 다른 사람과의 상징(symbol)부여라는 상호작용을 통해 자아(self)로 형성되는데, 이 자아는 타인을 배려하는 가운데 선택을 할 수 있는 능력을 가진 존재를 의미한다. 따라서 상호작용의 과정은 성격상 각각의 행위자가 상대방이 하는 행위의 의미를 해석하고, 행위의 상황규정(definition of the situation)을 내리고 그에 맞추어 스스로 행위경과를 조정하면서, 상대방에게 자신의 의미를 제시하는 역동적인 과정이다(김경동, 1990, p. 62).

이러한 상징적 상호작용론적 관점에서 학교교육을 살필 때 교사와 학생의 관계, 즉 교수·학습과정이라는 것은 일반적으로 규정될 수 없는 성질의 것이며, 그것이 이루어지는 상황과 교사에 따라, 학생에 따라 다양한 의미로 해석될 수 있고, 다양

참고자료

미드(George Herbert Mead, 1863~1931)

미국의 철학자이자 심리학자인 W. 제임스의 영향을 받았고, J. 듀이에게 자극을 주어 사회심리학과 실용주의 발전에 크게 이바지했다. 오벌린대학을 졸업한 뒤 하버드대학원에서 철학을 배우고, 라이프치히·베를린 대학에 유학하여 헤겔철학의 영향을 받았다. 시카고대학 교수가 되어, 철학, 심리학, 사회학 영역에서 업적을 남겼다. 그는 인간의 자아발생과정을 사회적 상호작용에서 찾으려 했고 자연히 그의 심리학은 행동주의적 접근방식을 취했다. 사회적 행동주의라 불리는 이론을 처음으로 제창하여 객관적 상대주의 입장을 표명했다. 〈소화기관이 있기 때문에 음식물이 존재한다〉와 같이 대상이나 가치는 객관적인 동시에 자연의 여러 조건에서만 발견되는 상대적인 것이라 하였다.

미드는 자아이론에 결정적 영향을 미쳤다고 평가받고 있으며, 주요 저서로는 『현재의 철학(1932)』, 『정신·자아·사회(1934)』, 『19세기 사상운동(1936)』, 『행위철학(1938)』 등이 있다.

출처: 김동위(2004), 교육사회학신강, p. 413.

한 관계가 끊임없이 진행되면서 관계가 형성 · 발전되어 간다고 볼 수 있다. 따라서 상징적 상호작용론의 교육에 대한 접근은 학교의 상황과 그 속에서 교사와 학생이 처한 개인적 상황을 토대로 학교에서 이루어지는 교육적 상호작용을 설명하고자 한다(송병순, 1992, p. 175).

② 현상학적 사회학

현상학은 후설(E. Husserl)과 슈츠(A. Schutz)가 기초를 닦은 분야로서 사회적 행위의 해석에 있어 의식과 주관적인 의미의 우선성을 강조한다. 슈츠는 사회학의 일차적인 목표는 사회적 실재(social reality)에 관한 체계적인 지식을 얻는 일이며, 이러한 관점에서 그가 제시하는 사회적 실재라는 것은 다른 사람들과 함께 어울려 살면서 갖가지 상호작용 관계에 있는 사람들의 상식적인 생각으로 경험되는 바의 사회문화적인 세계 속에서 일어나는 일들과 나타나는 대상들의 총화이다(김경동, 1990, p. 64).

실증주의적 세계관에서는 실재라는 것이 인간의 외부에 객관적으로 존재하며 이것은 과학적인 방법을 적용함으로써 법칙적으로 설명이 가능한 세계라고 규정한다. 그러나 현상학에서 실재라는 것은 인간이 의식의 작용에 의해 경험한 세계이며, 인간에 의해 주관적으로 구성된 세계 그 자체이다. 인간은 실재와 직접적으로 접촉하는 것이 아니라 항상 간접적이며 의식의 작용과정을 통하여 매개된다.

따라서 현상학의 주요 관심은 외부에 객관적으로 존재하는 것에 대한 과학적 실증주의적 접근이 아니라 의식의 과정, 즉 행위자들의 주관적인 상태가 어떻게 그리고 어떤 방법으로 생성되고 유지되며 또한 변화되는가에 관한 것에 있는데, 교육에 대한 현상학적 접근은 교육 참여자들, 예컨대 학교관리자, 교사, 학생, 학부모들이 교육 경험을 어떤 과정을 거쳐 어떠한 의미로 받아들이는지에 대한 깊이 있는 이해를 제공해 주고 있다.

③ 민속방법론

민속방법론(ethnomethodology)은 '저기 어딘가'에 이미 존재하는 외재적인 실체를 부정한다. 민속방법론자들에게 직접적으로 관찰 가능한 것은 하나의 공통적인 사회적 실재에 대한 감각을 만들어 내는 사람들의 노력이다(J. H. Tuner/김진균 외 역, 1989, p. 445). 그리고 이들의 관심사는 이러한 사회적 실재에 대한 감각이 구체적으로 사람들 사이에서 서로 합의된 것으로 인정하는 바로 그 규율(rule)을 찾아보려는 일이다(김경동, 1990, p. 65). 따라서 민속방법론은 사실의 발견에 관심이 있는 것이 아니라 사회적 실재에 관한 의미를 구성하는 방법, 즉 보통사람들이 일상생활에서 의미를 구성하는 데 사용하는 상식적인 실천과 상식적인 방법을 관찰하고 기술하는 것을 중요시한다.

민속방법론은 연구 대상이 되는 사회나 사회적 상황을 있는 그대로 관찰하고 기술하는 과정을 통하여 그 본질에 접근하는 방식을 취한다. 이에 따라 참여관찰, 심층면접, 일화분석법, 상호작용 분석 등을 사용하며, 이를 통해 특정 사회나 문화를 인류학적 관점에서 기술해 놓은 보고서를 민속지(ethnography)라 한다.

(2) 해석학적 접근과 교육 현상

교육에 대한 해석학적 접근이 다루는 영역과 주제는 교육과 학교의 미시적인 측면을 탐구 대상으로 하기 때문에 실로 다양하고 광범위한데, 여기서는 대표적인 연구 동향 몇 가지를 소개한다.

① 이글스톤의 재구조화 과정론

이글스톤(Eggleston, 1977)은 그동안의 교육과정의 관점을 수용적 관점과 반성적 관점으로 보고, 학교에서 가르쳐지고 있는 교육과정을 통하여 가치와 권력체제를 분석할 수 있는 모형으로 재구조화의 관점을 제시하고 있다(김병성, 2002, pp. 255-264).

수용적 관점은 사회질서 내 지식체계를 구성하고 있는 다른 요소들과 마찬가지로 교육과정 지식도 주어진, 심지어는 귀속적이고 도저히 타협할 수 없는 하나의 수동적인 이해체계로 보고 있으며, 합의적인 관점이라 할 수 있다. 따라서 교사와 학생들은 학교에서 다루어지는 지식은 사회 내에서 주어진 것으로 받아들이는 사회질서가 형성된다. 반성적 관점은 교육과정 지식을 타협 가능한 것으로 보아, 그

내용을 적법하게 비판할 수 있고, 새로운 교육과정의 구성도 허용되는 것으로 간주한다. 따라서 교육과정은 그 교육과정 결정에 참여한 인사들의 구성물이므로 교육과정 지식은 사회 여러 세력들로부터 영향을 받게 된다고 본다.

이글스톤은 학교 교육과정에 담긴 지식의 실재와 그 속에서 일어날 수 있는 변화의 가능성을 밝혀 주는 이해양식으로서, 또한 그 속에서 수용적 관점과 반성적 관점이 상호 결합될 수 있는 것으로 재구조화의 관점을 제안하고 있다. 이러한 재구조화 과정론이 설명하고자 하는 본질적인 문제는 "우리가 교육과정을 통하여 학생들이 권력에 대해 지니고 있는 기대수준과 능력을 십분 활용할 수 있는 사회적 상황을 어떻게 조성할 수 있는가?"이다.

재구조화 관점에서는 학교 내외의 인간 생활에 영향을 미치는 정치 · 사회적 세력들을 이해하고, 그러한 세력들을 변화시킬 수 있는 잠정적인 전략 및 철학을 구성해 내기 위하여, 사회적 문제를 비판적으로 함께 연구하는 교사–학생의 자세를 요청하고 있다.

표 5-2 기능주의 및 갈등론과 해석적 관점의 사회에 대한 가정 비교

특징 \ 접근	기능주의 · 갈등론	해석적 관점
(1) 관점	(1) 거시적, 결정론적	(1) 미시적, 이해론적
(2) 연구관심	(2) 사회구조	(2) 일상적 생활세계, 구성원의 행위에 부여하는 의미, 구성원 간 상호작용
(3) 인간의 본질	(3) 수동성, 사회화의 산물, 자유의지와 주체성 결여	(3) 주체성, 능동성, 상징성, 자유의지 강조
(4) 사회과학의 목적	(4) 인간의 행위와 사회현상을 설명할 수 있는 과학적 법칙 탐구	(4) 사회적 행위의 해석적 이해를 통하여 행위자가 행위에 부여하는 의미 규명
(5) 연구방법	(5) 실증주의적 연구방법, 과학적 조사연구	(5) 해석적 이해, 관찰과 행위자와의 대화를 통한 질적 연구

출처 : 김영화(2010), 교육사회학.

② 클랜디닌과 코널리의 내러티브 탐구

클랜디닌과 코널리(Clandinin & Connelly, 2000)는 그들의 교사 연구를 통해 내러티

브 탐구(Narrative inquiry)를 개발하고 발전시켰다. 그들은 특히 교사들의 실천적 지식(practical knowledge)을 전문적 지식(professional knowledge)이라는 맥락에서 파악하고자 노력하였으며, 이를 위해 교사의 경험을 연구하고 그들의 '이야기(telling)'와 '다시 이야기하기(retelling)'를 통해 교사들의 삶과 경험을 드러내고자 하였다. 즉, 내러티브를 통해 자신의 경험에 대한 의미를 만들어 간다고 주장하면서 지식을 구체적이고 내러티브적이며 관계적인 것으로 개념화하였다(박인서, 2009). 이들은 이야기와 내러티브를 활용한 접근을 통하여 교사의 삶을 어떻게 연구해야 하는지 그리고 왜 그렇게 연구해야 하는지를 이론적으로 정립하였으며, 교육학의 연구주제를 현장교사의 살아 있는 그리고 그들이 경험한 실제적인 지식으로 변화시켰고 그러함으로써 현장교사 삶과 그들의 수업의 방법과 전략 그리고 판단과정에 대하여 이해할 수 있는 지식 틀을 제시하였다(김영천, 2006).

3. 교육과정사회학

교육사회학에서 지식과 교육의 과정에 대한 연구는 학업성취도와 사회화 연구가 주류를 이루어 왔다. 학업성취도 연구에서는 학생 하위문화, 교육자원의 불평등한 분배, 학생의 사회적 배경 등 학업 성공 · 실패와 관련된 변인들을 밝혀내는 데 중점을 둔다. 이러한 맥락에서 학교의 가장 중요한 목표는 학업성취를 극대화하는 것이다. 학업성취도 연구는 학교의 교육과정을 완전히 블랙박스로 남겨두고 있다. 이 블랙박스 속에서 어떤 일이 일어나고 있는가, 무엇을 가르치는가, 학생과 교사는 무엇을 경험하고 있는가에 대해서는 밝혀 주지를 못한다.

사회화 연구에서는 학교에서 가르치는 지식에 관심을 갖는다. 그러나 주요 관심사는 학교에서 가르쳐야 할 사회규범과 가치다. 이 전통에서는 사회의 가치체계를 주어진 것으로 설정하고, 사회기관인 학교가 어떻게 학생들에게 합의된 가치와 규범을 사회화시킬 것인가를 탐구한다. 드리븐(Dreeben)의 『학교에서는 무엇을 학습하는가』는 이러한 연구 경향을 보여주는 대표적인 저서다. 사회화 연구는 사회적

합의를 가정하고 있고, 사회에 의해서 주어진 가치가 학교에서 어떻게 가르쳐지고 있는가에 관심을 두고 있어 기능주의적 한계를 벗어나지 못한다.

이와 같이 과거 교육사회학에서 블랙박스로 남겨 놓았던 학교교육의 내적 과정을 사회적으로 탐구하는 것이 바로 '교육과정사회학' 또는 '신교육사회학'이다. 즉 학교에서 중시되는 지식은 무엇이며, 교육의 내적 과정이 어떠한가를 탐구하는 것이다. 이렇듯 학교에서 가르치는 지식과 가르치는 과정을 사회적으로 탐구하는 교육과정사회학은 1970년대 초 영국에서 등장한 '신교육사회학'(new sociology of education)에서 비롯되었다. 특별히 영국에서 신교육사회학이 발전된 데에는 여러 가지 이유가 있지만, 영국 사회에서 야심차게 추진된 교육평등과 개혁이 실패한 원인에 대한 규명의 필요성 때문이기도 하였다.

영국은 제2차 세계대전 이후 불평등을 해소하기 위해 여러 가지 교육제도 개혁을 단행하였다. 예를 들어 조기 선발의 폐지, 종합중등학교제, 보상교육 프로그램 도입 등을 들 수 있다. 그러나 이러한 개혁에도 불구하고 계급 간의 교육불평등은 줄어들지 않았고 계층 상속의 정도는 완화되지 않았다. 결국 교육개혁의 효력에 의문이 제기되면서 교육개혁에서 소홀히 다루어졌던 교육과정 개혁의 필요성이 대두되었다. 호어는 영국 노동당의 교육정책에 대한 비판에서 교육불평등 해결전략이 구조적 개혁을 중시하면서도 가르치는 내용 및 교육과정과 같은 교육체제의 실제적 핵심을 공격하지 않았다고 지적했다. 이에 따라 교육 내부의 문제로 시선을 돌리게 되었던 것이다.

교육과정사회학의 연구주제는 크게 나누어 두 가지인데 교육과정과 교사·학생 간 상호작용이다. 교육과정을 연구하는 학자들의 관점은 한 마디로 지식의 사회성에 바탕을 두고 있다. 학교의 교육내용은 사회적으로 결정된 문화전수의 한 방편이기 때문에 그것은 보편적인 것도 절대적인 것도 아니라는 것이다. 즉, 교육과정은 사회적·정치적 산물이라는 것이다. 한편 교사와 학생 간의 상호작용도 사회적으로 형성되는 것이기 때문에 항상 교육적인 것은 아니라는 입장이다. 학생과 교과지식에 대한 교사의 범주 구분 방식도 사회적으로 형성되는 것이어서, 중간계층 학생에게 유리하게 작용함으로써 낮은 계층 학생에게는 불리하게 작용할 수 있다는 것이다.

교육과정사회학의 발전에 큰 공헌을 한 학자로는 영, 번스타인, 고버트, 애플 등이 있다. 특히 교육과정사회학 연구 영역을 개척하는 데 가장 중요한 역할을 했던 학자는 영(Young)이다. 영은 기존의 교육사회학 연구가 교육내용을 주어진 것으로 보고 사회학적 탐구 대상에서 제외하였다고 지적하고, 교육제도 속에서 선별·처리되는 것은 사람뿐만 아니라 지식도 마찬가지이므로 사회학적 탐구의 대상으로 삼아야 한다고 주장하였다. 우리가 앞서 살펴본 바와 같이, 기능주의 이론에서는 사람을 선별 처리하는 학교의 기능을 강조하지만 지식을 선별·처리하는 학교의 기능은 전혀 문제 삼지 않았다. 영은 많은 지식 가운데 어떤 지식이 학교에서 가르칠 만한 지식으로 선별되느냐 하는 것은 학교 밖의 권력구조와 관련이 있다고 보았다. 이에 따라 영은 학교가 어떤 지식을 선택하고 가르치며, 이 선택적 지식교육의 과정이 학교 밖의 권력구조와 어떻게 관련되어 있는가를 밝히려고 하였다.

번스타인(B. Bernstein)은 사회언어학적 연구에서 시작하여 교육내용이론 형성을 위한 연구범위의 확대에 많은 노력을 기울였다. 번스타인은 교육내용의 연구가 교육학 좁게는 교육사회학에서 차지하는 중요성을 인식시키는 데 결정적 공헌을 하였다. 또한 고버트(Gorbutt)는 '신교육사회학'이라는 명칭을 처음 쓴 사람으로 교육내용의 중요성을 강조하는 새로운 학문 동향을 가리켜 '신교육사회학'이라 명명하고 이것은 종래의 교육사회학을 대치할 대안적 패러다임이라고 주장하였다.

애플(Apple)은 타일러 모형과 같은 전통적인 논의 양식은 탈정치적이며, 탈역사적이기 때문에 교육과정의 선정과 조직의 뒤에 깔려 있는 복잡한 정치·경제관계를 간과하고 있다고 비판한다. 그러한 논의 양식은 교육과정의 이데올로기적 근원을 탐구하는 데 적합하지 않다는 것이다. 애플은 미국의 학교에서 가르치고 있는 사회교과와 과학교과의 교육과정 내용을 분석하여 겉으로 드러나는 명시적인 교과내용을 통해서 뿐만 아니라 교과내용의 서술방식이나 설명방식 등을 통해서도 지배적인 이데올로기와 맥을 같이 하는 무언의 이념적 요소들이 학습된다는 점을 밝혀내었다.

이런 교육과정사회학은 교육사회학의 연구범위를 넓혀준 점, 그리고 무엇보다도 교육 외의 사회구조적 문제에만 편중되어 왔던 교육사회학의 연구관심을 교육 내부의 문제로 끌어들인 공적이 크다.

참고문헌

김경동(1990, 1985). 현대의 사회학: 사회적 관심. 서울: 박영사.

김동위(2004). 교육사회학 신강. 경기: 교육과학사.

김병성(2007). 교육과 사회. 서울: 학지사.

김병성(2002). 교육사회학 이론 신강: 거시 · 미시적 관련이론. 서울: 학지사.

김병성(1995, 1990). 교육사회학 관련이론. 경기: 양서원.

김신일(2012). 교육사회학. 경기: 교육과학사.

김신일(2002). 교육사회학. 경기: 교육과학사.

김영천(2006). 질적연구방법론. 서울: 문음사.

박인서(2009). 한 교사의 실천적 체육교사모임 운영에 대한 내러티브. 강원대학교 대학원 박사학위논문.

석태종(1988). 현대교육사회학. 서울: 재동문화사.

송병순(1992). 현대사회와 교육: 교육사회학적 접근. 경기: 양서원.

양용칠 외(1995). 교육학개론. 서울: 중앙적성출판사.

이인학 외(2013). 최신 교육의 이해. 서울: 학지사.

이종각(2004). 새로운 교육사회학 총론. 서울: 동문사.

최정웅 편역(1993). 교육의 사회학적 이해. 경기: 교육과학사.

한준상 외(1996). 신교육사회학. 서울: 학지사.

Clandinin, D. J. & Connelly, F. M. (2000). *Narrative inquiry: Experience and story in qualitative research*. San Francisco: Jossey-Bass Pub.

Tuner, J. H., 김진균 외 역 (1989). 사회학 이론의 구조. 서울: 한길사.

교육과정은 학교 교육을 통해 학생들에게 어떠한 교육 목표를 성취시키기 위해 정해 놓은 교육 내용과 교육 방법, 교육 평가의 공통적 · 일반적 기준으로서 학교 교육의 기본 설계도이다.

따라서 이 장의 학습을 통해 교육과정, 수업, 학습의 관계와 교육과정의 유형, 우리나라 교육과정의 변천 과정, 2009 개정 교육과정의 특징을 살펴봄으로써 학교 교육이 어떻게 구체적으로 이루어지고 있는지를 조망할 수 있을 것이다.

Chapter 06

교육과정의 이해

Chapter 06 교육과정의 이해

1. 교육과정, 수업, 학습의 관계

대부분의 학자들이 수업이란 학습이 촉진되도록 학습자에게 영향을 미치는 모든 일련의 의도된 사건들로 그 개념을 규정하고 있다. 수업이란 학습자가 적절한 학습활동을 하도록 방향지우고, 학습자로 하여금 적절한 지식을 얻게 하고, 학습자의 행동을 관찰하고, 학습자의 학습과 행동에 대해 적절한 피드백을 주는 활동을 의미한다(변영계, 이상수, 2003).

수업의 중요한 특성은 의도적으로 계획된 활동이며, 인간에 의해 가르치는 행위인 교수보다는 포괄적 개념이다. 물론 그렇다고 교수가 수업에 전적으로 종속되지는 않는다. 그러나 학습을 가능하게 하는 모든 경험이라고 하여 계획되지 않고 우연적이거나 비형식적인 교육, 즉 의도되지 않은 교수활동까지 수업의 개념에 포함되지는 않는다.

요약하면, 수업은 결국 학습 촉진을 목표로 하고 있지만, 학습은 수업을 전제로 하지 않는다. 학습에 대한 정의는 이론적인 접근의 차이에 따라 다양하게 규정되지만 학습을 인간 행동이나 행동을 할 수 있는 잠재력의 변화로 보는 점에서 의견을 같이 하고 있다(Driscoll, 1994).

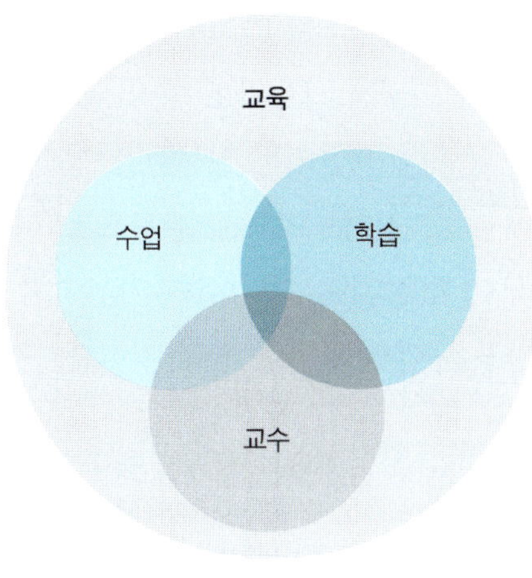

그림 6-1 수업과 관련된 용어들의 관계

교육이 모든 개념을 포괄하는 가장 광의의 것이라면, 교수는 계획되지 않은 교사의 가르치는 행위가 포함된다는 측면에서 수업과 구분되는 영역이 있고, 학습은 가르치는 행위가 없어도 일어날 수 있다는 측면에서 독립적인 영역을 가지고 있다. 결국 가장 이상적인 교육의 형태는 수업과 교수, 학습의 공유되는 부분이 최대화되는 것이다(변영계, 이상수, 2003).

1) 수업의 개념

수업(instruction)이란 교사가 학생들에게 지식, 기능, 태도를 길러주는 과정이다. 즉 특정한 교육목표 달성을 위한 계획적·의도적 활동으로 개인으로 하여금 명시된 조건하에서 명시된 행동을 나타내게 하거나, 일정한 상황·장면에 대한 반응으로 그와 같은 행동을 할 줄 알게 하기 위하여 환경을 의도적으로 조직하는 과정이다. 또한 목표달성을 위해서 학습자의 내·외적 조건을 의도적·계획적으로 조정하는 과정으로 교사가 가르치는 일뿐만 아니라 수업관리(주의 환기나 자세 교정)도 포함한다.

2) 교수의 개념

교수(teaching)란 교사가 교육적 의도를 가지고 하는 일체의 활동을 의미한다. 그러나 여기서 '교육적 의도'를 어떻게 보는가에 따라 교수에 포함되는 활동이 어떤 것인가가 규정된다. 흔히 교수에 포함되는 활동들을 성격상, 수업(instruction), 위교(indoctrination),[1] 훈련(training), 조건화(conditioning) 등으로 구분하고, 그중에서 교수의 핵심적인 의미에 가장 가까운 것은 수업이라는 점이 지적된다. 즉 수업은 훈련이나 조건화가 행동을 바꾸는 일인 것과는 달리 지식과 신념을 바꾸는 일이며, 그

1) 교수활동을 함에 있어서 지식의 조건, 교육의 원리에 맞지 않게 지식을 가르침으로써 도덕적으로 비난을 받을 수 있는 방식으로 지식을 가르칠 때 그것을 위교라고 하고, 교사가 어떠한 지식이 진리가 아니며 확실성이 없는 것이라고 믿으면서도 그 지식이 마치 진리이며 확실성이 있는 것처럼 가르치거나 학생으로 하여금 그 방법적 과정에 관한 이해 없이 지식을 전달하는 것은 위교이다.

중에서도 근거 있는 지식과 신념을 가지도록 한다는 점에서 위교와 구별된다.

3) 학습의 개념

학습(learning)이란 행동의 변화이며, 이러한 변화는 연습, 훈련 또는 경험에 의한 변화로서 성숙에 의한 변화는 학습으로 간주하지 않는다. 따라서 동기, 피로, 감각적 순응 또는 유기체의 감수성의 변화 등은 제외된다. 한편 순수 심리학적인 견해는 진보적 또는 퇴보적인 행동의 변화를 모두 학습으로 간주하나, 교육적인 견해로는 바람직한 진보적인 행동의 변화만을 학습으로 간주한다. 학습의 내용을 조건형성 또는 자극과 반응의 결합으로 보느냐, 인지 구조상의 변화로 보느냐, 또는 신경생리학적 변화로 보느냐에 따라 학습이론은 각기 입장을 달리하고 있다.

4) 교육과정의 개념

교육과정(curriculum)이란 일정한 교육기관에서 교육의 모든 과정을 마칠 때까지 요구되는 교육목표, 교육내용, 그리고 그 내용을 학습하기에 필요한 연한과 연한 내에 있어서의 학습시간 배당을 포함한 교육의 전체 계획이다. 바꾸어 말하면 학교의 교육목적을 달성하기 위하여 선택한 문화 또는 생활 경험을 교육적인 관점에서 편성하고 그들 학습활동이 언제, 어디서, 어떻게 행해질 것인가를 종합적으로 묶은 교육의 전체 계획이라 할 수 있다. 그러므로 종전에 사용하던 교과과정 또는 학과과정과는 엄연히 그 뜻을 달리하게 된다. 즉, 교과과정이란 학교의 지도하에 이루어지는 교과학습의 영역을 뜻하는 것임에 반하여, 교육과정은 학교의 지도하에 이루어지는 교과학습 및 생활 영역의 총체를 뜻한다.

5) 교육과정, 수업, 학습의 관계

앞에서 살펴본 교육과정, 수업, 학습의 관계를 통해 좋은 수업이 되려면 그림 6-2 와 같이 교육과정과 수업(교수) 및 학습이 모두 일치해야 하며 가장 이상적인 관계가 될 수 있다. 하지만 아무리 좋은 교육과정이 있어도 이를 모두 가르치기(수업)는 어렵고, 가르친 것을 모두 배울 수(학습)도 없다(최동근, 양용칠, 박인우, 2000).

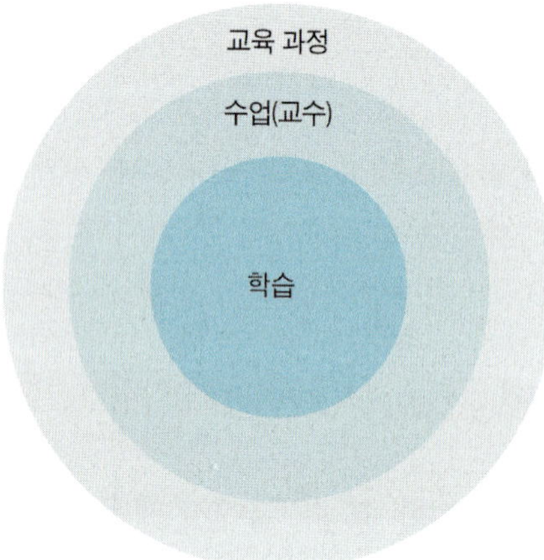

그림 6-2 이상적인 교육과정, 수업(교수), 학습의 관계

그래서 실제적인 교육과정, 수업, 학습의 관계는 그림 6-2 과 같이 A, B, C, D, E, F의 관계로 나타낼 수 있다. A는 교육과정에는 명시되어 있으나 수업되지도 않았을 뿐 아니라 학습되지도 않은 것, B는 교육과정에서 명시되지도 않았고 학생이 수업되지도 않았지만 학생이 학습하고 있는 것, C는 교육과정에도 없는 것을 교사의 수업을 통해 제시하기는 했으나 학습되지 않은 것, D는 교육과정에 명시하고 있는 것이긴 하지만 교사가 행한 수업에 의하지 않고 학습한 것, E는 교육과정에 명시되어 있지는 않으나 수업을 통해 학습하게 된 것, F는 교육과정에 명시된 것을 수업하긴 했어도 학생이 학습하지 못하게 된 것, G는 교육과정에 명시된 것을 적절하게 수업함으로써 학습자가 충분히 학습한 것을 의미한다.

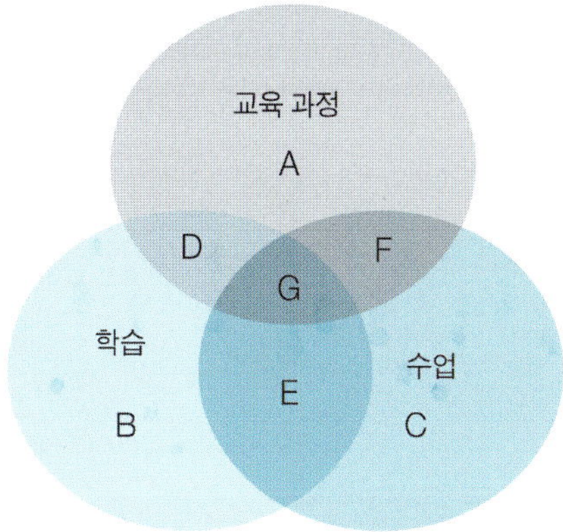

그림 6-3 실제적인 교육과정, 수업, 학습의 관계

학교 교육에서 의도하고 있는 목표는 그림 6-3 에서 G로서 수업은 교과서를 가르치는 것이 아니라 교과서로 교육과정을 가르치는 것이고, 교육과정은 목적이고 내용이며, 교과서는 수단이고 자료가 된다.

2. 교육과정의 유형

교육과정 유형은 교육목표 달성을 위해서 교육내용을 선정-조직하는 형태를 일정한 분류기준에 따라 유형화 해놓은 것을 의미한다. 교육과정 유형은 크게 표 6-1 과 같이 교과중심 교육과정, 경험중심 교육과정, 학문중심 교육과정, 인간중심 교육과정으로 볼 수 있다.

표 6-1 교육과정의 유형

교육과정	개념	장점	단점
교과중심 교육과정	'지식의 체계'를 중요시하는 교육과정으로서 학교의 지도하에 아동·학생이 배우는 일체의 교과와 교재를 의미함	• 인류의 문화유산을 효과적으로 전달하는데 용이 • 교과별로 정리와 더 체계적인 지도 가능 • 조직이 단순하고 누구나 쉽게 이해 가능 • 교수·학습의 결과 평가 용이 • 객관적인 측정 용이 • 교사, 학생, 학부모에게 심리적인 안정감 부여 • 중앙집권적인 통제, 교육과정 계획 용이	• 단편적인 지식 주입 • 학생들의 흥미, 능력, 필요 무시 • 사고력, 창의력 등 고등정신 능력을 기르기가 어려움 • 현대의 사회문제와 동떨어진 과거의 지식교육만 강조 • 학습내용이나 학습경험의 조직, 배열이 비능률적 • 전체로서의 통일성, 연관성 부족
경험중심 교육과정	경험의 계열을 존중하는 교육과정으로서 학교의 지도하에 학생들이 체험하게 되는 모든 경험을 의미함	• 학생의 자발적인 학습활동을 유발하기 쉬움 • 문제해결력을 기르기에 용이하고 역동적인 학습 가능 • 자발성, 사회화, 직관의 원리 등과 일치하는 학습 • 많은 인적, 물적 자원을 이용한 다양한 형태의 학습 전개	• 교육과정의 기본적인 분류가 명확하지 않고 지적 체계 부족 • 교육의 계획, 실천, 평가가 어렵고 체계적이지 못할 가능성 높음 • 교직 소양과 지도방법이 미숙한 교사는 교육의 효과가 매우 저조하게 나타날 가능성 • 일반적, 추상적인 지식이나 과학적 지식의 결함을 가져오기 쉬움
학문중심 교육과정	각 교과의 핵심적인 아이디어, 기본적 개념, 원리, 법칙 등을 의미하는 '지식의 구조'를 강조하는 교육과정을 의미함	• 교육과정의 기본적인 분류가 명확하고 학문의 구조와 지적체계가 분명 • 교육의 계획, 실천, 평가가 용이하고 체계적임 • 일반적, 추상적 및 과학적 지식이나 방법을 활용 • 발견과 탐구활동을 통해 지식탐구와 응용 강조	• 학생의 자발적인 참여중심활동을 유도하기 어려움 • 자발성과 직관의 원리 등 학습자 특성 반영이 어려움 • 많은 인적·물적 자원을 활용한 실용적 교육이 어려움
인간중심 교육과정	자아실현을 목표로 하는 교육과정으로 표면적 교육과정뿐만 아니라, 잠재적 교육과정도 중시하며, 학교 환경의 인간화를 위해 노력하며, 인간주의적 교사를 가장 필요로 함	• 긍정적인 태도 및 자기계발 능력 부여 • 타인을 존중하고 수용할 수 있는 건전한 가치관 형성 • 학교 환경의 인간화를 위한 노력 중시 • 결과보다 과정 중시	• 인간중심 교육과정의 기본 개념을 실천에 옮길 준거 모호 • 교육과정에 대한 학생의 선택이 과도하게 허용되어 계열성 결여 • 학생 개인에게 적합한 경험이 무엇인지에 대해 구체적인 대안을 제시하지 못함

3. 우리나라 교육과정의 변천

우리나라 교육과정의 변화과정은 크게 학교제도가 만들어진 삼국시대에는 중국의 교육내용을 모방하여 가르쳤고, 갑오개혁(1894) 때에는 소학교 교육과정, 중학교 교육과정이 마련되었다. 본고에서는 교육에 대한 긴급조치기부터 2009 개정 교육과정기까지의 교육과정의 변화를 살펴보고자 한다.

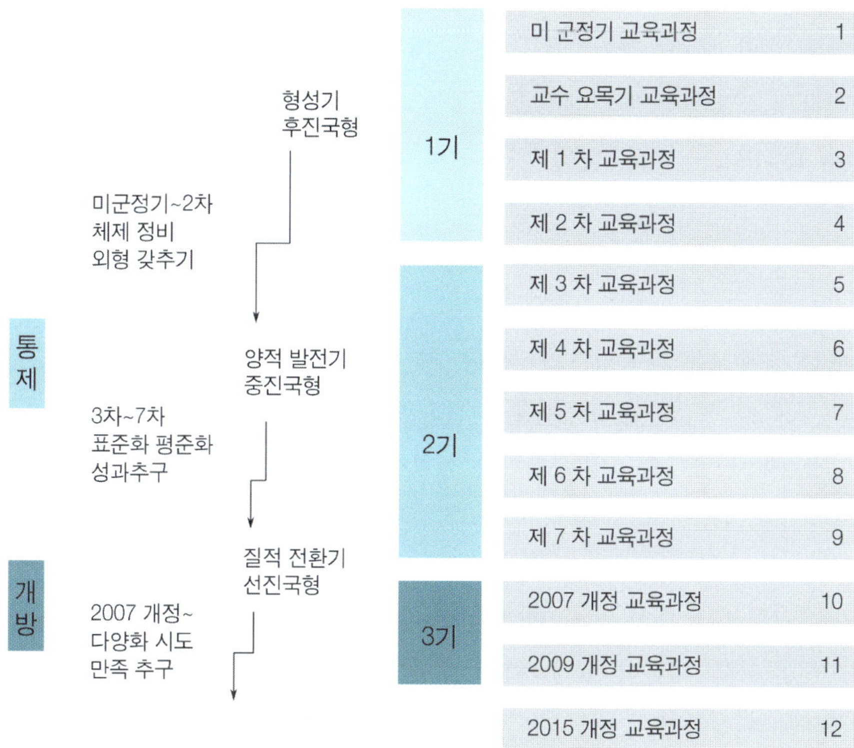

그림 6-4 우리나라 교육과정의 변천과정

자료: 정광순(2010)이 제시한 내용을 수정함.

1) 미 군정기 교육과정-교육에 대한 긴급 조치기(1945~1946)

1945년 광복 이후 미군이 한국교육위원회를 조직하여 미군정청 학무국에서 '신조선의 조선인을 위한 교육'을 일반 명령으로 시달하였다. 내용으로는 교육제도, 법규, 교수용어 등에서 일본적인 요소를 제거한 것이 특징이다. 교과는 국어, 지리·역사, 산술, 이과, 음악·체육, 일본 제국주의적 성격이 강한 수신과를 폐지하고 공민과를 신설하였다.

중학교는 고등학교와 사범학교 심상과와 실업학교를 포함하여 공민, 국어, 지리·역사, 수학, 물리·화학·생물, 가사, 재봉, 영어, 체육, 음악, 습자, 도화, 수예, 실업교과가 있었으며, 특히 국사를 교과에 포함하였다. 주당 수업시간은 32~34시간 정도였으며, 국어, 수학, 영어 등 도구 교과에 치중하였다.

2) 교수요목기(1946~1954)

1946년 '교수요목 제정위원회'에서는 교과의 지도 내용을 자세하게 기술한 문서인 교수요목을 제정하여 교과서를 편찬하였다. 내용으로는 초·중등에서는 공민, 역사, 지리를 통합하여 사회생활과를 신설하였고, 초등학교의 경우에는 국어, 사회생활, 이과, 산수, 보건, 음악, 미술, 가사의 8개 교과목을 선정하였고, 중학교의 경우에는 필수과목, 선택과목, 특수과목으로 교과목을 세분화하였다. 필수과목에는 국어, 사회생활, 수학, 일반 과학, 체육·보건, 실과, 음악교과로 편성하였고, 선택과목에는 과학, 외국어, 음악, 미술, 수공, 실업교과로 편성, 특수과목에는 국어, 과학교과로 편성하였다.

특징으로는 첫째, 교과의 지도내용을 상세하게 표시하고 기초 능력 배양에 주력하였다. 둘째, 교과는 분과주의를 선택하여 체계적인 지도와 지력을 기르는데 중점을 두었다. 셋째, 홍익인간의 정신에 입각한 애국애족 교육을 강조하였으며 일제의 잔재를 없애고자 하였다. 넷째, 차후의 교육과정의 기초가 되었으며, 각 교과·교수내용의 주제 및 제목을 열거하고 있다.

3) 제1차 교육과정기(1954~1963)

이 시기의 교육과정은 '각 학교의 교과목 및 기타 교육활동의 편제'로 정의되었으며, 법령상의 명칭이 교과과정이었기 때문에 교과중심, 생활중심의 교육과정이라 한다. 교육과정 편제는 교과와 특별활동으로 편성하였고, 초등학교 교과는 필수교과인 국어, 수학, 사회생활, 과학, 체육, 음악, 미술, 실업·가정의 8개 교과로 편성하였고, 중·고등학교의 경우 필수교과 8개 교과에다가 선택과목인 실업·가정, 외국어, 기타교과를 편성하였다.

특징으로는 첫째, 한국전쟁 이후에 피폐해진 사회를 복구하기 위하여 현실 생활을 개선하고 향상시킬 사회 개선의지를 강조하고 있다. 둘째, 교육과정에 최소한의 필수적인 교육내용만 표시하여 국가수준의 교육과정 기준을 명확히 하였다. 셋째, 반공교육, 도의교육, 실업교육을 강조하며, 특별활동 시간을 신설하여 전인교육을 실시하였다. 넷째, 구성 방침이나 목표를 구체적으로 제시하지 않은 한계가 있다.

4) 제2차 교육과정기(1963~1974)

이 시기에는 교육과정을 학교의 지도하에 학생들이 가지는 경험의 총체로 봄으로써 경험중심 교육과정 또는 생활중심 교육과정이라고 부른다. 초등학교에서는 교과(국어, 수학, 사회, 과학, 체육, 음악 미술, 실업·가정, 외국어), 특별활동, 반공 및 도덕활동의 3대 편제로 구성하였고, 국어과에서는 한자교육을 하지 않고, 완전 한글 교육을 목표로 하였다. 중학교에서는 교과, 특별활동, 반공·도덕의 3대 편제로 구성하였고, 인문계 고등학교에서는 공통과목 이외에 인문과정, 자연과정, 직업과정으로 나누어 선택할 수 있게 했다.

특징으로는 첫째, 각 지역사회의 학교가 국가기준에 따라서 지역사회의 실정에 적합한 교육과정을 구성하도록 하였고, 실업 및 직업, 과학 기술 교육을 강화하였다. 둘째, 학생의 성장과 발달에 적용할 수 있는 통일성 있고 계통성을 고려하여 교육과정의 조직을 제시하였다. 셋째, 교육과정에는 일반적인 기준만을 제시하고 지역의 실정에 맞게 지역성을 살린 특색 있는 교육을 해나가도록 하였다.

5) 제3차 교육과정기(1973~1981)

이 시기는 1968년 선포된 국민교육헌장의 이념과 1960년대 미국의 교육사조인 학문중심 교육과정의 영향을 받아 학문중심 교육과정이라고 부른다. 초등학교에서는 반공 · 도덕 영역이 사라지고, 도덕교과가 신설, 5,6학년에 국사교과도 신설되어 교과(도덕, 국어, 국사, 사회, 수학, 과학, 체육, 음악, 미술)과 특별활동의 2대 편제로 구성하였고, 중학교는 교과(도덕, 국어, 국사, 사회, 수학, 과학, 체육, 음악, 미술, 한문, 외국어, 실업·가정)에 국사를 하나의 교과로 독립시켰고, 실업 · 가정과에서 여자 기술을 가정으로 선택 교과였던 가정을 가사로 이름을 바꾸었다. 고등학교는 교과를 필수, 필수선택, 과정별 선택 과목으로 구분하였다.

6) 제4차 교육과정기(1981~1987)

이 시기는 시대의 요청에 따라 민주 사회, 고도 산업 사회, 건건한 사회, 통일 조국 건설에 필요한 건강한 사람을 길러내기 위하여 미래지향적이고 인간중심의 교육과정 성격이 반영되었다. 초등학교에서는 교과(도덕, 국어, 국사, 사회, 수학, 과학, 체육, 음악, 미술)과 특별활동의 2대 편제로 구성하였고, 중학교는 교과와 특별활동의 2대 편제를 유지하면서 필수 교과인 생활 · 기술(남)과 가정(여)과목을 3학년에서 빼고 2, 3학년에서 선택하던 농 · 공 · 상 · 수산업과 가사를 3학년에서만 선택하도록 하였다. 고등학교는 인문계, 실업계, 기타계 고등학교의 교육과정을 통합하여 단일화하였으며, 교과를 보통교과와 전문교과로 나누었고, 특별활동은 학도호국단 활동, 클럽활동, 학교 행사의 3개 영역으로 편성하였다.

특징으로는 첫째, 교과중심, 경험중심, 학문중심 등과 같은 접근 위에서 변화와 미래에 대한 인식을 강조하였다. 둘째, 초등학교에서는 평가 항목에 대한 내용이 처음으로 등장하였고, 중학교에서는 보통 교육의 성격을 강조하여 선택과목을 신설하였다. 셋째, 이전의 교육과정이 지닌 학습 내용의 과다, 학습하기 어려운 교육 내용, 교과목 위주의 분과 교육, 일반 교육의 소홀, 전인교육과 인간교육의 미흡 등을 개선하고 보완하는 데 많은 노력을 하고자 하였다.

7) 제5차 교육과정기(1987~1992)

이 시기는 교육과정 및 교과용 도서 중에서 개정이 필요한 부분만을 개정하여 제4차 교육과정의 기본 골격을 유지하면서 점진적으로 변화를 추구하였다. 초등학교에서는 교과(도덕, 국어, 국사, 사회, 수학, 과학, 체육, 음악, 미술)와 특별활동의 2대 편제를 유지하였고, 특히 1, 2학년에 통합 교과를 신설, 산수와 국어를 분과하였으며, 중학교에서는 교과와 특별활동의 2대 편제 속에서 과학 교과 시간이 늘어났고, 남녀 공통 교과로 기술·가정교과가 신설되었다. 고등학교는 교과서를 과목 기준 단위에 맞춰 편찬하여 학생들의 부담을 줄였다.

특징으로는 첫째, 도덕, 창조, 건강, 자주를 중심으로 학생들을 교육하였다. 둘째, 중앙집권적 교육과정 체제를 지방화하기 위하여 교육과정의 지역화를 강조하였고 교육과정이 제대로 실현될 수 있도록 교육과정의 효율화를 강조하였다.

8) 제6차 교육과정기(1992~1997)

이 시기는 제5차 교육과정에 대한 평가를 기반으로 교육과정 결정의 분권화, 교육과정 구조의 다양화, 교육과정 내용의 적정화, 교육과정 운영의 효율화를 추구하고자 하였다. 초등학교에서는 교과(도덕, 국어, 수학, 사회, 과학, 체육, 음악, 미술), 특별활동, 학교 재량 시간으로 3대 편제를 하였으며, 예절교육을 강화하였다. 중학교에서는 교과에 필수과목(도덕, 국어, 수학, 사회, 과학, 체육, 음악, 미술, 가정, 기술·산업, 영어), 선택과목(한문, 컴퓨터, 환경, 기타), 특별활동, 학교 재량 시간의 3대 편제를 하였고, 선택교과제를 도입하였다. 고등학교에서는 교과, 특별활동, 학교 재량 시간의 3대 편제를 유지하면서 개방형 체제를 선택하여 보통교과에서는 일반 교양 교육을 하고, 전문 교과에서는 직업 교육 및 전문 교육을 하여 모든 고등학교가 필요한 교과를 학교의 실정에 맞게 선택할 수 있도록 하였다.

특징으로는 첫째, 국가 수준, 지역 수준, 학교 수준의 교육과정을 명백히 구분하여 교육부-시·도교육청-학교의 교육과정 편성·운영체제를 강조하였다. 둘째, 건강, 자주, 창의, 도덕을 추구하고 민주시민의 공동체 의식과 도덕성을 배양하는 데 목표를 두고 정보화·세계화 등의 변화에 창조적으로 대응할 수 있는 능력을 기를 수 있는 교육운영을 지향하는 것이 그 특징이다.

9) 제7차 교육과정기(1997~2006)

이 시기는 1995년 8월 교육개혁위원회가 교육과정특별위원회를 만들어 초·중등학교 교육과정 개혁 방안을 제시하면서 시작되었다. 초등학교는 국민공통기본교육과정이 적용되며 교과(국어, 도덕, 사회, 수학, 과학, 실과, 체육, 음악, 미술, 외국어), 재량활동, 특별활동의 3대 편제로 구성하였고, 수준별 교육과정을 수학은 단계형으로 국어, 사회, 과학, 영어는 심화보충형으로 편성하였다. 중학교는 교과(국어, 도덕, 사회, 수학, 과학, 실과, 체육, 음악, 미술, 외국어), 재량활동, 특별활동의 3대편제로 구성하였고, 수준별 교육과정으로 수학과 영어는 단계형으로 국어, 사회, 과학은 심화·보충형으로 편성하였다. 고등학교 역시 3대 편재로 구성하였고, 특히 고등학교 1학년은 국민공통기본교육과정을 도입하여 교과목 수를 줄이고, 2, 3학년은 학생의 진로, 흥미, 적성을 고려하여 선택중심 교육과정을 편성하였다.

특징으로는 국민 공통 기본 교육과정의 도입, 수준별 교육과정의 도입, 재량활동의 신설 및 확대, 고교 2~3학년의 선택중심 교육과정 도입, 질 관리 중심 교육과정 개념 도입, 교사·학생·지역 중심 교육과정 편성·운영 등이다.

10) 2007 개정 교육과정(2007~2009)

2007 개정 교육과정은 교육과정 수시 개정 체제에 따라 개정이 이루어졌다. 따

라서, 기본 구조는 제7차 교육과정과 크게 다르지 않다. 초등학교, 중학교, 고등학교의 편제는 제7차 교육과정과 같이 교과, 재량활동, 특별활동의 3대 편제로 이루어져 있으며, 초등학교 1학년에서부터 고등학교 1학년까지 국민공통기본교육과정이 운영된다.

특징으로는 수준별 교육과정을 수준별 수업으로 운영, 교과 집중 이수제 도입, 고등학교 선택중심 교육과정 편성의 자율성 확대, 재량활동 및 특별활동 편성·운영의 자율성 확대, 교과 수업시수의 증감 운영 등이 있다.

11) 2009 개정 교육과정(2009-2015)

2009 개정 교육과정은 교육과정 수시 개정 체제에 따라 개정이 이루어졌다. 공통 교육과정(1~9학년)과 선택 교육과정(고등학교 전과정)을 재설정하여 초·중학교에서는 기초·기본 교육 강화하였고, 고등학교에서는 진로에 적합한 교과목 선택, 학생의 핵심 역량을 강화하였다. 교육과정 운영의 자율권을 확대하였다. 교과(군)별 시수 20% 증감을 허용하였고, 교과(군)의 수업시수는 '최소수업시수'가 아닌 '기준수업시수'를 제시하였다. 표 6-2 와 같이 학년군[2], 교과군[3] 도입하여 집중이수제[4]를 유도하였다. 학교급별 교과군을 설정하여 초등학교 교육과정은 7개 교과(군), 중학교 교육과정은 8개 교과(군), 고등학교 교육과정은 4개 교과 영역과 8개 교과(군)으로 구성하였다.

2) 학년군은 초등학교는 1~2학년, 3~4학년, 5~6학년의 3개 학년군으로, 중학교와 고등학교는 3개 학년을 각각 1개 군으로 설정하였으며, 학년, 학기, 분기별 집중 이수를 통해 학생들의 학기당 이수과목수를 줄여주는 효과가 있음.

3) 교과군은 기존의 교과들을 교육 목적상의 근접성, 학문 탐구 대상 또는 방법상의 인접성, 실제 생활 양식에서의 상호 연관성 등을 고려하여 광역군 개념으로 유목화하는 개념.

4) 집중이수제는 2~3개 학년에 걸쳐 이수하는 과목을 학년별로 집중해 이수하거나, 1년 동안 이수하는 과목을 한 학기 동안 집중하여 이수하도록 하는 것으로 집중 학습이 가능하고 수업의 효율성을 높일 수 있음.

표 6-2 학년군 설정

구분	초등학교			중학교	고등학교
학년군	1~2학년	3~4학년	5~6학년	7~9학년	10~12학년

4. 2015 개정 교육과정

2015 개정 교육과정은 모든 학생들이 인문·사회·과학기술에 대한 기초 소양을 함양하여 인문학적 상상력과 과학기술 창조력을 갖춘 창의융합형 인재로의 성장을 목표로 하고 있다.

- **창의융합형 인재**: 인문학적 상상력, 과학기술 창조력을 갖추고 바른 인성을 겸비하여 새로운 지식을 창조하고 다양한 지식을 융합하여 새로운 가치를 창출할 수 있는 사람

2015 개정 교육과정에서 표방하는 인간상은 '자주적인 사람', '창의적인 사람', '교양 있는 사람', '더불어 사는 사람'이다.

- **자주적인 사람**: 전인적 성장을 바탕으로 자아정체성을 확립하고 자신의 진로와 삶을 개척하는 사람
- **창의적인 사람**: 기초 능력의 바탕 위에 다양한 발상과 도전으로 새로운 것을 창출하는 사람
- **교양 있는 사람**: 문화적 소양과 다원적 가치에 대한 이해를 바탕으로 인류 문화를 향유하고 발전시키는 사람
- **더불어 사는 사람**: 공동체 의식을 가지고 세계와 소통하는 민주 시민으로서 배려와 나눔을 실천하는 사람

2015 개정 교육과정은 교과와 창의적 체험활동, 그리고 학교생활 전반에 걸쳐 학생의 실제적 삶 속에서 무언가를 할 줄 아는 실질적인 능력을 함양하도록 핵심

역량을 강조한다. 총론에는 '자기관리 역량', '지식정보처리 역량', '창의적 사고 역량', '심미적 감성 역량', '의사소통 역량', '공동체 역량' 등 6가지를 제시하였고, 교과 각론에는 총론의 역량과 연계하여 교과에 맞는 역량을 제시하고, 교과의 특성에 맞는 교육과정을 운영하도록 하고 있다.

- **자기관리 역량**: 자아정체성과 자신감을 가지고 자신의 삶과 진로에 필요한 기초 능력과 자질을 갖추어 자기주도적으로 살아갈 수 있는 능력
- **지식정보처리 역량**: 문제를 합리적으로 해결하기 위하여 다양한 영역의 지식과 정보를 처리하고 활용할 수 있는 능력
- **창의적 사고 역량**: 폭넓은 기초 지식을 바탕으로 다양한 전문 분야의 지식, 기술, 경험을 융합적으로 활용하여 새로운 것을 창출하는 능력
- **심미적 감성 역량**: 인간에 대한 공감적 이해와 문화적 감수성을 바탕으로 삶의 의미와 가치를 발견하고 향유할 수 있는 능력
- **의사소통 역량**: 다양한 상황에서 자신의 생각과 감정을 효과적으로 표현하고 다른 사람의 의견을 경청하며 존중하는 능력
- **공동체 역량**: 지역・국가・세계 공동체의 구성원에게 요구되는 가치와 태도를 가지고 공동체 발전에 적극적으로 참여하는 능력

2015 개정 교육과정은 토론학습, 협력학습, 탐구활동, 프로젝트학습 등 교과 특성에 따라 다양한 교수·학습이 이루어지면서 학생들의 활발한 수업 참여와 과정 중심의 수행평가를 강조하고 있다.

2015 개정 교육과정은 인문・사회・과학기술에 관한 기초 소양 교육을 강화한다. 이를 위해 초・중등 교과 교육과정을 개편하여 인문학적 소양을 비롯한 기초 소양 함양 교육을 전반적으로 강화하고, 특히 고등학교에 기초 소양 함양을 위해 문・이과 구분 없이 모든 학생이 배우는 공통 과목을 도입하고, 통합적 사고력을 키우는 '통합사회' 및 '통합과학' 과목을 운영한다. 또한 학생의 진로와 적성에 따른 맞춤형 교육과정 운영이 가능하도록 선택과목을 『일반선택』과 『진로선택』으로 구분하였다.

- 『통합사회』는 초·중학교 사회의 기본 개념과 탐구방법을 바탕으로 지리, 일반사회(정치, 경제, 법 등), 윤리, 역사의 기본적 내용을 대주제 중심의 통합적 접근을 통해 사회 현상을 종합적으로 이해할 수 있도록 구성되는 과목이다. 이것은 복잡하고 급변하는 사회 현상에 대한 종합적 이해와 사회적 갈등 해결 능력 등을 함양하기 위해 토의·토론학습, 프로젝트 학습, 탐구 학습 등 다양한 활동 중심의 수업이 이루어질 수 있도록 구성된다.
- 『통합과학』은 중학교까지 학습한 자연과학의 핵심 개념을 적용하여 자연 현상을 통합적으로 이해하여, 미래 사회에 필요한 과학적 기초 소양을 함양할 수 있도록 학습 내용과 난이도를 재구조화하여 모든 학생들을 대상으로 한 필수과목이다. 이것은 여러 분야의 기초 개념의 융합과 동료 간 탐구 협업을 통해 새로운 가치 창출 및 역량 습득이 가능한 대주제 학습*, 학교 밖 현장 체험을 통한 실생활 연계, 전통적인 과학-기술-사회 연계 STS 학습 등으로 구성된다.
- 『일반선택』: 고등학교 단계에서 필요한 각 교과별 학문의 기본적 이해를 바탕으로 한 과목으로, 기본 이수단위는 5단위이며 2단위 범위 내에서 증감 운영이 가능하다.
- 『진로선택』은 교과 융합학습, 진로 안내학습, 교과별 심화학습 및 실생활 체험학습 등이 가능한 과목으로, 학생들은 진로선택 과목을 통해 보다 심화된 학습이나 자신의 진로에 도움이 되는 과목을 배울 수 있으며, 기본이수단위는 5단위이고, 3단위 범위 내에서 증감 운영을 허용한다.

2015 개정 교육과정은 한 학기를 '자유학기'로 운영할 수 있는 근거를 마련함으로써, 학생들이 중간·기말고사에 대한 부담에서 벗어나 체험 중심의 교과 활동과 함께 장래 진로에 대해 마음껏 탐색할 수 있도록 하고 있다. 또한, 학생들이 소프트웨어에 대한 기초 소양을 충실히 갖추어 나갈 수 있도록, 소프트웨어 교육 중심의 정보 교과를 필수 과목으로 지정 운영하도록 하고 있다. 그리고, 창의적 체험활동 교육과정으로 자율활동, 동아리활동, 봉사활동, 진로활동 등 4개 영역 체제로 현행 유지하고 있다.

- **자율활동**: 자치·활동, 창의주제활동 등
- **동아리활동**: 예술·체육활동, 학술문화활동, 실습노작활동, 청소년단체활동 등
- **봉사활동**: 이웃돕기활동, 환경보호활동, 캠페인활동 등
- **진로활동**: 자기이해활동, 진로탐색활동, 진로설계활동 등

이상에서 제시한 2015 개정 교육과정의 특징에 따른 주요 개정 사항을 제시하면 다음과 같다.

표 6-3 2015 개정 교육과정의 주요 내용

<table>
<tr><th colspan="3">구분</th><th>주요 내용</th></tr>
<tr><td colspan="3">교육과정 개정 방향</td><td>• 창의융합형 인재 양성
• 모든 학생이 인문·사회·과학기술에 대한 기초 소양 함양
• 학습량 적정화, 교수·학습 및 평가 방법 개선을 통한 핵심역량 함양 교육
• 교육과정과 수능·대입제도 연계, 교원 연수 등 교육 전반 개선</td></tr>
<tr><td rowspan="7">총론</td><td rowspan="7">공통사항</td><td>핵심역량 반영</td><td>• 총론 '추구하는 인간상' 부문에 6개 핵심역량 제시
• 교과별 교과 역량을 제시하고 역량 함양을 위한 성취기준 개발</td></tr>
<tr><td>인문학적 소양 함양</td><td>• 연극교육 활성화
- (초·중) 국어 연극 단원 신설
- (고) '연극'과목 일반선택으로 개설
• 독서교육 활성화</td></tr>
<tr><td>소프트웨어 교육 강화</td><td>• (초) 교과(실과) 내용을 SW 기초 소양교육으로 개편
• (중) 과학/기술·가정/정보 교과 신설
• (고) '정보' 과목을 심화선택에서 일반선택 전환, SW 중심 개편</td></tr>
<tr><td>안전교육 강화</td><td>• 안전 교과 또는 단원 신설
- (초 1~2) 「안전한 생활」 신설(64시간)
- (초 3~고3) 관련 교과에 단원 신설</td></tr>
<tr><td>범교과학습 주제 개선</td><td>• 10개 내외 범교과학습 주제로 재구조화</td></tr>
<tr><td>NCS 직업 교육과정 연계</td><td>• 교육과정 구성의 중점 등에 반영</td></tr>
<tr></tr>
<tr><td rowspan="6">총론</td><td rowspan="4">고등학교</td><td>공통과목 신설 및 이수단위</td><td>• 공통과목 및 선택과목으로 구성
• 선택과목은 일반선택과 진로선택으로 구분
- 진로선택 및 전문교과를 통한 맞춤형 교육, 수월성 교육 실시</td></tr>
<tr><td>특목고 과목</td><td>• 보통교과에서 분리하여 전문교과로 제시</td></tr>
<tr><td>국·수·영 비중 적정화</td><td>• 기초 교과(국·수·영·한국사) 이수단위 제한 규정(50%) 유지 (국·수·영90단위→84단위)</td></tr>
<tr><td>특성화고 교육과정</td><td>• 총론(보통교과)과 NCS 교과의 연계</td></tr>
<tr><td>중학교</td><td>자유학기제 편제 방안</td><td>• 중학교 '교육과정 편성·운영의 중점'에 자유학기제 교육과정 운영 지침 제시</td></tr>
<tr><td>초등학교</td><td>초1,2</td><td>• 주당 1시간 증배, '안전한 생활' 신설</td></tr>
</table>

구분			주요 내용
		수업시수 증배	- 창의적 체험활동에서 체험중심 교육으로 실시
		누리과정 연계 강화	• 초등학교 교육과정과 누리과정의 연계 강화(한글교육 강화)
교과교육과정 개정 방향			• 총론과 교과교육과정의 유기적 연계 강화
			• 교과교육과정 개정 기본방향 제시 - 핵심개념 중심의 학습량 적정화 - 핵심역량을 반영 - 학생참여중심 교수·학습방법 개선 - 과정중심 평가 확대
지원체제		교과서	• 흥미롭고 재미있는 질 높은 교과서 개발
		대입 제도 및 교원	• 교육과정에 부합하는 수능 및 대입 제도 도입 검토 - 수능 3년 예고제에 따라 '17년까지 '21학년도 수능 제도 확정 • 교원양성기관 질 제고, 연수 확대

참고문헌

강갑원, 박영진, 안병환, 이경희(2006). 교육학개론. 경기: 교육과학사.

교육과학기술부(2007). 2007 개정 교육과정.

교육과학기술부(2009). 2009 개정 교육과정.

교육부(1992). 초등학교, 중학교, 고등학교 교육과정 및 교육과정 해설서.

교육부(1997). 초·중등학교 교육과정.

김대현(2012). 교육과정의 이해. 서울: 학지사.

김병희, 김형구, 배재학, 이기용, 이영애, 정길영, 최병옥(2008). 교육학개론. 경기: 공동체.

김재춘 외(2001). 교육과정과 교육평가. 경기: 교육과학사.

김재춘(2000). 수준별 교육과정의 이해. 경기: 교육과학사.

변영계, 이상수(2003). 수업설계. 서울: 학지사.

신재한(2012). 교육학개론. 서울: 이담북스.

이정표, 권영신(2008). 교육학개론. 경기: 교육과학사.

이형행(2007). 교육학개론(전정 2판). 경기: 양서원.

정광순(2010). 교육과정에 기초한 초등통합교과지도. 경기: 양서원.

최동근, 양용칠, 박인우(2004). 교육방법의 공학적 접근. 경기: 교육과학사.

한상길, 김응래, 박선환, 박숙희, 정미경, 조금주(2007). 교육학개론. 경기: 공동체.

한은숙, 김종두(2008). 교육학개론. 경기: 교육과학사.

Driscoll, M. P. (1994). *Psychology of learning for instruction: Learning and instructional technology*. Boston: Allyn & Bacon.

교육방법은 교육목표를 달성하기 위해 교육내용을 학습자에게 효과적으로 전달하기 위해 모든 수단적 조건과 방법적인 조건을 의미한다.

따라서 이 장의 학습을 통해 수업모형의 의미와 교과별 대표적인 수업모형, 교수·학습안 작성의 의미와 작성방법, 교수매체의 종류와 선정 원리 등을 살펴봄으로써 학습자에게 교육내용을 효과적으로 전달할 수 있는 교육방법의 의미와 방법을 이해할 수 있을 것이다.

Chapter 07

교육방법의 이해

Chapter 07 교육방법의 이해

1. 수업모형

1) 수업모형의 개념

수업모형(models of instruction)은 수업이 갖는 여러 가지 측면에서의 복합적인 성격 때문에 수업모형에 대한 개념적인 합의가 이루어지지 않았다. 따라서 수업모형에 대한 학자들의 정의가 다양하다. Cole과 Chan(1987)은 수업의 실제를 기술하기 위하여 수업의 주요 특징을 요약해 놓은 설계도 또는 계획으로 정의하였고, Eggen과 Kauchak(1988)은 특수한 수업목적을 달성하기 위한 처방적인 수업전략으로 정의하였다. 권낙원과 최화숙(2010)은 복잡한 수업현상을 기술하고 설명할 수 있으며 나아가 예언할 수 있는 수업의 주요 특징을 간추려 체계화시켜 놓은 형태 또는 전략이라고 정의하였다.

이상의 정의를 종합하면 수업모형이란 복잡한 수업과정이나 특정적인 현상을 단순화 시켜놓은 설명 체제나 구조를 의미하며, 수업을 설계하고 수업 자료를 제작할 때 참고해야 하는 하나의 모델이며 틀이라고 할 수 있다.

2) 수업모형의 분류

앞에서 언급한 것처럼 수업을 보는 관점이 다양해서 수업모형에 대한 개념 합의가 이루어지지 않은 것처럼 수업모형의 분류 역시 아직도 수업모형을 어떻게 분류할 것인지에 대한 합의가 이루어져 있지 않다.

따라서 본고에서는 권낙원과 최화숙(2010)이 표 7-1 과 같이 분류한 학자별 수업모형 유형 비교를 중심으로 살펴보고자 한다.

표 7-1 학자별 수업모형 분류 비교

학 자	유형 구분
Nuthall & Snook(1973)	행동통제 모형, 발견학습 모형, 합리적 모형
Rosenshine(1976)	제1유형(행동분석, 구체적, 구조적 모형) 제2유형(탐구지향, 학습자 중심, 학습자 선택 모형)
Cole & Chan(1987)	인성특성 모형, 행동주의 모형, 교과방법 모형, 수업기술 모형, 수업원리 모형
Joyce, Weil, & Calhoun(2004)	정보처리 모형, 사회적 모형, 개인적 모형, 행동 체제 모형
김순택(1978)	일반 수업모형, 교과별 수업모형, 목표별 수업모형
김호권(1985)	수업 절차 모형, 학습조건 모형, 교사 행동 모형

(1) Cole & Chan의 수업모형 분류

Cole & Chan(1987)은 그림 7-1 과 같이 실제 수업에서 교사들이 사용하고 있는 수업모형들을 인성특징 모형, 행동주의 모형, 교과방법 모형, 수업기술 모형, 수업원리 모형, 역할모형의 6가지 유형으로 분류하였다.

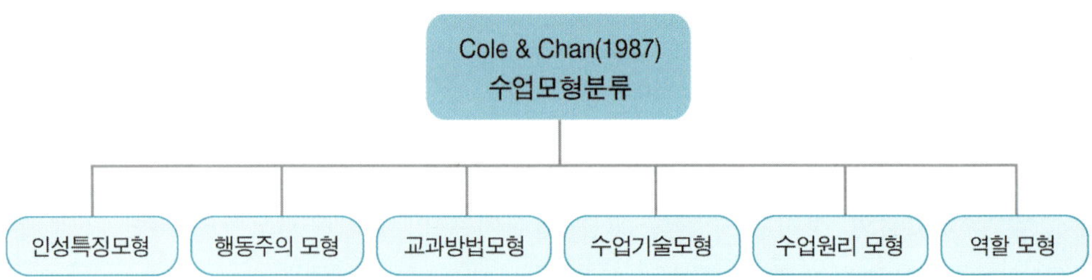

그림 7-1 Cole & Chan(1987)의 수업모형 분류

① 인성특징 모형

이 모형의 기본 가정은 이상적인 인성을 가진 교사가 훌륭한 교사이다. 따라서 교사가 갖는 감정이입, 열정, 사려성, 온정, 이해, 공감, 도덕성 등의 인성이 학생들의 학습에 긍정적인 영향을 미친다. 학생들이 교사의 인성을 따라서 모방하는 데에 효과적인 모형이라고 할 수 있다.

② 행동주의 모형

Skinner의 조작적 조건화 이론에 따라서 교실을 학습 실험실로 보고 교사가 강화계획에 따라 상과 벌을 적절하게 사용함으로써 학생의 반응 정도를 파악하여 학습환경이나 자료를 적당하게 통제해 가면서 학생들의 행동을 수정할 수 있는 방법이다.

③ 교과방법 모형

해당 교과의 가르치는 주제에 따라서 가르치는 절차와 기술이 달라야 한다고 주장한다. 예를 들면, 수학 교과에서 도형을 가르칠 때와 연산을 가르칠 때 다른 수업 기법을 적용해야 하며, 국어, 수학, 사회, 과학, 영어 등 교과별로 다른 수업 기법을 적용해야 한다는 것이다.

④ 수업기술 모형

최근에 교사의 전문성 발달에 많은 영향을 미친 모형으로 소규모 수업 또는 마이크로티칭(micro teaching)이라 불린다. 이 모형에서는 교사가 갖는 수업기술과 행동에 초점을 두고 설명, 수업 관리, 발문과 같은 수업 기능을 강조한다. 실제 수업 상황을 축소한 인위적인 수업 상황에서 획득된 수업기술이 실제 수업 상황에 완전하게 적용되기 어렵다는 문제점이 제기된다.

⑤ 역할 모형

심리학과 사회학으로부터 도출된 이론으로 상황에 따른 교사의 역할을 강조하고 있다. 교사는 수업에서 상황에 따라 상담자, 감독자, 행정가, 집단의 지도자 등의 다양한 역할을 수행해야 한다고 주장한다. 하지만 교사의 역할이 일반 상황보다는 특수한 상황에서 요구되는 역할이 더 중요하기 때문에 이 모형이 효과적이지 못하다는 비판을 받고 있다.

⑥ 수업원리 모형

이 모형은 모든 교과와 수업에 공통적으로 적용할 수 있는 보편적인 원리가 있다고 가정한다. 따라서 여러 교과에서 교사가 특정 상황에 사용하는 방법이나 기법에 관한 지침이나 기준을 제시해 주기 때문에 수업전략, 수업방법, 수업기법을 결정하는 데 도움을 준다.

(2) Joyce, Weil, & Calhoun의 수업모형 분류

Joyce, Weil, & Calhoun(2004)은 성취하고자 하는 교육목표에 따라서 수업모형을 정보처리 모형, 정의적 모형, 사회적 모형, 행동체제 모형으로 분류하였다.

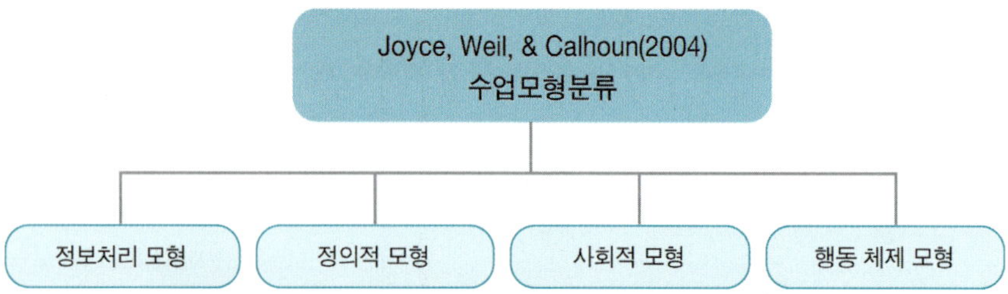

그림 7-2 Joyce, Weil, & Calhoun(2004)의 수업모형 분류

① 정보처리 모형

정보처리 모형은 학생에게 사고 기술 향상을 위해 정보처리 능력을 길러주기 위한 모형이다. 정보처리 모형에는 귀납적 사고 모형, 개념 획득 모형, 과학적 탐구 모형, 탐구 훈련 모형, 선행조직자 모형, 기억 모형, 창조적 문제 해결법, 그림-단어 귀납 모형을 포함하고 있다.

② 사회적 모형

사회적 모형은 사회적 특성, 사회적 행동을 학습하는 방법, 사회적 상호작용이 학습을 향상하는 방법 등을 강조한다. 사회적 모형에는 집단 조사 모형, 역할 놀이 모형, 법학적 탐구 모형, 학습 파트너 모형 등이 있다.

③ 개인적 모형

이 모형은 학습에 있어서 그 출발점은 개인이 갖고 있는 개성으로 보고 있다.

교육을 통하여 자신을 보다 잘 이해하고, 교육에 대한 책임을 지며, 보다 질 높은 삶을 추구하도록 개인에게 도움을 주는 모형이다. 개인적 모형에는 비지시적 수업 모형과 자긍심 강화 모형, 학급회의 모형, 창의적 문제해결 모형 등이 있다.

④ 행동 체제 모형

이 모형은 행동수정, 행동치료, 사회학습이론, 인공두뇌학 등을 토대로 개발되었다. 이 모형의 기본 가정은 인간이 주어진 과제를 성공적으로 수행할 수 있도록 도움을 주는 정보에 따라서 자기의 행동을 수정해 나가는 자기교정적 의사소통 체제라는 것이다. 행동 체제 모형에는 완전학습 모형, 지시적 수업 모형, 시뮬레이션 모형, 사회학습 모형, 프로그램화된 계획 모형 등이 있다.

(3) 김호권의 수업모형 분류

김호권(1985)는 수업모형의 종류는 크게 수업전략 모형, 학습조건 모형, 교사행동 모형으로 분류하였다.

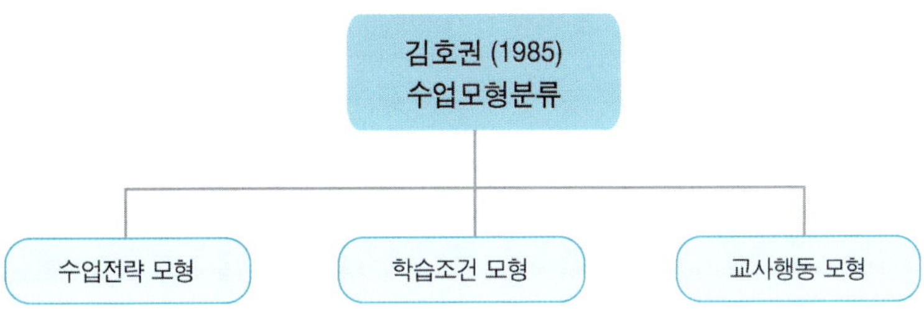

그림 7-3 김호권(1985)의 수업모형 분류

① 수업전략 모형

수업전략 모형은 수업을 할 때 어떤 절차에 따라서 진행할 것인가에 대한 종합적인 전략을 제시하는 모형이다. 따라서 이 모형에는 장기간에 걸쳐 수업과정에서 수업활동들 간의 순서와 절차를 나타내고 있으며, 수업의 단계별로 가장 적합한 방법에 대한 정보를 제공함으로써 수업목표를 효과적으로 달성하는 데에 관심을 갖고 있다. 이에 구체적인 교수방법보다는 수업과정에 대한 관리 및 경영기법을 포함하고 있다.

수업전략 모형에는 Herbart의 예비-제시-연합-종합-응용의 5단계 교수설과 Glaser의 수업목표-출발점 행동 진단-학습지도-평가의 수업모형 등이 있다.

② **학습조건 모형**

학습조건 모형은 각 교과별로 교과 내용의 성격에 따라 적합한 지도방법을 처방하는 모형이다. 학습조건 모형에는 각 교과별 지도법, 탐구학습 모형, 선행조직자 모형, 개념수업 모형, 문제해결학습 모형 등이 있다.

③ **교사 행동 모형**

교사 행동 모형은 효과적인 교사의 행동을 분석하고 실행하여 수업의 효과를 높이고자 하는 모형으로 특정 교과나 특정 과제가 아닌 일반 교과와 다양한 과제를 대상으로 가르칠 때 적합하다고 할 수 있다. 이 모형에는 Flanders(1970)의 언어 상호작용 분석 모형이 대표적이다. 언어상호작용 분석은 교사와 학생의 언어적 상호작용에 초점을 맞추어 수업분석을 실시하는 기법으로 언어의 특성에 따라 교사의 발언, 학생의 발언, 침묵의 측면에서 10개의 범주로 구분하여 관찰하고 있다. 이 분석은 3초 단위로 표시되며, 관찰자는 매 3초마다 10개의 카테고리 중 관련된 숫자를 계속 기록해 나간다.

Rosenshine & Furst(1973)의 과정-산출에 관한 연구에서는 교사의 행동이 학생들의 학업성취와 유의미한 상관이 있음을 밝혀내고 있다. 즉, 교사가 ① 명확성, ② 수업활동의 다양성, ③ 교사의 열성, ④ 과제 지향성, ⑤ 학습 기회, ⑥ 교사의 비지시성, ⑦ 비판, ⑧ 구조적 논평, ⑨ 발문의 형태, ⑩ 탐색성, ⑪ 수업 곤란도 등과 같은 수업 행동을 실행하면 효과적인 수업을 기대할 수 있다는 것이다.

3) 교과별 대표적인 수업모형

교과별로 수업목표와 내용을 살펴보고, 목표도달도를 위해서 최적의 교수모형을 선택하게 된다. 제시된 각 교과별 대표적인 수업모형은 초등학교 교사용 지도서에 소개된 수업모형이다. 구체적인 절차와 단계, 적용 사례 등은 교사용 지도서를 참고하면 자세하게 알 수 있다.

주의할 점은 반드시 제시된 수업모형의 절차를 있는 그대로 따를 필요는 없으며, 학습자의 특성, 교실환경 등을 고려하여 융통성 있게 적용하는 것이 바람직하다.

표 7-2 교과별 대표적인 수업모형

교과	수업 모형								
국어과	직접교수	문제해결 학습	창의성 계발학습	지식탐구 학습	반응중심 학습	역할수행 학습	전문가 협동학습	토의·토론 학습	가치탐구 학습
도덕과	역할놀이 수업	개념분석 수업	가치분석 수업	가치갈등 해결수업	가치 명료화 수업	합리적 의사결정 수업	집단탐구 수업	도덕적 토론수업	도덕 이야기 수업
수학과	개념형성	속성	원리탐구 수업	귀납적 추론 수업	문제해결 수업				
과학과	경험학습	발견학습	탐구학습	순환학습	POE	개념변화 학습	STS 수업		
실과	문제해결 교수학습	프로젝트 교수학습	홈 프로젝트 교수학습	협동학습 교수학습	모듈학습 교수학습	기능학습 교수학습	마인드맵 교수학습		
체육과	직접교수	동료교수	탐구수업	개별화 수업	협동학습	이해중심 게임수업			
음악과	가창중심 수업	기악중심 수업	창작중심 수업	감상중심 수업					
미술과	귀납적 사고법	직접 교수접	창의적 문제 해결법	반응중심 학습					
영어과	자연적 교수	전신반응 모형(TPR)	과업중심	역할놀이 중심	놀이활동 중심	상황중심	원어민 교사 협동수업		

2. 교수 · 학습안 작성

1) 교수 · 학습안의 의미

교사들의 수업 전개를 위한 설계도를 수업지도안, 수업안, 교수 · 학습안 등 다양한 형태로 현장에서 불리고 있으나, 본서에서는 교수 · 학습안으로 정리하고자 한다. 교수 · 학습안은 수업단계에 따라 수업 자료 및 전략, 학습내용, 평가, 피드백, 그리고 각 단계별로 예상되는 학생활동을 체계화한 수업설계도이다(김경희, 조연순, 2008; Merrill, 2002; Silver, 2007). 또한 교수 · 학습안은 시간이나 자원의 낭비 없이 최적의 수업환경 및 수업 자료를 구축하고 학생 수준에 적합한 수업을 수행하는 데 도움을 주는 도구이다(김경희, 조연순, 2008; 장명덕, 2006).

종합하면 교수 · 학습안은 어느 단위 시간에, 어떤 목표로, 어떤 과정을 거쳐, 어떤 방법으로, 어떤 자료를 사용하여 어떻게 학습하게 할 것인가를 예상하여 그것을 한눈으로 알아볼 수 있게 기술한 교수 · 학습 설계도라고 할 수 있다.

2) 교수 · 학습안이 갖추어야 할 조건

교수 · 학습안이 갖추어야 할 조건으로는 간단명료하고 목표 달성의 내용과 방법이 함께 나타나야 한다. 학습원리나 교수법이 나타나야 하고, 수업 참관자가 수업을 쉽게 참관할 수 있도록 짜여 져야 하며, 본시수업목표가 명확히 진술되어야 한다. 개인차를 고려한 학습 준비, 자료, 평가 방법 등이 제시되어야 한다.

3) 교수 · 학습안 작성 시 유의할 점

교수 · 학습안 작성 시 유의할 점은 다음과 같다.

첫째, 교과서를 가르치는 것이 아니라 교과서로 가르치며 교육과정을 가르치기 때문에 교사의 의도된 필요성에 의하여 단원 또는 차시를 재구성하여 교수 · 학습안을 작성한다.

둘째, 교사용 지도서의 교수 · 학습안을 중심으로 자신의 수업모형을 적용하는데 모형을 수정하여 적용해도 되나 수정 시에는 모형의 본질을 깨뜨리지 않도록 주의하여야 한다.

셋째, 자신이 신청한 교과의 전 학년 교재를 분석하여 학년 간의 연계성을 알아둔다.

넷째, 교재관, 학생관, 지도관을 쓸 때는 본 교재가 교육과정에서 어떤 위치, 어떤 성격에 있으며, 발달 이론상 학생들의 수준은 어떠하며, 어디에 중점을 두고 가르치겠다는 자기 구상을 기록하는 것이 바람직하다.

다섯째, 학습목표는 지식 · 이해, 기능, 가치 · 태도 영역으로 세분화하여 진술하되 학습문제(공부할 문제)는 학습자가 인지하도록 행동 용어로 진술한다.

여섯째, 교수 · 학습 활동란을 교사/학생 구분하거나 통합하여 설계하는 것은 수업자 판단에 따르나 발문과 학생 반응을 구체적으로 진술한다.

일곱째, 호기심을 가질 수 있는 동기유발로 시작을 연다. 예를 들면, 신문자료, 지도, 설문조사 결과, 가치수직선 활동, 만화의 일부분, 뉴스 등을 활용할 수도 있다.

여덟째, 교수 · 학습 활동란의 기호에 일관성을 유지(□, ○, ·, –)하고 활동란과 자료란의 자료 번호를 일치시킨다(1⃞, 2⃞).

아홉째, 본시 학습내용 핵심 판서 및 형성평가 계획 진술한다.

4) 교수 · 학습안 양식(국어과 예시)

□□ 교수 · 학습안

단원(차시)	주제	학반	학생	지도일시(장소)	지도교사	적용모형
*차시 빠뜨리지 않도록	*주제 옆에 교과서 쪽수를 넣는다.	-	남 명 여 명 계 명	2014. 4. 25(수) 5교시 (2-3교실)		
영역 :						

(1) 교수 · 학습안

학습 목표	교과	'내용＋행동'영역으로 묶어 하나의 목표로 진술. 교과에 따라 Bloom의 목표진술에서처럼 인지적, 기능적, 정의적인 영역으로 세분화도 가능
	창의	창의성 기법 활용관련 또는 창의성 요소 관련 해서 기술
	인성	인성 요소 관련 해서 기술

단계	학 습 요 항 (분)	교수 · 학습 활동	※ 유의점 □ 자료 ⊘ 평가 ☆창의성♡인성
교과별 특성, 본시학습 주제에 따른 알맞은 모형의 단계를 찾아 기록함	※ 학습요항은 본시학습 목표를 해결하기 위한 학습문제를 말함. ※ 교수 · 학습 활동의 요약체 ※ 동기유발, 목표인지, 순회지도, 소집단 토의, 과제, 차시예고 등은 학습 요항에 기술해서는 안 됨	○ 1을 보고, 인물의 말이나 행동에 대한 생각 말해보기 · 무슨 내용인지 말하기 - 할머니의 말이나 행동에 대한 내 생각 말하기 기호 표시 후 한 칸 띄우기, 들여쓰기 통일 ※ 교수 · 학습 과정이 교수(teaching)와 학습(learning)으로 뚜렷이 구분되지 않으므로 가운데 선(또는 점선)으로 구분하지 않는 것이 좋음) ※ 학습요항에 들어가지 못한 동기유발, 목표인지, 궤간순시, 소집단 토의, 과제, 차시예고 등을 기술해도 무방함 ※ 교사의 활동 및 학생의 활동을 구체적으로 기술(용어 통일, ～하기, ～한다. 등)	1 역할극 VCR 2 TP자료 ☆창의성요소 또는 기법 창의성 기법이나 요소의 지도에 대한 설명 넣기 ♡인성요소 인성지도에 대한 설명 넣기 '--다.'로 끝내기 ※ 본시에서의 지도상 유의점 ⊘교과, 창의, 인성 등 표시 평가내용 및 방법에 대한 설명

(2) 평가 계획(본시 학습목표를 준거로 잘 성취했는가를 평가함)

- 성취기준(세부학습 목표임, 내용+행동의 형태)
- 평가기준(학생들의 수준별 성취 정도임, 성취수준의 내용과 평가기준의'중'수준이 일치되게)
- 평가 방법(교과별 특성에 맞게 하되 관찰, 체크리스트, 서술 등)

평가 영역	평가 관점	평가 척도			평가 방법
		잘함	보통	미흡	
		3	2	1	
교과	글을 읽고 중요한 내용을 찾을 수 있는가? 의문문으로 끝내기				학습장 분석
창의성	형태분석법을 이용하여 중요한 내용을 찾아 정리하는가?				학습장 분석
인성	서로의 생각을 존중하는 태도를 보이는가?				관찰법

(3) 교수 · 학습안 작성 Tip

★ **학습목표** : 본시에 가르쳐야 할 내용을 어디까지(무엇을 어디까지)

★ **단계** : 본시 학습주제에 따른 적합한 모형별 단계를 기술

★ **학습요항** : 본시 수업목표를 세분화한 것
즉, 학생들이 목표 도달을 위한 세분화한 학습문제이며 교수 · 학습활동의 집약적인 표현이 되게 기술

★ **교수 · 학습 활동** : 지도방법 및 전략임

○ 빨리 읽어보고 예측한 내용과 비교하기(학습요항의 문제를 세분화한 활동을 기술)

· 이야기글 빨리 읽기(○의 활동을 더 작게 세분화한 교수활동이나 학생 활동을 기록하거나 교수활동은 교사의 발문을 기술해도 됨)

· 예측한 내용과 비교하기

– (·의 활동에 대한 학생들의 예상 응답 내용을 기록)

★ **도입 단계** : 학습문제 도출을 위한 워밍업, 학습문제 도출, 학습방법 분석,주의할 점 등

★ **정리 단계** : 본시 목표와 관련내용 정리 및 확인, 알게 된 점 요약, 적용 및 일반화, 차시예고

(4) 국어과 교수·학습안 예시[1]

국어과 교수·학습안

단원(차시)	학습주제	학반	학생	지도일시(장소)	적용모형
5. 무엇이 중요할까? (3/10) 영역 : 읽기	○ 중요한 내용을 생각하며 글 읽기	2-3	남 11명 여 12명 계 24명	2014. 4. 25(수) 4교시 (2-3 교실)	문제해결 학습

① 교수·학습안

학습 목표		
학습 목표	교과목표	○ 글을 읽고 중요한 내용을 찾을 수 있다.
	창의·인성 목표	○ 창의 : 글을 읽고 중요한 내용을 형태분석법을 이용하여 찾아 정리할 수 있다. ○ 인성 : 모둠활동에서 서로의 생각을 존중하는 태도를 지닌다.

단계	학습 요항 (분)	교수·학습 활동	□ 자료 ※유의점 ⊘평가 ☆창의성 ♡인성
문제 확인 하기	시 읽고 의견 찾기	○ [1]을 읽고 글쓴이의 의견 찾기 ·시를 읽고 시에서 글쓴이가 하고 싶은 말이 무엇인지 말해 봅시다. – 시험이 싫다는 내용입니다. – 시험을 치지 말자는 내용입니다. 등	[1] '시험' 학생시 ☆논리/분석적 사고 ♡ 흥미/호기심 흥미 있는 시를 통해 글쓴이의 의견을 찾아봄으로서 논리, 분석적 사고를 형성하고 학습의 호기심을 일으킨다.
	공부할 문제 확인 (5′)	○공부할 문제 확인하기 ♣ 글을 읽고 중요한 내용을 찾아봅시다. ○공부할 차례 알아보기 (활동1) 글 읽기 (활동2) 중요한 내용 찾기 (활동3) 중요한 내용 정리하기	
	예측하기 글 읽기	○[2]를 보고 예측하기 ·사진을 보고 어떤 내용일지 예측해 봅시다. – 동물들의 잠에 대한 내용인 것 같습니다. – 동물들이 사는 곳에 대한 내용인 것 같습니다. 등 ○내용 파악하며 읽기 ·어떤 내용인지, 무엇에 대한 설명인지 생각하며 '동물들은	[2] 실물화상기 (교과서 100쪽, 101쪽 삽화) ☆ 유창성

1) 지금부터 제시되는 교과별 교수·학습안은 하나의 예시자료이지 반드시 여기에서 나오는 형태로 작성을 해야 하는 것은 아님을 밝혀둔다.

단계	학습 요항 (분)	교수 · 학습 활동	□ 자료 ※유의점 ⊘평가 ☆창의성 ♡인성
	(7 ′)	어떻게 잘까요?'를 읽어 봅시다. – 예측한 내용을 떠올리며 소리 내어 읽는다. · 읽은 글에 대해서 질문을 만들어 짝과 주고받아 봅시다. – 질문을 만들어 짝과 주고받아 본다.	자료를 보며 자신의 생각을 펼치는 활동을 한다. ※ 저학년임을 고려하여 음독함으로써 읽는 속도와 자세히 읽기를 실현한다.
문제 해결 방법 찾기	중요한 내용 찾는 방법 알기 (5 ′)	○중요한 내용 찾는 방법 떠올리기(3활용) · 글을 읽을 때 무엇이 중요한 내용인지 떠올려 말해 봅시다. - 무엇에 대한 설명인지 찾아봅니다. - 어떤 설명을 하고 있는지 찾아봅니다. 등 · 중요한 내용을 찾는 순서는 어떻게 되는지 말해 봅시다. - '읽으면서 밑줄 긋기'→ '짝과 비교하기'→'중요한 부분에 대해 생각나누기'입니다.	3 전시학습에서 정리한 중요한 내용 찾는 방법이 제시된 PPT ※ 학생들이 어려워할 경우 학습장을 보도록 하여 전시학습 내용을 상기시킨다.
문제 해결 하기	글 다시 읽고 밑줄 긋기 (3 ′)	○중요한 내용에 밑줄 긋기 · 어떤 내용이 중요한지, 무엇에 대한 설명인지를 생각하며 '동물들은 어떻게 잘까요?'를 읽어 봅시다. – 중요한 내용이라고 생각되는 부분에 줄을 그으며 글을 읽는다.	※ 묵독을 하며 자기가 중요하다고 생각되는 부분에 줄을 그어가며 글을 읽도록 요구하여 읽는 목적을 상기시킨다.
	중요한 내용 비교하기 (5 ′)	○'동물들은 어떻게 잘까요?'를 읽고 중요한 내용 비교하기 · 내가 생각하는 중요한 부분을 짝이 중요하다고 생각하는 부분과 비교해 보고 서로 생각을 나누어 봅시다. – 어떤 동물들의 자는 모습이 나오는지가 중요한 내용입니다. – 어떤 모습으로 자는지가 중요합니다. – 왜 그렇게 자는지가 중요한 내용입니다. 등	☆ 비판적 사고 ♡ 소유 '형태분석법'을 통해 글을 분석하여 중요한 내용을 찾아보는 활동을 하고, 짝과 생각을 나누면서 짝의 의견도 존중하는 소유의 개념을 인식시킨다.
	중요한 내용 정리하기 (7 ′)	○글을 읽고 중요한 내용 정리하기 · 짝과 비교해서 찾은 중요한 내용을 학습장에 정리해 봅시다. - 중요한 내용을 학습장에 정리한다. (부진학생 4제공)	⊘창의성,인성 활동과정을 관찰하여 평가에 반영한다. 4 교과서 103쪽 정리표

<table>
<tr><th>단계</th><th>학습 요항
(분)</th><th>교수 · 학습 활동</th><th>☐ 자료 ※유의점
⊘평가 ☆창의성
♡인성</th></tr>
<tr><td></td><td></td><td>
<table>
<tr><th>대상</th><th>어떤 모습으로 자나요?</th><th>왜 그렇게 자나요?</th></tr>
<tr><td>황새</td><td>한쪽 다리로 서서 부리를 깃털 사이에 파묻고 잔다.</td><td>몸의 열이 빠져나가는 것을 막기 위해서</td></tr>
<tr><td>기린</td><td>서서 꾸벅꾸벅 조는 듯 잔다.</td><td>적이 나타나면 빨리 도망갈 수 있기 위해서</td></tr>
</table>
</td><td>※ 학습장에 스스로 정리하도록 유도하고 정리를 힘들어 하는 학생에게 [4]를 제공하여 수준별 학습한다.
⊘교과
학습장을 수거하여 중요한 내용을 정리한 것을 평가 자료로 활용한다.</td></tr>
<tr><td>일반
화하
기</td><td>나는
어떻게
잘까?
(5′)</td><td>○중요한 내용 넣어 설명하는 말하기
· 내가 자는 모습을 중요한 내용만 간추려서 모둠원들에게 설명해 봅시다.
– 자신이 자는 모습을 모둠에서 발표하고 모둠원들의 의견을 들어본다.</td><td>※ 사고의 확장을 통해 설명하는 언어사용의 필요성을 느끼도록 하여 차시와 연계되도록 한다.</td></tr>
<tr><td>일반
화하
기</td><td>생각
다지기
(3′)</td><td>○중요한 내용을 찾는 방법에 대한 생각 다지기
· 글을 읽고 중요한 내용은 어떻게 찾는지 말해 봅시다.([4] 재활용)
– 글을 읽으면서 중요하다고 생각되는 부분에 밑줄을 긋습니다.
– 밑줄 그은 부분을 다른 사람과 비교하고 이야기 해 봅니다.
– 무엇에 대한 글인지, 누가 무엇을 하였는지에 대해서 생각해 봅니다. 등

○ 과제제시하기([5]활용)
· 우리가 생활하면서 무언가를 설명하는 글을 읽고 그 글에서 중요한 내용을 찾아 정리해봅시다.
– 제품 설명서, 곤충도감 등 설명하는 글 형태를 읽고 간단하게 중요한 내용을 정리하여 과제제출방에 기록한다.

○ 차시예고하기
· 다음 시간에는 우리가 읽었던 설명하는 글은 어떻게 쓰는지 그 방법에 대해서 알아봅시다.</td><td>※ 학습 문제와 관련지어 글을 읽으면서 중요한 내용을 찾는 방법과 인터넷 등 생활에서의 활용에 대해 강조한다.

[5]학급홈페이지 과제제출방
(http://www.gyodae.es.kr/minihome/index.asp?CafeUrl=cafe_gyodae120203)

※ 본 학습과 관련지어 차시예고 함으로써 차시학습의 유추를 돕는다.</td></tr>
</table>

② 평가 계획

평가 영역	평가 관점	평가 척도			평가방법
		잘함	보통	미흡	
		3	2	1	
교과	글을 읽고 중요한 내용을 찾을 수 있는가?				학습장 분석
창의성	형태분석법을 이용하여 중요한 내용을 찾아 정리하는가?				학습장 분석 관찰법
인성	서로의 생각을 존중하는 태도를 보이는가?				

3. 교수매체

1) 교수매체의 개념

교수매체(Instructional Media)는 교수 · 학습이라는 전달과정에서 학습내용을 통신자 사이에 전달하는 수단으로서, 수업목표 달성을 위해 필요한 인적 · 물적 자원을 모두 포함하여 이들의 계획, 활용의 방법론적인 것까지를 포함한 수업자원의 의미로 정의할 수 있다.

대표적인 교수매체는 TV, 라디오, VTR, 컴퓨터 등의 하드웨어와 필름, 녹음테이프, 컴퓨터 프로그램 등의 소프트웨어를 포함하여 시청각적 또는 언어적 정보를 전달하는데 사용되는 시청각 기재나 시청각 교재를 의미한다.

일반적으로 교수매체는 교재와 교구로 구성되는 교재는 교수 자료라고 불리며, 교수 · 학습을 위한 각종 자료로서, 소프트웨어적인 측면이 강하며, 학습자에게 전달되는 정보와 지식을 직접적으로 담고 있는 물리적인 영역인 반면에, 교구는 하드웨어적인 측면이 강하며 교재를 다양하게 사용할 수 있는 도구적인 영역이라 할 수 있다(유구종, 강병재, 2005).

이상의 내용을 정리하면 교수매체는 수업목표 달성을 위해 교수활동에 필요한 일련의 사항을 학습자들에게 조직적으로 전달하기 위해 사용하는 인적 자원, 물적 자원, 수업 자원을 포함하는 교사와 학습자 간의 커뮤니케이션을 도와주는 매개체라고 정의할 수 있다.

2) 교수매체의 특성 및 기능

(1) 교수매체의 특성

일반적으로 교수매체가 갖는 특성으로는 크게 학습, 의사소통 촉진, 흥미유발, 학습자의 적극적 학습활동, 공통된 경험 제공, 수업기법 개발 등으로 정리할 수 있다(신재한, 2011).

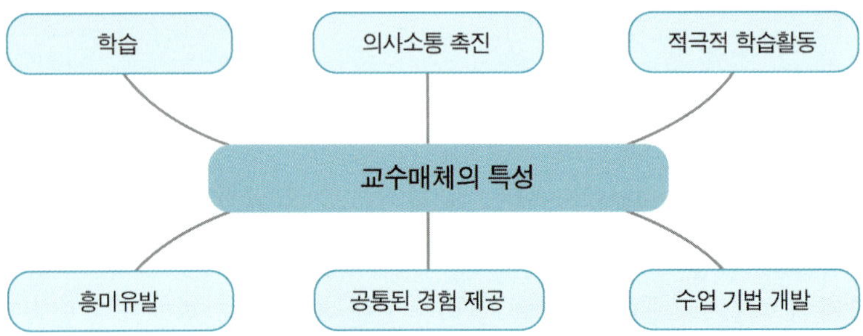

그림 7-4 교수매체의 특성

교수매체를 통해 새로운 정보를 쉽게 접하게 됨으로써 자연스럽게 학습할 수 있고, 정보를 갖고 있는 사람이 정보가 필요한 사람에게 정보를 제공함으로써 의사소통을 촉진하며, 학습자 스스로 사고를 전개할 수 있는 기회를 제공하여 적극적 학습활동을 통해 학습효과를 높일 수 있는 특징이 있다. 또한, 시청각적인 자료를 통한 메시지는 학습자들의 흥미를 유발하고, 학급에서의 개인차를 극복하여 학생들에게 공통된 경험을 제공하며, 교사는 교수매체의 활용에 따라서 다양한 수업기법 개발이 가능하다는 특징이 있다.

(2) 교수매체의 기능

교수매체는 수업과 학습을 위해 오랫동안 사용되어 왔는데 초기에는 주로 교사 중심의 수업에서 수업을 보조하고 지원하는 비디오 슬라이드, 그림 자료 등 보조 자료의 역할이 중심을 이루었다면, 요즈음은 인터넷, 멀티미디어 백과사전 등 학습자 스스로 필요한 정보를 찾고 정리하는 학습자 중심의 도구로 바뀌고 있다(설양환 외, 2002).

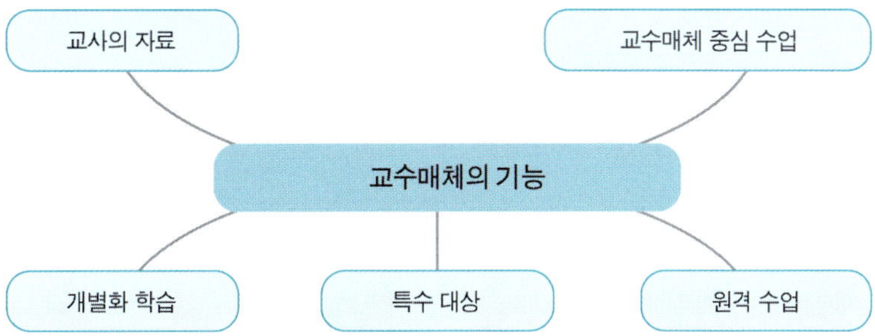

그림 7-5 교수매체의 기능

교수매체의 기능은 첫째, 교사의 자료이다. 교사 중심의 수업에서 교사가 수업을 진행하면서 각종 매체를 보조자료로 사용할 수 있다. 둘째, 교수매체 중심의 수업이 가능하다. 교사가 없는 상황에서도 인터넷, CAI 등의 매체와 학생이 상호작용을 통해 교수·학습이 가능하다는 점이다. 셋째, 개별화 학습이 가능하다. 인터넷, 스마트폰 등이 다양한 정보를 담고 있어 개별 학생의 흥미와 적성 등에 따라서 개별학습이 가능하다는 점이다. 넷째, 특수한 대상이나 목적을 위한 수업이 가능하다는 점이다. 예를 들면 유아교육이나 특수교육에서 지능이 부족한 학생을 위해서 CAI 등의 개별처방 프로그램을 활용한다면 효과적인 학습이 가능하다는 점이다. 다섯째, 원격 교육을 통해 교수자와 학습자가 멀리 떨어져 있어도 교수·학습이 가능하다는 점이다. 화상통화, 화상강의, 인터넷 강의 등을 통해 지역적·시간적인 제한점을 해결하여 언제 어디서나 개별적으로 학습할 수 있게 된다.

3) 교수매체의 선정

효과적인 수업을 위하여 교수매체를 선정할 경우 학습자 특성, 수업 상황, 학습목표와 내용, 매체 속성과 기능, 수업 장소와 시설, 실용적 요인 등을 그림 7-6 과 같이 고려해야 한다.

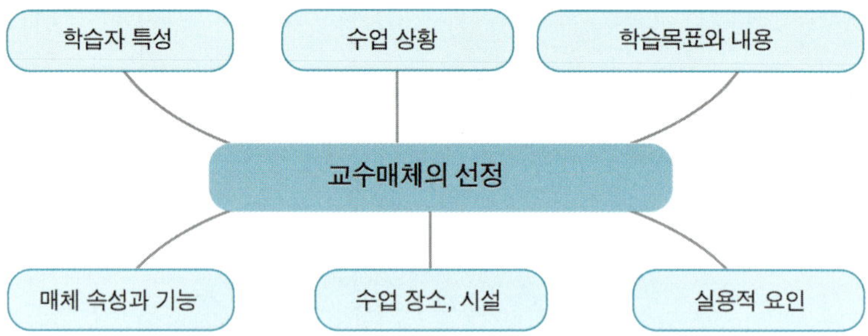

그림 7-6 교수매체 선정 시 고려해야 할 사항

첫째, 학습자 특성을 고려해야 한다. 학습자의 연령, 지적 수준, 적성, 태도 등을 고려해야 하고, 교수자의 매체에 대한 태도나 사용능력 등도 고려되어야 한다.

둘째, 수업 상황을 고려해야 한다. 수업의 상황이 대집단 또는 소집단 수업, 교사 중심 또는 학습자 중심, 설명식 수업 또는 탐구식 및 발견식 수업 등의 교수 전략에 따라서 교수매체를 다르게 선정해야 한다.

셋째, 학습목표와 내용을 고려해야 한다. 인지적, 정의적, 운동 기능적 영역 등을 고려하여 인지적 기능 목표에는 그림이나 슬라이드를 사용하고 정의적 영역의 목표에는 TV나 비디오 같은 시청각 매체를 활용하여 관찰학습이 가능하도록 해야 한다.

넷째, 매체의 속성과 기능을 고려해야 한다. 수업 상황과 내용에 적합한 매체를 선택하기 위해서는 매체의 속성인 시각, 청각, 시청각, 동작, 크기, 색채 등을 고려해야 한다.

다섯째, 수업 장소와 시설을 고려해야 한다. 매체를 효율적으로 활용할 수 있는 수업 장소와 수업 장소 내에 시설 여부를 고려해야 한다.

여섯째, 실용적 요인을 고려해야 한다. 매체 선정에 영향을 미치는 실질적인 제한 요인인 이용 가능성, 시간, 난이도, 비용 등을 충분히 고려해야 한다.

교수매체를 선정하는 방법에는 그림 7-7 과 같이 크게 세 가지가 있다.

첫째, 이미 만들어진 기존 자료 중에 적합한 것을 골라 사용하는 방법이 있다. 이는 학습자 특성, 학습목표의 성격, 교수방법 및 학습상황에서의 시설, 환경 등을 고려하여 기존의 자료 중에서 선택하는 것을 말한다.

둘째, 적절한 기존 자료가 없을 때에는 이들 자료의 녹음내용이나 캡션 등을 재편집하여 사용하는 방법이다.

마지막으로 교재를 새로 제작하여 사용하는 방법이 있다. 학습목표에 따라 가장 효과적인 방법을 선택하거나 여러 방법을 함께 사용할 수 있다.

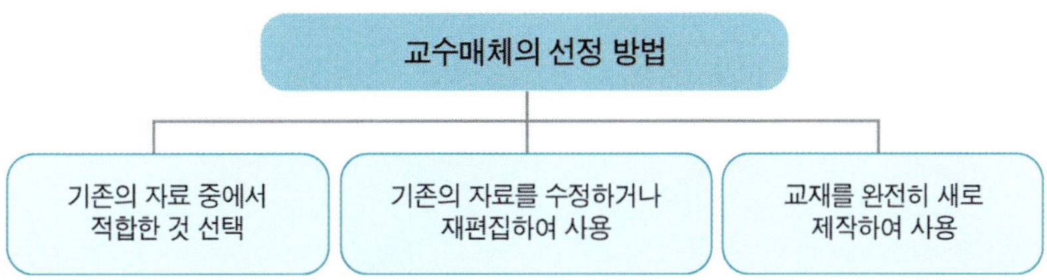

그림 7-7 교수매체의 선정방법

4) 교수매체의 이론과 모형

교수매체를 선택 · 개발 · 활용하는 데 근거가 되는 이론은 교수 · 학습이론으로 크게 행동주의, 인지주의, 구성주의의 세 가지 관점에서 살펴볼 수 있다. 고전 모형으로 Hoban의 교육과정 시각화 이론, Dale의 경험의 원추모형, Heinich의 ASSURE모형이 교수매체를 선정 · 개발 · 활용하고자 할 때에 많이 사용되고 있다.

(1) Hoban의 교육과정 시각화 이론

Hoban(1937) 등에 의하면 교육의 목적은 지적 경험을 일반화하는 데 있으며 이를 위해 교재의 시각화가 필요하다고 주장하였다. 이러한 경험을 일반화하기 위해서는 경험과 언어를 따로 사용하는 것이 아니라, 구체적인 경험과 추상적인 언어의 자연스러운 연결을 통해 경험을 일반화시킬 수 있다고 보았다.

그림 7-8 과 같이 Hoban은 여러 종류의 시각적 교재를 구체성-추상성을 기준으로 분류하고, 이들 교재가 교육과정상에서 사용되는 경우 제공할 수 있는 학습경험과 효과를 분석하고 있다. 인간 경험의 일반화 과정을 시각화하는 데 중점을 두고 구체적인 경험을 통해 언어의 추상성을 보완할 수 있다고 주장하였다. Hoban이 제시한 교육과정 시각화 이론에서 견학이나 실물, 모형은 구체적인 매체에 속하고, 지도, 도표, 언어는 추상적인 매체에 속한다.

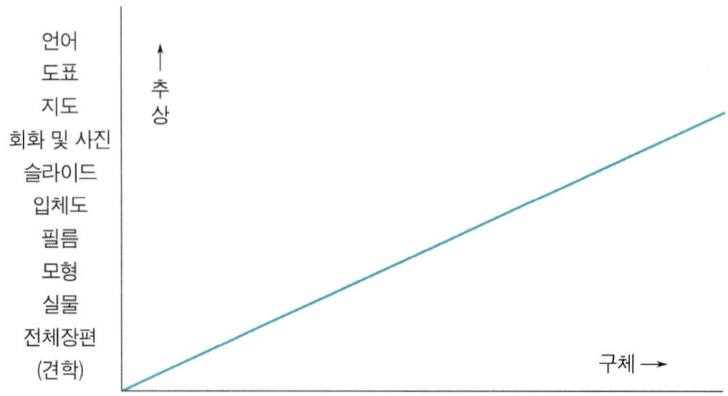

그림 7-8 Hoban의 교육과정 시각화 이론

(2) Dale의 경험의 원추모형

Dale(1969)은 학습자들이 직접 참여하는 직접적 목적적 경험(direct purposeful experience)에서 학습자들이 수동적인 입장에서 매개를 통해 관찰하는 위치로, 학습자들이 시각적인 상징을 관찰하는 추상적인 단계로 발전시켜 나가는 '경험의 원추(cone of experience)'라는 모형을 설명하였다. 이는 추상과 구체의 두 개념을 양축으로 하여 구체적인 것에서부터 추상적인 것으로 옮아가는 단계를 의미한다.

Dale의 경험 원추 이론에서 각 단계별 경험을 도식화 해보면 그림 7-9 와 같이 나타낼 수 있다.

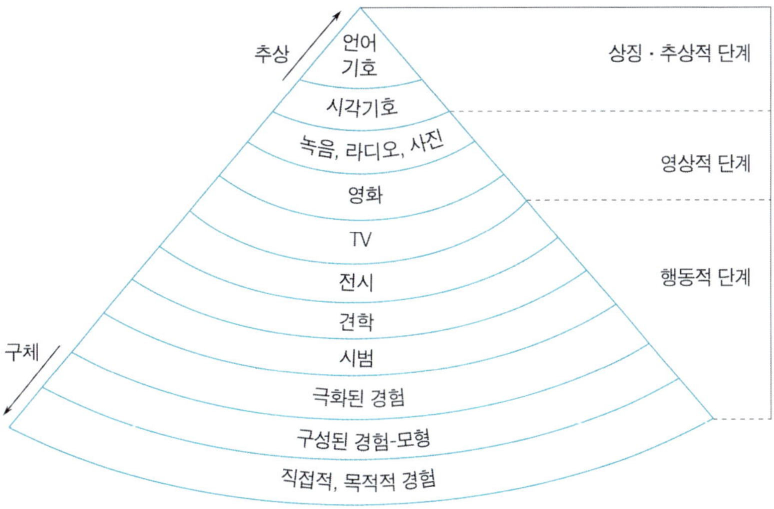

그림 7-9 Dale의 경험의 원추 모형

Dale의 경험의 원추 모형은 행위에 의한 학습, 영상을 통한 학습, 추상적 상징적 개념에 의한 학습으로 구분될 수 있으며, 이는 Bruner가 경험의 양식을 행동적 경험, 영상을 통한 경험, 상징 · 추상적 경험으로 분류한 것과 일치한다.

Dale의 경험의 원추모형에서는 시청각교재가 제공하는 구체적 경험의 정도에 따라 교재를 분류하여 원추의 하부에서 상부로 올라갈수록 추상성이 높아지고, 상부에서 하부로 내려올수록 구체성이 높아지는 방법을 택하고 있다.

(3) Heinich의 ASSURE 모형

교수매체를 효과적이고 체계적으로 활용하기 위한 절차적 모형인 ASSURE 모형에 따라서 교사가 교수매체를 선택하고 활용하면 수업목표의 달성이 매우 용이하여 교수매체를 활용하는 학습지도안을 쉽게 작성할 수 있는 실천적인 모형이다.

Heinich의 ASSURE 모형은 학습자 분석(Analyze learners), 목표 진술(State objectives), 교수방법(Select methods, media and materials), 매체 자료의 선정(Utilize materials), 학습자 참여 요구(Require learner performance), 결과 평가 및 수정(Evaluate and revise)의 첫 글자를 따면 ASSURE의 6단계 과정을 거친다.

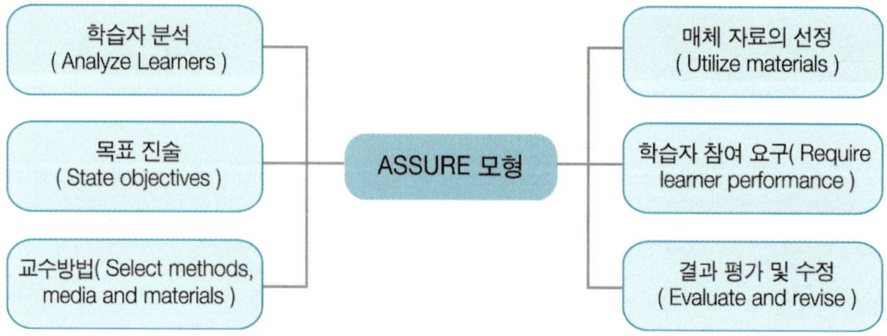

그림 7-10 Heinich의 ASSURE 모형

① **학습자 분석**(Analyze Learners)

학습자 특성은 교재의 내용 및 제시 방법, 교수매체 효과에 영향을 미친다. 학습자 분석에는 학습자의 일반적 특성, 출발점 행동, 학습 유형 등을 분석하는 일이 중요하다. 학습자의 일반적 특징은 연령, 학력, 지위, 지적 특성, 문화, 사회경제적 특성 등이 있다. 출발점 행동은 출발점 능력이라고도 하며 학습하기 전에 학습자가 가지고 있는 지식, 기능, 태도를 의미한다. 학습 유형은 개개 학습자가 어떻게 학습 환경을 인지하고 적용하며 반응하느냐에 관한 심리학적인 특징을 말한다.

② **목표 진술**(State Objectives)

가능한 자세하게 학습자가 학습을 마친 후 무엇을 할 수 있는가 목표를 진술하는 것이다. 구체적 목표 진술은 교사뿐 아니라 학습자의 학습 성취에도 도움을 준다.

③ **교수방법**(Select Methods, Media and Material)

주어진 학습 과제를 해결하기 위한 적당한 교수방법을 결정하고, 교수방법을 수행하는 데 알맞은 매체의 유형과 가장 알맞은 특정 자료를 선택, 수정, 설계 또는 제작하여야 한다.

④ **매체와 자료의 활용**(Utilize Media and Material)

교수매체를 활용하는 교실환경을 정비하고, 학습자에게 사용할 교수매체에 대한 사전 정보, 촬영 기법이나 주요 용어에 대한 설명을 사전에 제공하며, 교사는 의사소통능력을 발휘하여 자료를 제시하도록 한다.

⑤ 학습자 참여 요구(Require Learner Participation)

학습은 내용을 일방적으로 학습자에게 전달하는 것이 아니라 학습자가 학습과정에 능동적으로 참여할 때 보다 큰 효과를 낼 수 있다. 따라서 교사는 학습자가 즉각적인 필기, 언어 반응을 할 수 있도록 즉각적인 질문을 하거나 학습자가 보거나 들은 것을 활동이나 기술과 관련하도록 요구를 해야 한다.

⑥ 결과 평가 및 수정(Evaluate and Revise)

교수활동이 끝나면 이에 대한 효과를 평가해야 하는데 성취도 평가, 매체와 방법 평가, 교수・학습 과정 평가로 나뉜다. 성취도 평가는 학습자의 목표 도달 정도를 평가하는 것이고, 매체와 방법 평가는 투입된 교수자료의 효과성, 비용의 효과성, 소요 시간의 적절성 등을 평가하는 것이다. 교수・학습과정 평가는 수업 전의 학습자의 출발 전 행동 파악, 수업 중 학습자의 능력과 자료의 적절성, 교수・학습 곤란도, 평가의 적절성 등을 평가하는 것이다.

⑦ 교수매체의 종류

교수매체의 종류는 매우 많기 때문에, 그중에서도 가장 많이 사용하는 교수매체 비영사 시각매체, 영사 시각매체, 동화영사-영화, 청각매체, 방송매체, 컴퓨터 매체 등으로 분류하면 그림 7-11 과 같다.

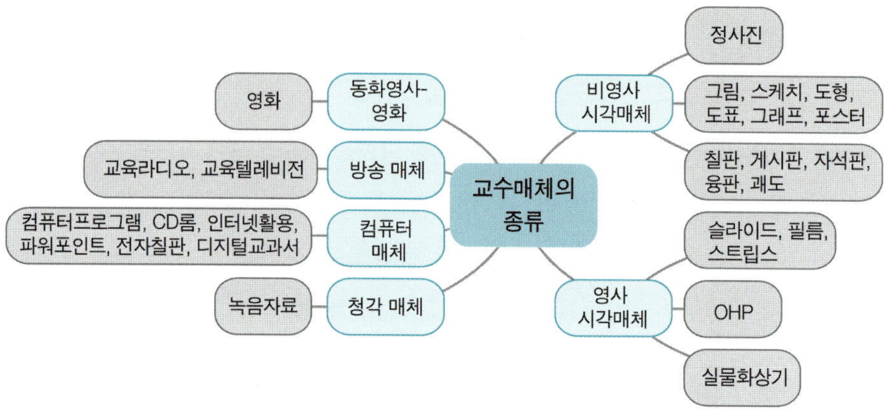

그림 7-11 교수매체의 종류

가. 비영사 시각매체

비영사 시각매체는 확대 투영하는 것 없이 있는 그대로를 보여주는 정사진, 그래픽 자료, 전시 및 시범자료 등으로 분류할 수 있다. 정사진(still pictures)은 가격이 저렴하고 사실성이 높은 장점이 있어 인물, 장소, 사물 등을 사진 등을 통해 보여준다. 그래픽 자료(grapic materials)에는 그림, 스케치, 도형, 도표, 그래프, 포스터 등이 있으며 대상을 비교적 자세하게 보여주는 장점이 있다. 전시 및 시범자료(display and demonstration)에는 칠판, 게시판, 자석판, 융판, 괘도 등이 있다. 이 중에서도 칠판은 현재 모든 교실에 설치되어 있어 준비 없이 사용할 수 있고, 가격이 저렴하고 관리가 용이한 장점이 있다.

나. 영사 시각매체

동적 표현이 없는 정지된 화면을 확대 투영하는 것으로 슬라이드, OHP, 실물화상기 등이 있다. 슬라이드(slide)는 각각의 사진을 하나씩 별개의 것으로 보여주며, 필름 스트립스(film strips)는 여러 개의 사진이 연결되어 있어 연속하여 보여준다. OHP(Over Head Project)는 투시환등기라고도 하는데 투명지(TP: Transparency)를 OHP 위에 올려놓고 설명하는 것을 말한다. 실물화상기는 불투명 환등기라고도 하는데 교과서 삽화, 사진, 실물 등의 불투명체를 스크린이나 TV화면 등에 확대 · 축소하여 제시할 수 있다.

다. 동화영사-영화

영화란 필름에 촬영된 사진과 녹음된 사운드 트랙을 영사기를 통해 영상을 확대영사하고 녹음을 재생시켜 주는 시청각적인 매체이다. 주의집중에는 효과가 크지만 경비가 많이 든다는 단점이 있다.

라. 청각매체

녹음 자료는 반복 재생이 용이해서 시간적 · 공간적 제한을 극복하는 장점이 있다.

마. 방송매체

방송매체는 교육 라디오(ER: Educational Radio), 교육 텔레비전(ETV: Education Television)이 대표적이다. 대량 전달매체로 불특정 다수에게 동시에 빠르게 전달할 수 있어 경제성이 있으나, 제작 시간과 비용이 많이 소모되는 단점이 있다.

바. 컴퓨터 매체

최근 가장 활발하게 많이 활용되는 교수매체이다. 컴퓨터 도구를 사용하여 수업에 활용하는 것으로 컴퓨터 프로그램, CD롬, 인터넷을 활용할 수도 있다. 파워포인트는 프로젝트를 이용하여 텍스트, 동영상, 소리, 그림, 그래프 등을 대형 스크린에 투사할 수 있다. 전자칠판은 컴퓨터와 연결된 보드 위에 특별히 제작된 펜으로 수업내용을 판서하고 대형 스크린을 통해 보여주는 시스템이다. 디지털 교과서는 기존의 교과서가 갖고 있는 '교육내용의 전달'이라는 교과서의 기능과 역할을 모두 갖고 있으면서 부가적으로 전자적인 요소를 적용하여 제작된 교재라고 볼 수 있다.

참고문헌

강이철(2000). 코스웨어 설계를 위한 교육공학의 이론과 실제. 서울: 학지사.

권낙원, 최화숙(2010). 현장 교사를 위한 수업모형. 서울: 동문사.

김경희, 조연순(2008). 문제중심학습(PBL)의 수업 단계별 학습활동과 교육적 의미 탐색. 초등교육연구, 21(1), 269-296.

김순택(1978). 수업모형. 서울: 배영사.

김호권(1985). 학교 학습의 탐구. 경기: 교육과학사.

대구교육대학교대구부설초등학교(2012). 2012 수업실습 I : 스승의 길을 걷기 위하여. 대구: 창신출판사.

박성익 외(2003). 교육방법의 공학적 이해. 경기: 교육과학사.

변영계, 이상수(2003). 수업설계. 서울: 학지사.

설양환 외(2002). 교육공학과 교수매체. 서울: 피어슨 에듀케이션 코리아.

신재한(2011). 교육방법 및 공학 이론과 실제. 서울: 태영출판사.

유구종, 강병재(2005). 교육방법 및 공학. 서울: 창지사.

임철일 외(2010). 초등학교 초임 교사를 위한 교수 체제 설계 모형의 개발 연구. 교육공학연구, 26(4), 121-147.

장명덕(2006). 초등 예비교사들의 과학 수업지도안 작성 전략 분석. 초등과학교육, 25(2), 191-205.

정한호(2011). 수업지도안 작성에 대한 초임교사들의 인식 분석. 한국교육, 38(2), 29-53.

Bruner, J. S. (1966). *Toward a theory of instruction*. Cambridge: Harvard University Press.

Cole, P. G., & Chan, K. S. (1987). *Teaching principles and practice*. New York: Prentice-Hall.

Dale, E. (1969). *Audiovisual methods in teaching*(3rd ed). New York: Holt. Rinehart & Winston.

Eggen, P. D., & Kauchak, D. P. (1988). *Learning and teaching*. MA: Allyn & Bacon.

Flanders, N. A. (1970). *Analyzing teaching behavior*. Phillippines: Addison-Wesley Publishing Company, Inc.

Glaser, R. (1976). Components of a psychology of instruction: Toward a science of design. *Review of educational research, 46*, 1-24.

Heinich, R., Molenda, M., Russell, J. D., & Smaldino, S. E. (1999). *Instructional media and technologies for learning*. Upper Saddler River, NJ: Prentice Hall.

Joyce, B., Weil, M., Calhoun, E. (2004). *Models of teaching*(7th ed.). Boston: Allyn and Bacon. 박인우 외 공역(2005). 교수모형 7판. 서울: 아카데미프레스.

Merrill, M. D. (2002). First principles of instruction. *Educational technology research & development, 50*(3), 43-59.

Silber, K. H. (2007). A principle based model of instructional design. *Educational technology, 47*(5), 5-19.

그동안 경쟁을 위한 도구로서의 교육평가 기능이 강조되면서 교육평가에 대한 부정적인 시각이 존재해온 것이 사실이다. 그러나 교육의 성과를 점검하고 그 결과를 바탕으로 하여 교육의 질을 높이기 위해서는 평가가 적절하게 이루어져야 한다. 교육평가는 교육의 성과 점검뿐만 아니라 교육의 방향과 방법을 결정함에 있어 중요한 정보를 제공해주는 핵심적인 영역이다. 교육평가는 학교교육에서 필수불가결한 요소이며 21세기 핵심역량이 강조되면서 새로운 평가 방법의 활용이 강조되고 있기에 교사가 되기 위해서는 관련 지식이 필수적이다. 교육평가 본연의 기능을 살려 교육에 이바지하기 위해서는 교육평가의 의미를 정확히 이해하고 상황에 맞는 정확한 방법을 적용하는 능력을 키우는 것이 필요하다. 그에 따라 교육평가의 여러 개념과 방법을 정확히 이해함으로써 학생들을 상황에 따라 정확한 방법을 평가하는 방법을 배우는 것이 이 장의 목적이다.

Chapter 08

교육평가의 이해

Chapter 08 교육평가의 이해

1. 교육평가의 개념

1) 교육평가의 정의

Ralph W. Tyler(1902-1994)

평가(evaluation)를 일정한 기준이나 준거를 바탕으로 대상의 가치, 장점, 중요성 등에 대해 판단을 내리는 체계적 행위로 정의한다면, 교육평가는 교육의 과정에서 가치판단을 위한 의사결정을 목적으로 행하는 평가라 할 수 있다. 교육평가라는 용어를 처음으로 사용한 Tyler는 교육평가에 대해 "교육과 수업활동을 통해 구현된 교육목표에 대한 판단 과정"이라는 가치판단론적 정의를 내렸으며(Tyler, 1951), Cronbach(1984)는 "교육 프로그램을 위한 의사결정에 필요한 정보 수집과 처리의 과정"으로 교육평가를 정의했다.

Lee J. Cronbach (1916-2001)

교육평가의 정의를 교육 프로그램에 대한 의사결정을 위하여 정보를 사용하거나 수집하는 과정이라고 한다면, 평가 대상의 가능한 정보를 수집하여 교육적 의사결정을 하거나 이를 도와주는 것을 교육평가의 목적이라 할 수 있다(성태제, 2010). 교육평가는 다양한 역할을 수행하는데, 학업 성취 정도의 확인, 학습의 곤란한 점 파악, 교육의 질 향상, 교육과정과 교수·학습 프로그램 및 교육자료 등의 개선, 정책 구안이나 의사결정을 위한 기초 제공 등이 주요 기능이다. 교실 현장에서 학생들을 대상으로 빈번히 행해지는 교육평가, 즉 학생평가의 본질적 기능은 학생의 학업 성취를 평가하여 평가 정보를 학생, 교사, 학부모 등 관련 대상자들에게 제공함으로써 그들의 교육적 노력 및 의사결정을 도와주는 데 있다.

교육평가는 교육과 관련된 모든 것에 대한 자료를 체계적이고 과학적으로 수집하여 장단점과 특징을 전문적으로 판단하는 주관적 행위라 하였다. 이때 수집하는 자료에 따라 교육평가를 양적 평가와 질적 평가로 구분한다(성태제, 2010). 검사와 측정에 의해 객관적 자료를 수집하는 평가를 양적 평가라고 한다. 양적 평가가 지닌 과학성과 정밀성에도 불구하고 양적 평가는 평가 대상을 전체적으로 조망하지 못하여 심층적으로 평가하지 못한다는 제한점이 지적되면서 관찰에 의하여 인간의 특성을 기술하는 평가방법이 대두되었다. 관찰이나 면접 등에 의하여 기술한 평가방법을 질적 평가라고 한다. 질적 평가는 평가자의 주관적 판단, 즉 전문성에 의존하며 문화인류학적 접근방법을 주로 사용한다. 질적 평가를 통해 평가 대상에 대한 전반적인 판단은 용이하게 내릴 수 있으나 평가자의 주관이 개입될 소지가 크며, 평가결과를 일반화하는 데 제한점이 따른다. 그러므로 양적 평가와 질적 평가가 상호보완적으로 이루어질 때 평가의 효과를 극대화할 수 있다.

2) 관련 용어

교육평가의 개념을 보다 명확하게 이해하기 위하여 평가와 관련된 주요 개념이면서 때로 평가와 호환적으로 사용되기도 하는 측정, 검사, 총평의 의미를 살펴볼 필요가 있다. 먼저, 측정(measurement)이란 평가의 일부분으로 볼 수 있으며, 일정한 기준을 가지고 사물의 특성 또는 현상을 수량화하는 행위를 말한다. 예를 들어, 학생들의 국어 능력 평가의 근거가 되는 양적 자료를 얻기 위해 국어 능력 검사를 치른 뒤 일정한 규칙에 따라 점수를 산출한다면 이는 학생들의 국어 능력을 양적으로 표현한 것으로 측정에 해당된다. 측정의 대상은 직접 측정이 가능한 것과 직접 측정이 불가능하여 간접 측정만이 가능한 것으로 구분된다. 예를 들어, 길이나 무게 등은 겉으로 드러나는 속성이어서 직접 측정이 가능하지만 인간이 지니고 있는 비가시적이고 잠재적인 속성은 직접 측정이 불가능하고 간접 측정만 가능하다. 지능, 성격, 흥미, 태도, 자아개념, 학업성취도 등 인간의 내면에 잠재해 있는 능력이나 특성을 간접적으로 측정하기 위해서는 검사라는 도구를 사용하여 측정하여야 한다.

이와 같이 인간에 내재된 잠재적 속성을 간접적으로 측정하기 위해 사용하는 도구나 그 과정을 검사(test)라 한다. 인간의 인지적, 정의적, 심동적 특성을 측정하기 위하여 다양한 검사들이 개발되어 사용되고 있다. 누가 사용하더라도 검사의 실시과정과 결과 해석이 동일하도록 표준화함으로써 대규모 시행에 유리한 검사를 표준화 검사라 하며 지능검사, 학업성취도 검사 등에서 널리 활용되고 있다. 또한 검사시간을 제한함으로써 정해진 검사시간 내에 얼마나 많은 문항의 답을 맞혔는지 평가하는 속도검사와 달리 학생이 시간에 구애받지 않고 자신의 역량을 최대한 발휘할 수 있도록 하는 검사를 역량검사라 한다. 물론 학생평가 시 실제 시간을 무한정 줄 수는 없지만, 가급적 역량을 갖춘 학생이면 시간이 부족해서 풀지 못한 경우가 없도록 충분한 시간을 부여하는 역량검사를 지향하는 것이 바람직하다.

앞에서 살펴본 것처럼 의사결정을 위한 가치 판단의 행위로 평가를 정의할 때 검사를 이용한 간접 측정을 하나로 평가가 이루어질 수도 있지만 다양한 평가방법을 이용하여 종합적으로 이루어질 수도 있다. 이렇게 종합적인 방법으로 이루어지는 평가를 총평(assessment)이라 하며 ‘전인적 평가’라고 불리기도 한다. 총평을 위해서는 측정을 바탕으로 하는 양적 평가뿐만 아니라 질적 평가도 중요한 자료를 제공한다.

표 8-1 측정, 검사, 총평 비교

구분	검사	측정	총평
정의	간접 측정을 위한 도구나 과정	양적 평가를 위한 수량화 작업	다양한 평가 방법을 이용한 종합적 평가
특징	표준화 검사의 활용	직접 측정과 간접 측정으로 구분	양적, 질적 평가를 포괄하는 전인적 평가
관계		≤	≤

2. 교육평가의 유형

1) 결과 해석의 기준에 따른 구분

평가는 결과 해석의 기준으로 무엇을 참조하느냐에 따라 규준참조평가, 준거참조평가, 능력참조평가, 성장참조평가 등으로 나눌 수 있다. 규준참조평가(norm-referenced evaluation)는 개인이 얻은 평가 결과를 규준 집단에 빗대어 해석하는 평가를 말한다. 대표적인 규준참조평가로 지능검사를 들 수 있다. 지능검사는 대체로 규준집단의 평균을 100, 표준편차를 15로 하여 척도를 구성하므로 이를 이용하여 개인의 지능지수를 해석할 수 있다. 예를 들어 어느 개인의 지능지수가 115라면 규준집단에서 평균보다 1표준편차만큼 높은 수준의 지능이라는 의미이며, 정규분포를 가정한다면 대략 상위 16% 내에 속하는 수준이라 할 수 있다. 우리나라의 대학수학능력시험과 같이 규준집단의 척도를 유지하는 동등화 작업을 거치지 않을 경우 매번 응시자 집단이 규준집단이 되므로 오직 집단 내의 상대적 비교를 통해서만 결과를 해석할 수 있게 된다. 이에 따라 응시자들 사이에 경쟁심이 조장되어 특히 선택 과목이 존재하는 경우 본인에게 유리한 과목을 선택하기 위해 눈치를 보게 되는 등의 부정적 효과가 있다.

규준참조평가와 달리 상대적 서열이 아니라 절대적 준거에 의해 평가 결과를 해석하는 평가를 준거참조평가(criterion-referenced evaluation)라 한다. 준거(criterion)란 의사결정이나 판단의 근거가 되는 기준, 가이드라인, 규칙 등을 의미한다. 즉 준거참조평가는 특정 영역에서 일정한 수준에 도달하였다고 판단할 수 있는 등급구분점수(cut-off score)를 설정하고 이를 바탕으로 등급 도달 여부를 판단하는 평가를 말한다. 예를 들어, 의사자격시험에서 60점이 등급구분점수로 설정되었다면 60점 이상을 받은 응시자에게 의사 자격을 부여할 수 있다는 의미이다. 준거참조평가에서 전문가들의 판단을 근거로 등급구분점수를 정하는 과정을 준거설정(standard setting)이라 하며 다양한 준거설정 방법이 소개되어 있다(Cizek & Bunch, 2006).

이 밖에도 평가 결과를 해석함에 있어 응시자가 원래 지니고 있던 능력에 비추어 얼마나 최선의 노력을 다하였는지를 평가하는 능력참조평가(ability-referenced evaluation)와 교육과정을 거치면서 학생이 얼마나 성장하였는지를 평가하는 성장참조평가(growth-referenced evaluation)가 있다. 이 둘은 교육적으로 바람직한 평가방법일 수 있지만 명확히 구분하기 어려우며 학교 현장에서 적용하기에 어려움이 많다는 단점이 있다. 학생이 지니고 있는 능력을 평소에 면밀하게 파악하고 있다가 평가 시에 그 학생이 얼마나 노력을 기울였는지 판단하는 것이 능력참조평가라면 사전평가와 사후평가 간 차이를 통해 성장의 정도를 파악하고자 하는 평가가 성장참조평가다. 성장참조평가는 능력참조평가보다는 적용하기 쉬운 편이나 사전-사후평가 설계의 어려움, 천장효과 등을 고려해야 하므로 현장 적용에는 많은 어려움이 있다.

표 8-2 규준, 준거, 능력, 성장참조평가 비교

구분	규준참조평가	준거참조평가	능력참조평가	성장참조평가
결과 해석 기준	규준 집단과의 비교	절대적 준거	노력의 정도	향상도
적용의 용이성	쉬움	약간 어려움	매우 어려움	어려움

2) 평가 기능에 따른 구분

(1) 진단평가

교육의 효율성을 높이기 위해서는 학습이 시작되기 전에 학습자의 사전 학습 정도 외에 흥미, 적성, 동기 등의 정의적 특성까지도 파악할 필요가 있다. 이렇게 교수·학습을 시작하기 전 단계에서 학습자의 특성을 파악하여 적절한 수업 전략을 세우기 위해 실시하는 평가를 진단평가(diagnostic evaluation)라 한다. 진단평가를 통해 학습자가 수업에 필요한 기초 지식을 지니지 못하고 있다고 판단한다면 이전 단계의 내용을 복습하는 데에 투입하는 시간을 늘릴 수 있다. 예를 들어 분수의 연산을 학습하기 전 학습자가 자연수의 사칙연산을 할 수 있는지 먼저 점검하고 필요에 따라 학습의 내용과 수준을 조정할 수 있다. 반면 학습자의 동기나 사

전 학습 정도가 높은 수준이라면 학습의 수준을 상향 조정할 수도 있을 것이다.

미국의 낙오방지법(No Child Left Behind Act) 예에서 보듯 각국에서 모든 학생들이 기초학력을 갖도록 하기 위해 노력하면서 진단평가의 중요성이 강조되고 있다. 진단평가를 위해서는 이전 학년도의 성적이나 학생생활기록부 등을 통해 교사가 학습자의 특성을 직접 파악하는 방법도 있지만 대규모 평가 결과를 통해 학습자들의 인지 상태를 진단하게 해주는 인지진단모형(cognitive diagnosis model)도 활용할 수 있다(Rupp, Templin, & Henson, 2010). 인지진단모형은 학생들의 인지 상태를 프로파일의 형태로 보고할 수 있도록 해주는 방법으로, 예를 들면 초등학교 수학 평가에서 수의 사칙연산과 문제 해결을 위한 내용의 이해 등이 세부적인 인지 요소로 작용하고 있을 때 학생들이 어떤 요소들을 숙달하였는지를 보여줄 수 있다. 문제의 내용은 이해하고 있으나 연산능력이 떨어지는 학생은 계산력을 키우는 방향으로 학습을 유도할 수 있으며 이는 의사가 병에 대한 진단을 바탕으로 치료법을 처방하는 것과 유사하다.

(2) 형성평가

형성평가(formative evaluation)는 교수·학습이 진행되는 도중에 교수방법을 개선하기 위해 실시하는 평가를 말한다. 형성평가는 교수·학습을 개선하기 위해 실시하는 평가이므로 개인별 학습 능력에 맞춘 개인학습, 학습자의 장단점을 파악하게 해주는 송환(feedback), 학습 실패의 원인 파악, 학습동기 유발 등을 목적으로 한다. 또한 형성평가는 교사 중심의 평가이다. 즉 교수자인 교사의 판단에 따라 학습 단계별 최저 성취기준에 준하는 문항들로 평가를 구성함으로써 학생들이 어느 학습 단계에 있는지 파악하기 위해 실시한다. 따라서 형성평가를 위한 평가도구를 제작할 때에는 학습내용이나 행동 요소들이 고루 포함될 수 있도록 하는 것이 바람직하다.

(3) 총괄평가

총괄평가(summative evaluation)는 교수·학습을 마친 후 교육 목표의 달성 여부를 최종적으로 판단하기 위해 실시하는 평가를 말한다. 총괄평가는 성취 수준의 도달 여부에 대한 판정, 피험자에 대한 자격 부여, 학습자의 성취도에 대한 서열 부여 등을 목적으로 한다. 따라서 학습을 담당한 교수자보다는 교과내용 및 교육평가 전문가들이 제작한 표준화 검사를 이용하는 경우가 많으며 세부적인 목적에 따라 규준참조평가 혹은 준거참조평가를 지향할 수 있다.

표 8-3 진단평가, 형성평가, 총괄평가 비교

구분	진단평가	형성평가	총괄평가
시행 시기	학습 전	학습 중	학습 후
목적과 기능	맞춤형 학습전략 수립	교육과정 및 수업 방법 개선, 동기 부여	교육목표의 달성 여부 판단
참조 기준	절대적 준거	절대적 준거	절대적 준거 또는 상대적 비교

3. 교육평가의 절차

1) 평가도구의 개발 과정

좋은 검사를 만들려면 우선 검사의 목적이 분명히 정의되고 교육과정에서 적절히 활용되어야 하며 좋은 특성을 갖추어야 한다. 검사의 좋은 특성에는 신뢰도와 타당도 같은 측정학적 특성과 함께 양질의 검사 문항도 포함된다. 좋은 검사 문항을 만들기 위해서는 평가내용에 대한 이해와 함께 문항을 제작하는 방법에 대한 지식도 필요하다. 문항 제작은 미숙한 과학(immature science)이라는 비판도 있지만(Haladyna, 1999), 좋은 문항을 제작하기 위해서는 교육학, 심리학, 언어학, 통계학 등에 걸친 지식을 골고루 요한다. 종합적인 지식을 이용하여 평가 문항을 제작하고 검토 후 수정과정을 거쳐야 비로소 좋은 문항이 탄생하고 그런 양질의 문항을 이용하여 검사지를 구성해야 검사의 목적을 충실히 달성할 수 있게 된다.

평가를 위해 여러 가지 도구를 사용할 수 있으며 검사는 평가를 위해 사용할 수 있는 도구 중 하나이지만 평가를 위한 객관적 도구로 검사가 가장 많이 활용되므로 그 제작과정을 살펴볼 필요가 있다. 그 중에서도 대표적인 선택형 유형인 선다형 문항(multiple-choice items)의 제작을 주로 보고자 한다.

2) 문항 제작 및 평가 절차

검사 개발의 첫 단계는 목적에 맞는 검사의 종류를 정하는 것이다. 검사의 종류는 평가의 분류와 마찬가지로 분류기준에 따라 규준/준거참조검사, 진단/형성/총괄검사 등으로 나눌 수 있다. 검사의 종류에 따라 어떤 도구를 만들지가 결정된다. 예를 들어 학생의 미술 실력을 평가하고자 한다면 이론적 지식을 묻는 지필고사만으로는 부족하다. 학생의 미술 수행능력을 재는 검사가 결합되어야 비로소 미술 실력을 적절히 평가할 수 있을 것이다. 반면 재고자 하는 능력이 수리계산능력이라면 지필고사만으로도 원하는 목적을 상당 부분 달성할 수 있을 것이다. 지필고사 내에서도 재고자 하는 세부 능력이 무엇이냐에 따라 선택형 문항과 서술형 문항이 적절히 배치될 수 있다.

검사의 목적에 따라 종류와 검사도구의 형태가 정해지면 문항 작성의 과정이 시작되며, 첫 단계로 검사의 청사진 또는 상세표를 작성하게 된다. 이 검사 청사진에는 검사의 목적과 재고자 하는 능력, 각각의 검사에 대한 상대적인 가중치, 문항 수, 시행 절차, 채점방법 등이 포함된다. 문항 수는 어느 정도의 시간이 허용되는지에 따라 달라질 수 있다. 능력검사를 표방하더라도 현실적으로 시간을 무한정 허용할 수 없으므로 문항당 문제풀이 시간을 고려하여 문항 수를 결정하여야 한다. 선다형 문항은 1분당 1문항 정도가 적당하다는 견해도 있지만(Gronlund, 1988), 문항의 난이도와 측정하고자 하는 능력 등을 고려하여 달라질 수 있다. 또한 검사 청사진에는 이원분류표를 포함할 수 있다. 이 이원분류표는 전체 문항 수를 검사의 행동 영역, 내용 영역에 따라 어떻게 나눌 것인지를 보여준다.

검사의 청사진이 확정되면 다음으로 문항 상세표를 작성한다. 문항 상세표에는 문항의 난이도, 이원분류표상의 행동 및 내용 영역 등이 포함되며 이를 이용하여 문항을 작성하게 된다. 문항 작성이 완료되면 검사지를 구성하여 검사를 실시하며 경우에 따라 사전검사(pilot testing)의 과정을 거칠 수도 있다. 검사가 마무리되면 검사지의 신뢰도, 타당도 등을 점검하고 문항분석을 실시하여 검사지를 점검한다. 이때 오류가 발견되면 수정하는 과정(예를 들어 복수정답 인정)을 거치고 때에 따라 재검사가 실시될 수도 있다. 아무 이상이 발견되지 않거나 모든 오류가 수정된 후에 성적을 보고하고 검사에 대한 기술보고서(technical report) 등을 작성하면 모든 절차가 마무리된다.

목적에 맞는 검사의 종류와 형태 정하기
↓
검사의 청사진 작성
↓
문항 상세표 작성
↓
(사전검사 실시)
↓
검사도구의 신뢰도, 타당도 검증
↓
문항 분석
↓
성적 보고
↓
기술보고서(technical report) 작성

그림 8-1 문항 제작 및 평가 절차

4. 문항 제작 원리

1) 선택형 문항

선택형 문항에는 진위형, 연결형 등 여러 형태가 있지만 대표적 유형인 선다형을 중심으로 서술하면 다음과 같다. 선다형 문항의 작성 방법에 대해 Haladyna &

Downing(1989a, 1989b)은 여러 가이드라인을 분류하여 정리하고 그 타당성을 검증한 바 있다. 이 가이드라인은 그 이후의 변화를 반영하여 31개로 정리되었으며(Haladyna, Downing, & Rodriguez, 2002), 우리 교육 현장을 비추어 볼 때 가장 중요하게 고려해야 할 항목들은 다음과 같다.

① 함정 문항을 사용하지 않는다.

출제자의 의도가 무엇인지를 알아야 하는 문항, 지나치게 세부적인 사항이나 지엽적인 내용을 묻는 문항, 수업에서 가르친 것과 반대되는 내용을 묻는 문항, 정답이 여러 개인 문항, 내용이 매우 모호한 문항 등을 함정 문항이라고 부를 수 있다. 선다형 문항은 서답형과 같은 다른 문제형에 비해 함정 문항이 되기 쉬우므로 특히 주의해야 한다. 함정 문항은 학생들이 낮은 시험 성적의 원인으로 자신들의 부족한 실력 대신에 꼽는 핑계거리가 될 수 있으므로 사용하지 말아야 한다.

② 단순한 어휘를 사용한다.

단순한 어휘를 사용하라는 것이 쉬운 내용만 다루어야 한다는 의미는 아니며, 묻고자 하는 핵심적인 내용과 상관없는 부분에 지나치게 어려운 어휘가 사용되면 문항의 곤란도가 과대하게 추정될 수 있음을 뜻한다. 수학이나 과학 교과의 문항에 학년 수준에서 이해하기 어려운 어휘나 문장 구조가 사용되었을 경우 독해나 어휘능력이 개입하게 되어 재고자 하는 능력을 정확하게 재기 어렵게 된다. 특히 기초적인 독해나 어휘력에 문제가 있는 학생이 검사의 대상에 포함될 때 언어나 독해력 검사 이외의 교과 영역에서는 문항 작성 시 어휘의 선택에 더 많은 신경을 쓸 필요가 있다.

③ 문제는 부정문보다는 긍정문으로 묻는다.

부정문으로 묻는 문항이 난이도 면에서 반드시 더 어려워진다거나 더 쉬워진다거나 하는 일반적인 결론은 내리기 어렵고 부정문으로 묻는 문항에 아무런 문제가 없다는 견해도 존재하지만 많은 연구자들이 문항에 긍정문을 사용할 것을 권장한다. 문항의 내용상 부정문으로 묻는 것이 더 적절하다면(예를 들어 피해야 할 것이나 사실이 아닌 것을 알아야 할 필요가 있을 경우) 부정문을 사용하되 진한 글씨체를 사용하고 밑줄을 긋는 등의 방식으로 충분히 강조해 줄 필요가 있다.

④ 그럴듯한 오답의 수는 많을수록 좋다.

선다형 문항에서 선택지의 수로 얼마가 좋은지에 대한 여러 연구가 있었지만 아직도 합의는 도출되지 않고 있다. 일반적으로 사지선다나 오지선다형의 문항이 많이 사용되고 있지만 많은 문항에서 거의 오답지로 기능하지 못하는 선택지가 하나 이상 존재하고 있다. 문항 당 효과적으로 기능하는 오답지는 평균 하나 정도이므로 선다형 문항에서 선택지의 수는 3개 정도가 적당하다는 연구 결과도 있다. 효과적이지 못한 오답지를 개수만 맞춰 채우는 것보다는 그럴듯한 오답지를 가능한 한 많이 만들고 그에 따라 선택지의 수를 정하는 것이 좋다.

⑤ 선택지는 논리적 순서, 숫자상 순서에 따라 배열하며 내용이나 문장 구조 면에서 일관되게 유지한다.

선택지를 논리적인 순서, 낮은 수부터 높은 수 내지는 높은 수부터 낮은 수의 순서에 따라 배치하는 것은 검사지를 시각적으로 더욱 보기 좋게 만들어 준다. 그뿐만 아니라 선택지를 마구잡이로 배열하게 되면 낮은 능력의 피험자들은 문제를 푸는 데에 더욱 큰 어려움을 느끼게 된다는 연구 결과도 있다. 또한 선택지를 일관되게 유지하면 피험자들은 검사 문항이 재고자 하는 핵심 내용에 더욱 집중할 수 있게 된다.

⑥ 기타

고차원적인 학습내용을 검사하기 위해서는 새로운 자료를 활용하는 것이 좋다. 즉 단순 암기능력이 아니라 보다 고차원적인 사고능력을 재려면 교과서의 내용이나 수업에서 사용한 내용을 바꿔 써서 새롭게 보이게 만들 필요가 있다는 것이다. 또한 각 문항의 내용은 독립적으로 유지해야 한다. 어느 한 문항이 다른 문항의 정답에 대한 실마리를 제시하는 경우가 생길 수 있으므로 그런 일이 발생하지 않도록 주의를 기울여야 한다. 그리고 독해력을 묻는 문제가 아니라면 최소한 양의 읽기로 문제의 핵심을 파악할 수 있도록 신경써야 한다.

선택지의 내용은 서로 겹치지 않도록 해야 한다. 예를 들어 선택지가 "가. 60 kg 이상", "나. 70 kg 이상" 등과 같이 포괄적인 관계에 있을 때 복수의 정답이 발생하거나 오답지로서의 기능을 상실하는 등의 문제가 있을 수 있다. 그리고 문제의 정답이 눈에 잘 띄도록 만드는 것(다른 선택지에 비해 지나치게 길거나 짧은 정답지 등)은 피해야 하며 문항의 정답을 배열할 때는 일정한 패턴(예를 들어 가-나-다-라-가-나-다-라)이 반복되지 않게 하고 무작위로 배열되도록 하는 것이 바람직하다.

표 8-4 선택형 문항 제작 원리

- 함정 문항을 사용하지 않는다.
- 단순한 어휘를 사용한다.
- 문제는 부정문보다는 긍정문으로 묻는다.
- 그럴듯한 오답의 수는 많을수록 좋다.
- 선택지는 논리적 순서, 숫자상 순서에 따라 배열하며 내용이나 문장 구조면에서 일관되게 유지한다.
- 고차원적 내용을 검사하기 위해서는 새로운 자료를 활용한다.
- 각 문항의 내용은 독립적으로 유지한다.
- 선택지의 내용은 서로 겹치지 않도록 한다.
- 문제의 정답이 눈에 잘 띄도록 만들지 않는다.
- 각 문항의 정답은 무작위로 배열되도록 한다.

2) 서답형 문항

서답형에는 단답형과 논술형 등이 있으며, 논술형을 위주로 문항 제작 원리를 일부 제시하면 다음과 같다. 우선, 논술형 문항은 복잡한 내용의 인지 여부뿐만 아니라 분석이나 종합과 같은 높은 수준의 인지적 능력을 측정할 수 있도록 하여야 한다. 그리고 질문의 요지가 분명히 드러나도록 제시하되 내용이나 어휘를 피험자의 수준에 맞추어야 한다. 그리고 상반된 입장을 제시하고 그 중 하나의 입장을 지지하도록 유도하는 문항의 경우 피험자가 스스로 입장을 선택할 수 있도록 해주는 것이 좋다. 그렇다고 피험자의 선택 폭을 넓히기 위해 여러 문항 중 하나를 선택해서 답안을 작성하도록 할 경우 피험자 간 공정한 비교가 어려우므로 가급적이면 모든 피험자가 동일한 문항에 답할 수 있도록 하는 것이 좋다. 하나의 광범위한 내용을 묻는 문항 대신 상대적으로 협소한 내용을 묻는 다수의 문항으로 서답형 검사를 제작할 경우 선택형과 마찬가지로 어려운 문항을 뒤에 배치하는 편이 좋으며 각 문항의 배점을 문제지에 제시하고 응답 시간도 충분히 해줄 필요가 있다. 문항의 중요도, 난이도, 피험자의 쓰기 속도, 피로도 등을 종합적으로 고려하여 적절한 응답 시간을 결정하여야 한다. 이때 답안 작성 분량을 미리 정하여 제시해 주는 것이 좋다. 마지막으로 서답형 문항의 경우 대체로 복수의 채점자에 의해 점수가 정해지므로 명확한 채점기준을 마련하는 것이 중요하다. 문항 제작자가 문항 제작 시 예시 답안을 작성하고 채점 요소 각각에 대하여 배점을 부여하며 채점 기준을 상세화하여야 한다. 이때 감점의 조건, 부분점수 사례 등을 명확히 하는 것이 좋다.

예) 문항의 배점이 4점인 경우 채점 기준을 0, 1, 2, 3, 4 점으로 구성하고, 실제 학생의 점수가 각 배점 (0, 1, 2, 3, 4 점)에 모두 분포할 수 있도록 채점 기준과 문항을 개발하여야 한다.

5. 문항 분석과 검사이론

1) 고전검사이론

고전검사이론(classical test theory)은 피험자로부터 관찰된 점수를 진점수와 오차의 합으로 볼 수 있다는 것을 기본 전제로 한다. 고전검사이론은 주로 신뢰도와 연결되는 검사이론으로 문항 분석을 위한 방법론을 따로 발전시키지는 않았다. 따라서 고전검사이론에서는 문항 분석 방법으로 정답률이나 문항 점수와 총점 간 상관계수와 같은 고전적인 분석방법을 사용한다.

선택형 문항은 일반적으로 정답은 1, 오답은 0으로 채점하는 이분문항이 된다.

이때 문항의 난이도는 피험자 집단 전체 중 정답을 맞힌 피험자 수의 비율로 정의할 수 있다. 모든 피험자가 정답을 맞힌 문항의 난이도는 1.0이 되며 아무도 정답을 맞히지 못했을 경우 그 문항은 0.0의 난이도를 갖는다. 피험자의 절반이 정답을 맞힐 경우 그 문항은 0.5의 중간 난이도를 갖는다. 일반적으로 난이도가 0.2 이하인 문항은 매우 어려운 문항, 0.8 이상인 문항은 매우 쉬운 문항으로 분류할 수 있다. 문항의 난이도는 피험자 집단의 수준에 따라 달라질 수 있으므로 문항을 작성하거나 수정할 때에 피험자 집단의 수준 및 특성을 고려하는 것이 필요하다. 지나치게 어렵거나 쉬운 문항은 피하는 것이 좋으나 매우 높은 수준의 피험자를 좀 더 정확히 구분해야 할 필요가 있을 때나 피험자들의 불안(anxiety)을 완화해 주기 위한 목적으로 활용될 수도 있다.

문항의 변별도는 능력이 뛰어난 피험자와 능력이 낮은 피험자를 구별해 주는 문항의 특성을 의미한다. 난이도와는 달리 변별도를 위해서는 몇 가지의 지수를 활용할 수 있으나 가장 흔히 사용하는 것은 문항점수와 총점 간의 점이연상관계수(point-biserial correlation coefficient)이다. 검사의 총점(즉 피험자당 맞힌 문항의 개수)을 각 피험자의 능력치로 해석할 수 있으므로 어느 한 문항의 정답 여부와 총점 간 상관도가 높다는 것은 뛰어난 능력을 지녀야 그 문항의 정답을 맞힐 수 있다는 의미이다. 따라서 그 문항은 높은 능력의 피험자와 낮은 능력의 피험자를 잘 변별해 준다고 해석할 수 있다. 반대로 어느 문항의 변별도가 0에 가깝거나 심지어 음의 값을 지닐 경우 그 문항에 대한 정답 여부는 검사가 재고자 하는 능력과 상관이 없거나 심지어 반대의 경향성을 지닌다는 의미이므로 그 문항의 변별력에 심각한 문제가 있다고 해석할 수 있다.

2) 문항반응이론

평가의 결과로 점수를 산출하는 데에 사용되는 이론적인 틀로 고전검사이론 외에 문항반응이론(item response theory)이 있다. 문항을 맞힌 개수인 원점수 혹은 그 변환 점수를 활용하는 고전검사이론과는 달리 피험자가 문항을 맞힐 확률에 기반하는 확률 모형인 문항반응이론의 사용이 점점 늘고 있다. 이분 문항에 적용할 수 있는 문항반응이론 모형 중 하나인 Rasch 모형은 문항의 난이도만을 모수(parameter)로 활용하기에 가장 간단하면서도 복수의 채점자가 채점하는 서술형 평가의 결과 분석에서도 활용할 수 있는 FACETS와 같은 분석틀로도 확장될 수 있다. 이분 문항을 위한 Rasch 모형을 간단하게 설명하면 다음과 같다.

피험자가 문제를 풀기 위해 필요한 것은 해당 과목에 대한 능력이다. 교육 및 심리검사에서 이 능력은 키나 몸무게처럼 직접 잴 수 있는 대상이 아니라 관찰할 수 없는(unobservable) 잠재적 특성이므로 간접적으로만 측정이 가능하며 구인(construct)이라고 한다. 예를 들어, 영어 검사의 문제를 풀기 위하여 피험자는 '영어 능력'을 필요로 한다. 이 피험자 능력의 대척점에 서 있는 것이 문제의 난이도이다. 피험자의 능력은 문제의 난이도에 대비하였을 때 의미를 갖는다.

Rasch 모형은 확률모형이다. 즉, 피험자의 능력이 문제의 난이도보다 높다는 것은 문제를 반드시 맞힐 수 있다는 의미가 아니라 단지 문제를 맞힐 확률이 높다는 의미이다. 피험자의 능력이 문제의 난이도보다 높아질수록 문제의 답을 맞힐 확률도 따라서 커지게 된다. Rasch 모형을 그래프로 표현하면 다음 그림과 같다.

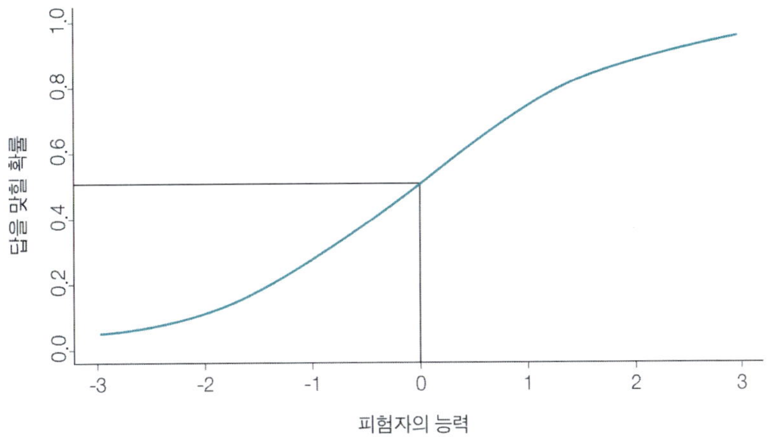

그림 8-2 Rasch 모형의 문항특성곡선

여기에서 정답을 맞힐 확률이 1/2이 되는 지점에 해당하는 피험자의 능력치를 문항의 난이도로 정의하며, 피험자의 능력이 커질수록 문제의 답을 맞힐 확률도 따라 커지게 된다. 이러한 그래프를 문항특성곡선이라 하며, Rasch 모형은 문항 난이도만을 고려하여 문항마다 고유한 문항특성곡선을 찾아주는 방법론이라 할 수 있다.

Rasch 모형은 0(틀림), 1(맞음)로 채점되는 이분문항에 적용할 수 있는 가장 기본적인 문항반응이론 모형으로 문제의 난이도 하나만을 고려하는 1모수 모형과 수리적으로 동일하다. 이외에도 문제의 변별도(곡선의 최대 기울기)까지 고려하는 2모수 모형, 문제의 난이도와 변별도 외에 추측도(곡선이 피험자 능력의 최저치로 수렴하는 값)까지 고려하는 3모수 모형 등이 있다. 또한 Rasch 모형을 서술형 평가에서 주로 활용하는 다분문항에 맞도록 부분점수모형(partial credit model)으로 확장할 수 있으며 복수의 채점자가 있을 경우 채점자의 엄격성 분석을 위한 FACETS와 같은 모형도 있다.

표 8-5 문항반응이론 모형의 수식

Rasch 모형: $p = \dfrac{\exp(\theta - b)}{1 + \exp(\theta - b)}$
2모수 모형: $p = \dfrac{\exp\{a(\theta - b)\}}{1 + \exp\{a(\theta - b)\}}$
3모수 모형: $p = c + (1 - c)\dfrac{\exp\{a(\theta - b)\}}{1 + \exp\{a(\theta - b)\}}$

6. 신뢰도와 타당도

1) 신뢰도

검사의 신뢰도는 검사 점수의 일관성을 뜻한다. 즉 검사의 신뢰도가 높다는 것은 시험이 반복적으로 실시될 때 각 피험자들이 거의 유사한 점수를 얻게 될 것이라는 의미가 된다. 반면 검사의 타당도는 검사가 재고자 하는 능력을 측정하는 정도의 문제를 다룬다. 검사에서 재고자 하는 능력을 구인으로 보고 그 구인을 얼마나 정확히 재고 있는지, 검사 도구가 내용면에서 올바른 내용을 담고 있는지, 검사의 결과가 올바르게 해석되고 있는지 등의 문제가 모두 타당도의 영역에 속한다(Crocker & Algina, 1986).

신뢰도와 타당도를 정의하는 고전검사이론에서는 검사의 총점과 같이 우리가 관찰할 수 있는 점수를 피험자의 능력만으로 얻을 수 있는 진점수(true score)와 오차로 구분할 수 있다고 본다. 즉 관찰점수는 진점수와 오차의 합이 된다. 여기서 오차는 다시 검사도구 자체에 내재된 체계적 오차(systematic error)와 무작위 오차(random error)로 나눌 수 있다. 예를 들어 저울을 이용해 한 사람의 몸무게를 잴 때 만약 그 저울의 영점이 잘못되어 있다면 그것은 그 저울이 가지고 있는 체계적 오차로 볼 수 있다. 또한 어느 시점에 몸무게를 재느냐에 따라 몸무게에 약간의 차이가 발생할 수 있는데 이렇게 우리가 통제할 수 없는 오차를 무작위 오차라 한다. 관찰점수에서 체계적 오차와 무작위 오차를 제외하고 진점수만이 차지하는 비율이 타당도가 되며 무작위 오차를 제외한 나머지 부분의 비율이 신뢰도가 된다. 그리하여 원론적으로 말해서 높은 신뢰도는 높은 타당도의 필요조건이며 충분조건은 아니다.

신뢰도와 타당도를 추정하기 위해서는 이러한 이론적 정의 외에 추가적인 가정을 필요로 한다. 이 중 신뢰도에 비해 타당도는 추정이 더 힘들다. 구인에 대한 타당도의 근거를 확보하려면 요인분석과 같은 고급통계 기법이 필요하지만 요인분석만으로도 충분한 것은 아니다. 내용면에서의 근거를 위해서는 일군의 전문가 집단을 통한 판정의 과정이 필요하기도 하다. 그러므로 타당도 분석은 학교 현장에서 쉽게 활용하기에는 어려움이 있다.

신뢰도의 추정 역시 이론적 정의 외에 추가적인 가정이 필요하지만 타당도보다는 상대적으로 쉽게 계산할 수 있다. 예를 들어 검사-재검사 신뢰도의 경우 반복 실시된 검사의 총점 간 상관계수로 쉽게 계산할 수 있으며, 반분검사 신뢰도의 경우 검사를 둘로 나누어 얻은 부분검사 간 상관계수를 아래 식 (1)의 스피어만-브

라운 예측공식(Spearman-Brown prophecy formula)에 대입함으로써 얻을 수 있다.

일반적으로는 신뢰도 추정을 위해 신뢰도의 하한계수인 α계수(Cronbach, 1951)가 널리 사용된다. α계수는 한 번의 시행에서 얻은 문항반응자료의 내적 일치도를 측정하는 것으로 식 (2)를 이용해 쉽게 계산할 수 있다. 이렇게 추정한 검사의 신뢰도는 검사도구를 평가하는 중요한 지표가 되므로 문항의 검토 과정에도 많은 유용한 정보를 제공한다. 검사의 타당도가 양호하고 문항의 질에 별다른 문제가 없음에도 신뢰도가 낮다면 보다 많은 수의 문항이 필요할 수 있다. 식 (1)의 예측공식에서 보듯 검사에 포함된 문항 수가 많을수록 신뢰도는 올라갈 것으로 예측되기 때문이다. 신뢰도 추정에 필요한 스피어만-브라운 예측공식과 α계수의 계산에 필요한 공식은 다음과 같다.

$$\rho = \frac{N\rho_{xx'}}{1+(N-1)\rho_{xx'}}, \quad \text{(1)}$$

여기서 ρ는 검사의 신뢰도, N은 부분검사의 수(반분일 경우 2), $\rho_{xx'}$은 반분검사의 신뢰도를 의미한다.

$$\alpha = \frac{n}{n-1}\left(1-\frac{\sum_{i=1}^{n}\sigma_i^2}{\sigma^2}\right), \quad \text{(2)}$$

여기서 n은 문항의 수, σ_i^2는 i번째 문항의 분산, σ^2는 검사 총점의 분산을 의미한다.

2) 타당도

타당도(validity)는 평가도구가 재고자 하는 것을 재는 정도라고 정의할 수 있으며, 평가도구가 본래의 목적을 얼마나 잘 달성하고 있는지를 보여주는 것이다. 타당도는 과거 내용타당도, 구인타당도, 준거관련타당도 등으로 구분하여 이해하였다. 그러나 최근에는 타당도를 평가도구의 단일한 속성이며 평가 결과의 해석에 대한 근거의 정도로 이해한다(AERA, APA, & NCME, 1999). 따라서 평가도구의 타당화(validation) 연구는 평가 결과의 해석이 얼마나 타당한지에 대한 근거를 다양하게 확보하는 과정으로 이해할 수 있다.

타당도의 근거는 평가도구의 내용, 내적 구조, 반응과정, 다른 변인들과의 관계, 평가 결과 등으로부터 구할 수 있다. 각각은 심도 깊고 복잡한 논의를 필요로 하므로 여기에서는 간략히 논의하기로 한다. 우선 타당도의 근거는 전문가가 판단한 평가도구의 내용으로부터 얻을 수 있다. 또한 평가도구의 내적 구조는 개발자가 개발 시에 기반을 둔 요인(factor) 또는 구인의 이론적 틀을 반영하여야 한다. 개발된 평가도구는 예측하고자 하는 미래 행위(대학입학 적성시험의 경우 대학에서의 학업성취도)나 이미 타당도를 검증받은 공인 준거(지능검사의 경우 기존에 사용해 오던 지능검사)와 높은 상관도를 지녀야 한다. 그리고 평가 결과의 활용 역시 평가도구의 타당도를 판단하는 주요 근거가 된다.

7. 점수 보고와 활용

1) 원점수

원점수는 보통 각 문항의 점수를 합한 총합을 의미한다. 0/1로 채점되는 이분문항으로 이루어진 검사의 경우 원점수는 맞힌 문항의 개수와 동일하며, 다분 문항(polytomous item)의 경우 각 문항 점수의 합이 된다. 문항에 대한 차등배점이 이루어질 경우 각 문항의 가중치를 고려한 가중 합(weighted sum)이 원점수가 된다. 검사의 원점수는 피험자의 능력뿐만 아니라 문항의 난이도에 의해서도 달라질 수 있으므로 서로 다른 검사형을 이용해 검사를 치른 피험자의 능력을 비교하기 위해 사용하기에 원점수는 적절하지 않다.

2) 표준점수

표준점수는 원점수의 상대적 위치를 알기 위하여 쓰이며 모집단을 대표하는 표본에서 얻은 점수에 기초한다. 표준점수를 이해하기 위해서는 먼저 평균과 표준편차의 개념을 알아야 한다. 평균은 모든 피험자의 점수를 더한 후에 총 사례수로 나눈 것이며, 표준편차는 각 값이 평균들로부터 떨어진 편차 제곱의 평균으로 분포의 퍼진 정도를 나타낸다. 표준점수는 평균과 표준편차를 이용하여 원점수를 표준화한 Z-점수와 이를 다시 선형변환한 T-점수가 있다.

(1) Z-점수

평균을 0, 표준편차를 1로 하는 점수로서 피험자가 얻은 점수를 표준점수인 Z-점수로 표현하였을 때, 평균점수 미만을 받은 모든 피험자의 Z-점수는 음수가 된다. 예를 들어, 피험자 집단의 평균이 250 표준편차가 50이며, 특정 피험자가 240점을 획득하였다고 가정하면 Z-점수는 -0.2가 된다.

$$Z = \frac{X - \overline{X}}{s_X} = \frac{240 - 250}{50} = -0.2$$

(2) T-점수

Z-점수는 평균 0을 중심으로 좌우로 퍼지게 되며 이때 평균 미만의 점수는 음수가 되고 대체로 소수점 아래 점수를 지니게 된다. 음수나 소수로 표현되는 Z-점수의 불편함을 해결하기 위하여 T-점수가 고안되었다. T-점수는 Z-점수를 평균 50, 표준편차 10으로 변환한 점수로 예를 들어 Z-점수가 1점일 때 이에 해당하는 T-점수는 아래와 같이 60이 된다.

$$T = 50 + 10Z = 60$$

T-점수는 많은 점수가 20점에서 80점 사이에 놓이게 되며 0점 이하로 내려가거나 100점 이상으로 올라가는 경우가 거의 없어 사람들이 익숙하게 받아들일 수 있

다는 장점이 있다.

3) 척도점수와 검사 동등화

점수가 어떤 특정한 척도상에 놓일 수 있도록 변환한 점수를 척도점수라 한다. 척도점수를 만들기 위해서는 선형변환의 방식 외에 문항반응이론을 이용한 척도화, 아크사인(arcsine) 변환 등의 비선형 방식도 이용된다. 현재 국가수준 학업성취도 평가에서는 아크사인 변환 방식을 이용해 평균이 200, 표준편차가 30이 되도록 척도화한 척도점수를 이용하고 있으며, 외국의 여러 검사도 다양한 방식을 이용한 척도점수를 만들어 이용하고 있다.

척도점수의 산출을 위해 사용할 수 있는 이론적인 틀로 고전검사이론과 문항반응이론이 있다. 문항을 맞힌 개수인 원점수 혹은 그 변환 점수를 활용하는 고전검사이론과는 달리 피험자가 문항의 정답을 맞힐 확률에 기반한 확률 모형인 문항반응이론의 사용이 점점 늘고 있다. 외국에서는 이미 널리 사용되고 있으며 국내에서도 국가영어능력평가시험, TEPS 등의 평가에서 문항반응이론을 사용하고 있다.

척도점수를 사용하기 위해서는 먼저 기준 척도를 만들어야 하고 이 기준 척도를 유지하기 위해 일반적으로 동등화(equating)라는 과정을 거친다.

검사 동등화는 동일한 목적으로 개발된 검사 간 난이도 차이를 통계적으로 조정하는 과정을 말한다. 일반적으로 동일한 목적을 가진 동형 검사를 가능한 유사하게 개발하려 하지만 검사 간 난이도 차이가 있게 마련인데, 이러한 차이를 통계적으로 조정해 줌으로써 수험생이 어떤 검사로 시험을 치르더라도 난이도 차이에 따른 이익 혹은 불이익을 받지 않도록 하는 데 검사 동등화의 목적이 있다. 검사 간에 존재하는 난이도 차이를 통계적으로 조정하는 동등화 과정을 거치고 나면, 여러 시험으로부터 얻어진 점수를 상호 교환적으로 사용할 수 있다. 따라서 비교하고자 하는 검사점수가 동일한 시간에 동일한 유형의 검사로부터 얻은 결과가 아니라면 공정한 비교를 위해서 검사 점수들 간에 동등화가 필요하다.

동등화 방법은 통계적 조작이므로 통계적 가정을 충족해야 양호한 동등화 결과를 얻을 수 있다. 통계적 가정을 충족시키기 위해서는 기본적으로 다음의 사항이 고려되어야 한다.

첫째, 동등화 대상이 되는 검사는 동일한 검사 개발 지침에 의거해 개발되어야 한다. 동등화는 동일한 평가틀[1]을 가진 검사 간에 난이도 차이만을 조정하기 때문에 검사의 목적이 다르거나 동일한 목적의 검사라도 다른 평가틀에 기초해서 제작된 검사의 경우에는 동등화를 하더라도 난이도 이외의 검사 특성의 차이에서 발생하는 점수 차이는 조정할 수 없다.

둘째, 검사 개발 초기 단계부터 동등화 설계가 이루어지고, 설계에 따라 검사를 제작 · 시행하여 자료를 수집해야 한다. 동등화를 고려하지 않고 검사를 시행한 후 추후에 동등화를 고려하는 것은 바람직하지 않다. 동등화 설계가 제대로 이루어지지 않으면 동등화 결과의 양호성은 약화된다. 대표적인 동등화 설계로는 단일집단 설계(single group design), 무선집단 설계(random groups design), 공통문항 비동등집단 설계(common-item non-equivalent groups design) 등이 있다. 동등화 설계를 결정할 때에는 문항 보안 문제, 예산, 시행 여건 등을 고려하여 주어진 조건에서 최선의 설계 방법을 찾아야 한다.

셋째, 동등화 설계가 결정된 후에는 동등화를 위한 통계방법을 선택해야 한다. 동등화를 위한 대표적 통계 방법은 평균 동등화(mean equating), 선형 동등화(linear equating), 동백분위 동등화(equipercentile equating), 문항반응이론 진점수 동등화(item response theory true score equating), 문항반응이론 관찰점수 동등화(item response theory observed score equating) 등이 있다. 주어진 여건에서 동등화 오차를 최소화하는 통계방법이 무엇인지 결정한다.

동등화는 매우 복잡하고, 많은 경험과 전문성, 노력이 요구되는 작업이므로 동등화의 양호도를 높이기 위해서는 측정평가전문가, 문항출제자, 검사시행관리자

1) 여기서 평가틀은 검사의 목적, 검사가 측정하고자 하는 속성을 비롯해 평가영역 및 범위, 검사시간, 검사의 길이, 문항의 유형 및 특성 등의 세세한 항목까지를 포함하는 의미로 쓰인다.

의 지속적인 협조체제가 요구된다.

4) 성취수준과 준거 설정

앞서 준거참조평가에 대한 설명에서 기술한 바와 같이 피험자의 성취수준은 준거 설정(standard setting)의 과정을 거쳐 정해진다. 준거설정 방법으로는 규준적 준거설정방법, 피험자 집단 특성평가에 의한 준거설정방법, 검사도구 내용분석평가에 의한 준거설정방법, 절충적 준거설정방법(Mills & Melican, 1998)이 있으며 최근에는 문항반응이론을 이용한 북마크법이나 맵마크법 등도 사용되고 있다. 이 중 가장 널리 사용되는 방법이 Angoff 방법과 북마크법 등이다.

Angoff 방법은 전문가가 평가한 검사내용을 기초로 준거를 설정하는 기법을 말한다. Angoff 방법에서는 교사, 교과내용 전문가, 교육행정가 등의 관계자가 패널로 참가하며, 각 구성원은 수행수준기술(performance level description)을 먼저 검토한 후 수준별로 최소능력자(minimally competent person)들로 구성된 가상집단의 정답률을 추정한다. 이때 각 문항 정답률의 합이 각 구성원이 설정한 준거점수가 된다. 예를 들어 한 구성원이 세 문항으로 구성된 검사에 대해 .8, .5, .2를 가상의 최소능력자 집단 정답률로 추정했다면 이 패널 구성원이 설정한 준거 점수는 1.5를 올림한 2점이 된다. 패널 구성원들은 보통 3회 이상의 라운드를 거치며 서로의 의견을 조정해 나가며, 일반적으로 최종 라운드에서 각 구성원이 결정한 점수의 중간값이 최종 컷오프 점수로 결정된다. 북마크 방법은 최소능력자를 상정한다는 점에서 Angoff 방법과 유사하지만 문항반응이론에서 문항의 난이도와 피험자의 능력이 같은 척도상에 놓인다는 점을 이용한다는 면에서 다르다. 북마크 방법을 비롯하여 Jaeger 방법, Nedelsky 방법, Ebel 방법 등 여러 준거설정 방법에 대해서는 Cizek & Bunch(2006)를 참조하라.

8. 수행평가

1) 수행평가의 개념

수행(performance)은 구체적인 상황에서의 실제적인 행동을 의미한다. 따라서 수행평가(performance assessment)란 구체적인 상황에서 학생들의 실제적인 수행을 바탕으로 학생들의 능력을 평가하는 총체적이고 전인적인 평가라 할 수 있다. 과거 시험의 방식이 지필고사가 아니라 실기시험이라는 이유로 수행기반시험(performance-based test)이나 수행시험(performance test)이라는 용어가 사용되었으나 수행에 대한 판단은 종합적이고 전인적으로 이루어져야 한다는 총평관에 입각하여 수행평가라는 용어가 현재 일반적으로 받아들여지고 있다. 이에 따라 박도순 외(2012)는 수행평가를 "학생의 답을 구하거나 만들어 가는 실제 과정에서 능력이나 지식을 드러내 보일 것을 요구하는 다양한 검사방법들을 망라하는 광의의 의미를 가지고 있는 것으로 지·덕·체에 대한 종합적이고 전인적인 평가"로 정의하고 있다.

선다형 문항 위주의 지필평가가 비판적이며 창의적인 사고력을 저해할 수 있다는 비판에 따라 기존의 평가방법에 대한 대안적 평가방법으로 제시되고 활용되어 온 수행평가는 특히 심동적 특성에 대한 가장 대표적인 평가방법으로 활용되고 있다. 경우에 따라 대안적 평가(alternative assessment), 직접적 평가(direct assessment), 참평가(authentic assessment) 등의 용어가 수행평가의 동의어로 받아들여지기도 하지만 각각의 의미에는 약간의 차이가 있다고 볼 수 있다. 특히 수행을 강조하는 수행평가가 인위적인 상황에서의 수행능력에 대한 평가를 포괄할 수 있는 반면 참평가는 실제적이고 현실적인 상황을 강조한다는 점에서 큰 차이가 있다.

2) 평가방법

수행평가의 방법은 논술법, 포트폴리오, 관찰법, 면접법, 구술시험, 연구보고서법, 토론법, 실기시험, 실험·실습법, 시뮬레이션, 자기평가 및 동료평가 등 다양하다. 논술은 피험자가 자신의 생각을 창의적·논리적·완결적으로 제시할 수 있는 능력을 종합적으로 평가하는 방법이며 상황에 따라 글 대신 말로 표현하게 하는 구술시험도 유용할 수 있다. 포트폴리오는 대표적인 작품을 질서 있게 정리한 모음집을 의미하며 예술 분야에서 널리 활용되는 방법이다. 또한 포트폴리오는 피험자가 평가과정에 적극 참여하면서 자신의 장단점을 정확히 파악할 수 있도록 도와줌으로써 개별적 학습에 기여할 수 있다는 장점이 있다. 관찰법은 가장 오래된 평가방법 중 하나로 객관성이 떨어질 수 있다는 단점에도 불구하고 교사들이 일상적으로 활용하기에 좋은 평가방법이다. 관찰만으로 피험자에 대해 깊이 있는 정보를 얻어내기 어려운 경우 이를 보완하기 위해 면접법을 활용할 수 있다. 면접법은 얼마나 체계적이고 구조화된 면접을 진행하는지, 몇 명을 동시에 면접하는지 등에 따라 몇 가지 유형으로 구분할 수 있으며, 평가의 규모나 목적 등에 따라 적절한 방법을 선택하는 것이 좋다. 연구보고서법은 프로젝트법이라고도 부르며 학생의 능력이나 흥미에 따라 주제를 정하고 연구를 진행한 후 그 결과를 보고서로 정리하도록 하여 평가하는 방법을 말한다. 그리고 토론법은 의사소통능력과 사고력 등을 동시에 평가할 수 있는 방법을 말한다. 실기시험이 예·체능 교과에 적합한 평가 방법이라면 실험·실습법은 자연과학 분야에서 많이 사용되는 것으로 문제해결능력뿐만 아니라 기자재의 조작능력까지도 평가할 수 있다는 장점이 있다. 마지막으로 그동안 대부분의 평가가 교사나 평가자 위주로 이루어졌다면 자기평가나 동료평가의 활용도 검토할 필요가 있다.

9. 교육평가의 과제와 전망

교육평가를 교육이 끝나는 시점에 교수학습의 성과를 가늠하기 위하여 사용하는 수단으로만 한정하여 이해하는 경우가 많다. 교육의 최종적인 성과를 판단하거나 자격 인정 또는 선발의 목적으로 실시하는 총괄평가가 평가의 중요한 기능 중 하나인 것은 사실이지만 이것이 평가의 전부는 아니다. 과거 지필고사를 위주로 하는 규준참조평가로서의 총괄평가가 주된 평가의 형태였다면 앞에서 언급한 것처럼 진단평가를 통해 맞춤형 학습을 지원하고 형성평가를 통해 교육과정이나 교수·학습에 피드백을 제공하고 피험자에게는 학습동기를 부여하는 것이 평가의 주요 역할로 대두되고 있다. 그리고 외적 경쟁을 부추기는 규준참조평가 대신 완전학습을 지향하는 준거참조평가, 개인의 평소 능력을 고려함으로써 최대한의 노력을 이끌어 내고자 하는 능력참조평가, 개인의 향상도를 평가의 대상으로 하는 성장참조평가도 점차적으로 사용이 확대되고 있다. 이러한 추세는 앞으로 더욱 가속화될 전망이다.

평가는 교육의 핵심적인 부분 중 하나로서 학습과 평가의 순환고리 중 한 축을 담당하고 있다. 따라서 평가를 제대로 활용하기 위해서는 교육의 목적에 맞는 평가를 해야 하고, 또한 평가의 결과를 교육의 목적에 맞게 환류시키기 위해서는 그 결과를 정확히 해석할 수 있어야 한다. 특히 21세기에 필요한 기술과 능력(21st century skills)을 배양하는 것이 교육의 중요한 목표로 제시되고 있는 현 시점에 평가의 환류 효과가 더욱 중요해지고 있다(Trilling & Fadel, 2009).

평가 결과의 올바른 활용을 위해서는 먼저 평가의 개념을 이해하고 다양한 기준에 따라 평가를 구분하면서 평가 결과도 제대로 해석할 수 있어야 한다. 특히 21세기에 필요한 기술과 능력인 창의성, 문제해결능력, 협업, 정보통신기술 등을 측정하고 다시 그 결과를 교육에 활용하기 위해서는 어떤 평가방식이 적절한지, 평가 결과를 어떻게 해석하고 활용해야 하는지 등을 살펴볼 필요가 있다. 21세기에 필요한 핵심역량을 정확히 평가하고 길러내기 위해서는 교육평가에 대한 정확한 이해를 바탕으로 새롭게 대두되는 역량을 키워내는 데에 가장 적절한 평가방법을 끊임없이 고민하며 찾아내는 노력이 절실히 요구된다.

참고문헌

박도순 외(2012). 교육평가-이해와 적용-(수정 · 보완판). 경기: 교육과학사.

성태제(2010). 현대교육평가(3판). 서울: 학지사.

AERA, APA, & NCME (1999). *Standards for educational and psychological testing*. Washington, D.C.: American Psychological Association.

Cizek, G. J., & Bunch, M. B. (2006). *Standard setting: A guide to establishing and evaluating performance standards on tests*. Thousand Oaks, CA: Sage.

Mills, C. N., & Melican, G. J. (1988). Estimating and adjusting cutoff score: Features of selected method. *Applied measurement in education, 1*, 261-275.

Rupp, A., Templin, J., & Henson, R. (2010). *Diagnostic measurement: Theory, methods, and applications*. New York: Guilford.

Trilling, B., & Fadel, C. (2009). *21st century skills: Learning for life in our times*. San Francisco, CA: Jossey-Bass.

Crocker, L., & Algina, J. (1986). *Introduction to classical and modern test theory*. Fort Worth, TX: Holt, Rinehart and Winston.

Cronbach, L. J. (1951). Coefficient alpha and the internal structure of test. *Psychomerika, 16*, 297-334.

Cronbach, L. J. (1984). *Essentials of psychological testing* (4th ed.). New York: Harper & Row.

Gronlund, N. E. (1988). *How to construct achievement tests* (4th ed.). Englewood Cliffs, NJ: Prentice-Hall.

Haladyna, T. M. (1999). *Developing and validating multiple-choice test items*. Mahwah, NJ: Lawrence Erlbaum.

Haladyna, T. M., & Downing, S. M. (1989a). A taxonomy of multiple-choice item-writing rules. *Applied measurement in education, 1*, 1-50.

Haladyna, T. M., & Downing, S. M. (1989b). The validity of a taxonomy of multiple-choice item-writing rules. *Applied measurement in education, 1*, 51-78.

Haladyna, T. M., Downing, S. M., & Rodriguez, M. C. (2002). A review of multiple-choice item-writing guidelines for classroom assessment. *Applied measurement in education, 15*, 309-334.

Tyler, R. W. (1951). The functions of measurement in improving instruction. In E. F. Lindquist (Ed.) *Educational measurement*. Washington, D. C.: American Council for Education.

생활지도와 학생상담이라는 용어가 비슷하게 생각될 수 있으나 생활지도가 상담 영역을 포함한다. 이에 생활지도의 목표는 학생들을 올바르고 바람직한 방향으로 성장·발전하도록 이끌어 주는 지도활동이라 할 수 있다. 이와 같은 목표를 달성하기 위해서 생활지도는 학생조사활동, 정보활동, 상담활동, 정치활동, 추수활동의 다양한 활동을 하게 된다. 즉, 생활지도는 교육과정, 교수방법, 장학, 훈육, 출·결석, 과외활동, 건강, 가정과 지역사회와 학교의 모든 영역과 밀접히 관련된 것이다.

Chapter 09

생활지도 및 상담의 이해

생활지도와 학생상담이라는 용어가 비슷하게 생각될 수 있으나 생활지도가 상담 영역을 포함한다. 이에 생활지도의 목표는 학생들을 올바르고 바람직한 방향으로 성장・발전하도록 이끌어 주는 지도활동이라 할 수 있다. 이와 같은 목표를 달성하기 위해서 생활지도는 학생조사활동, 정보활동, 상담활동, 정치활동, 추수활동의 다양한 활동을 하게 된다. 즉, 생활지도는 교육과정, 교수방법, 장학, 훈육, 출・결석, 과외 활동, 건강, 가정과 지역사회와 학교의 모든 영역과 밀접히 관련된 것이다.

Chapter 09 생활지도 및 상담의 이해

1. 생활지도의 기초

1) 생활지도의 개념 및 이해

(1) 생활지도의 개념

생활지도라고 하면 영어의 가이던스(guidance)를 우리말로 번역한 것으로 가이던스(guidance)는 동사 가이드(guide)의 명사형인데, 방향을 가르치다(direct), 조종하다(pilot), 안내하다, 이끌다(lead), 감독한다(manage) 등의 의미를 지니고 있다(정용부, 고영인, 신경인, 1998). 생활지도는 학생들을 올바르고 바람직한 방향으로 이끌어 주고 지도하는 것을 의미하는 것이라고 할 수 있다. 생활지도는 지식과 기술에 초점을 두는 학습지도와 더불어 교육의 중요한 활동이라고 할 수 있다. 하지만 학자에 따라서 생활지도를 서로 다르게 정의하고 있는데, 몇몇 정의를 살펴보면 그 의미가 보다 분명해질 것이다.

Traxler와 North(1966)는 "이상적인 관점에서 볼 때 생활지도란 학생 각자로 하여금 자기가 가지고 있는 능력, 흥미 및 인격적 제 특성을 이해하게끔 하여 이를 최대한으로 발전시켜 나가며 또한 자신의 생활목표와 결부시켜 민주사회의 바람직한 시민으로서의 원만하고도 성숙한 자기지도를 이루게 하는 과정이다"라고 하였다.

Jones(1970)는 "생활지도란 선택과 적응과 문제해결에 있어서 어떤 사람에 의하며 주어지는 개인적인 조력"이라 하였다. 이영덕과 정원식(1986)은 생활지도를 모든 학생들이 그들이 일상생활에서 당면하는 여러 문제를 자력으로 해결함으로써 스스로 건전하게 성장·발달할 수 있도록 도와주는 봉사활동 과정이라 하였다. 박성수(2002)는 생활지도를 인간 개개인의 인지적·정의적·신체적 특성과 잠재 가능성을 바르게 이해하고 발달시켜서 개인이 교육적·사회적·직업적·심리적 발달을 최고 수준까지 도달할 수 있도록 하는 봉사활동에 관한 학문적 이론과 실제적 연구의 총체로서 모든 교육적 경험을 포함한다고 하였다.

이재창(2005)은 생활지도를 개인으로 하여금 자기 자신과 주위 세계를 잘 이해해서 현명한 선택과 적응을 하여 건전한 사회 일원으로서 성장·발달할 수 있도록 하는 일련의 지속적인 조력과정이라 하였다. 김영봉 외(2011)는 생활지도란 모든 개인의 문제해결과 성장을 위해 아동 스스로가 자신이 처해 있는 생활이나 사회를 이해하고 해결할 수 있도록 인지적 · 정의적 · 신체적 특성 등의 전인적 특성을 성장 · 발달시키며, 더 나아가 아동들이 직면한 문제, 즉 교육적 · 가정적 · 사회적 · 신체적 · 도덕적 · 정서적 등의 문제를 스스로의 힘으로 해결할 수 있는 능력을 함양하도록 도와주는 과정이라고 할 수 있다고 하였다.

생활지도에 관한 여러 학자들의 개념 정의를 종합하면, 생활지도란 학생의 일상생활에서 해결해야 할 여러 가지 문제(교육적 · 가정적 · 사회적 문제 등)를 자력으로 해결할 수 있도록 도와주며 주도하기 위한 조직적 봉사활동이라고 할 수 있다.

(2) 생활지도에 대한 이해

공석영과 권형자(2005)는 생활지도는 교육과정, 교수방법, 장학, 훈육, 출 · 결석, 시간표, 과외활동, 건강, 가정과 지역사회와 학교의 모든 영역과 밀접히 관련되어 있다고 하였다. 이것은 물론 생활지도 담당자와 기타의 모든 학교 교직원과의 밀접한 협조를 전제로 한 것이다. 학생복지부장, 생활부장 혹은 담임교사 혼자서 모든 영역에서 전문가일 수 없기 때문이다. 하지만 담임교사, 상담교사, 생활지도관련 교사들은 학생에 관한 정확한 자료를 수집 · 체계화하고 집단 지도와 개인상담을 실시하며 나아가서는 동료 교직원과 학부모들에게 생활지도의 이념을 정확하게 이해하도록 하여 그들로 하여금 이미 수집한 여러 가지 자료를 현명하게 사용하도록 도와주는 것이다.

교육과학기술부(2010)에서는 학교에서의 교사의 주요 역할과 직무를 학습지도, 생활지도, 교육연구 및 담당 업무로 제시하였다. 이 중에서도 학습지도와 생활지도가 교사의 가장 중요한 업무이며 이 업무는 한 쪽에 많은 비중을 두는 것이 아니라 같은 비중으로 다루어져야 하는 것이다.

생활지도라 하여 단순하게 품행에만 초점을 두는 것이 아니라 학생 생활 전반에 걸친 지도가 필요한 것이다. 학자들마다 약간의 차이가 있지만 중요 영역을 정리하여 보면 교육지도, 직업지도, 인성적(정서적) 지도, 사회성 지도, 건강지도, 여가지도, 종교지도, 도덕적 지도 등 다양하게 들 수 있다.

언급된 지도들을 좀 더 구체적으로 살펴보면(공석영, 권형자, 2005; 김영봉 외, 2011) 다음과 같다.

① 교육지도: 학교생활에 적응하는 데 도움을 주는 오리엔테이션, 교육정보의 제공, 전공과목, 상급학교, 특별활동의 선택 등을 위한 상담, 학습습관, 학습방법의 지도, 졸업 후의 추수지도 등과 학습부진아·우수아 지도 등이다.

② 직업지도: 직업정보의 제공, 직업준비교육, 직업상담, 취업알선, 졸업 후의 추수지도 등이다.

③ 인성적(정성적) 지도: 심리적인 문제로서 인격(내·외향성, 우·열등감 등), 정서적 불안, 욕구불만, 정신건강, 신경과민, 개인적 습관과 태도, 이성 문제 등 기타의 개인적·심리적 적응 문제 해결을 위한 지도 등이다.

④ 사회성 지도: 사회의 미풍, 양식, 관례에 대한 적응을 돕고 동료와의 바람직한 인간관계를 발달시키는 일 등이다.

⑤ 건강지도: 신체적·정신적 건강의 습관, 태도에 대한 지도 등이다.

⑥ 여가지도: 여가를 보다 적절하게 이용해야 되겠다는 자각과 적당한 여가활동의 선택, 여가활동의 숙련을 위한 지도 등이다.

⑦ 종교지도: 신앙적인 갈등과 종교 이해 등에 관한 지도 등이다.

⑧ 도덕적 지도: 정의와 진실을 함양하고 정서순화와 건전한 도덕관을 갖도록 지도하는 것이다.

앞에서 언급된 것과 같이 교사들이 학생들에게 많은 영역을 지도하여야 하는 것이다. 하지만 이러한 영역들에 대해서 현실적으로 교육이 제대로 이루어지지 않고 있다(Macklem, 2006).

2) 생활지도의 활동

생활지도 활동은 학자들에 따라서 학생조사활동, 정보활동, 상담활동, 자문활동,

진로계획 · 정치 · 추수활동, 평가활동으로 분류하기도 하고 개인조사와 개인상담, 집단지도와 상담, 직업과 교육에 관한 정보, 정치 및 추수지도로 나누어지기도 한다.

김충기(2001)는 생활지도 활동을 학생조사활동, 진로정보활동, 상담활동, 정치활동, 추수활동으로 분류하였으며, 김태호(2004)는 학생조사활동, 진로정보제공활동, 상담활동, 정치활동, 추수활동, 교사 및 관련 인사를 위한 봉사활동으로 구분하였다. 공석영과 권형자(2005)는 간단하게 개별지도와 집단지도로 나누었으며, 김계현 등(2009)은 학생조사활동, 정보제공활동, 진로지도활동, 상담활동으로 제시하였다. 여기서는 전반적인 과정의 내용을 정리하여 소개하고자 한다.

(1) 학생조사활동(inventory service)

생활지도의 기초적인 단계로서 학생들을 개별적으로 이해하는 데 필요한 기초적인 자료를 조사 · 수집하는 활동이다. 학생조사활동의 영역으로는 가정환경, 성적, 특별활동, 과외활동, 교외활동, 지능 · 적성 · 흥미 · 성격 · 장래희망 등의 영역이 있다. 생활지도에서 가장 중요한 요소는 바로 학생에 대해서 보다 과학적이고 정확한 실제를 파악하는 것인데 표준화 검사, 비표준화 검사로 구성된 심리검사를 통해서 가능하다. 그리고 학생조사활동에서 유의해야 할 점은 다음과 같다.

① 검사 또는 조사는 객관적이고 신뢰도가 높은 방법을 사용한다.
② 생활지도의 목적에 부합되거나 일치해야 한다.
③ 여러 가지 가능한 방법이나 기법을 종합적으로 활용해야 한다.
④ 조사결과는 기록 · 정리 · 보관하여 실제 지도에 활용될 수 있도록 해야 하며, 필요에 따라 상담활동으로 전개될 수 있어야 한다.

(2) 정보활동(information service)

학생들을 둘러싸고 있는 여러 가지 환경과 문제해결에 관련된 정보를 제공해 주는 활동으로 교육정보, 직업정보, 개인적 · 사회적 정보 등의 영역이 된다.

① 교육정보(educational information): 학생들이 학습활동에 필요한 정보를 말하는 것으로 일반적인 학교생활에 관한 정보, 상급학교 진학에 관한 정보, 장학금에 관한 정보, 학습방법 및 전략에 관한 정보, 과외활동에 관한 정보, 도서관 이용 방법에 관한 정보 등이다.

② 직업정보(occupational information): 직업에 관련된 문제를 합리적으로 계획하고 타당한 직업 선택을 할 수 있도록 도움을 주는 유용한 자료를 말한다. 직업, 지위, 직장 등에 관련된 정보로 직업군 또는 직업의 종류에 관한 정보, 직업에서 요구되는 기능이나 적성에 관한 정보, 직업교육 참여에 관한 정보, 직업 선택 방법에 관한 정보, 직업 조건 및 전망에 관한 정보 등으로 보수와 승진, 근무 시간, 신분보장 충원계획 등도 포함된다.

③ 개인적 · 사회적 정보(personal-social information): 자기 자신이나 타인에 관련된 이해를 증진하기 위한 정보로 자기 이해에 관한 정보, 타인 이해에 관한 정보, 인간관계 및 프로그램 참여에 관한 정보, 지역사회 기관 이용에 관한 정보, 가족관계에 관한 정보, 성교육에 관한 정보, 성취동기 및 욕구에 관한 정보, 가치관, 예의범절, 종교관 등에 관한 정보 등이다.

(3) 상담활동(counseling service)

생활지도의 중핵적 활동으로 지도조언을 담당하는 상담자(counselor)가 지도조언을 받는 내담자(counselee)의 문제해결을 위해 돕는 과정을 말한다. 상담활동의 목표는 학생들이 최대한으로 자율적인 발달, 즉 책임감과 독립심을 키우고 현실적인 자기이해를 성취할 수 있도록 돕는 데 있다.

(4) 정치활동(placement service)

정치활동이란 학생의 능력, 정성, 흥미 등에 맞는 환경에 위치시키는 활동이다. 즉 취업지도, 부직알선지도, 진학지도, 진급지도, 교과지도 등에서 자신과 진로를 정확하게 이해하여 자기 자신의 정치(placement)를 현명하게 선택하도록 조력하는 활동인 것이다. 정치활동은 학생에 관한 충분한 자료와 정보를 토대로 학생이 스스로 희망하는 분야를 선택할 수 있도록 조력하는 데 주안점이 있다.

(5) 추수활동(follow up service)

지도를 받은 학생이 어느 정도 잘 적응하고, 개선되었는가를 알아보고 그 결과를 환류시켜 새로운 생활지도 계획의 자료로 삼기 위해 추수활동을 한다. 여기에는 재학생, 퇴학생, 졸업생 등이 포함된다. 추수활동은 전화, 면접, 관찰, 질문지, 방문지도 등을 통해서 이루어지며 추수활동의 결과는 반드시 새로운 생활지도 계획에 반영되어야 한다.

3) 학생의 생활에 대한 교사의 관점

현재 학생들을 지도하는 것이 쉽지 않다는 것은 대부분의 학부모, 교사들이 동의할 것이다. 이는 단순하게 우리나라만의 문제가 아니라 Macklem(2006)가 제시하듯이 서구 선진국이라는 미국, 영국, 뉴질랜드, 노르웨이 등의 많은 국가에서 학생들의 따돌림과 같은 생활지도가 문제가 되고 있다.

시대의 변화, 자녀 수의 감소 등의 사회환경이 변함에 따라 생활지도가 어렵다고 하여 교사가 학생들의 생활지도를 하지 않고 방치를 한다면 이는 교사의 직무유기일 수 있는 것이다. Glasser(2002)가 언급하였듯이 학생들의 절반이 수업을 듣지 않고 졸고 있거나 다른 행동을 하고 있는 것은 공사장에서 인부들이 일을 하지 않고 삽을 들고 가만히 있는 것과 다를 것이 없다.

현장의 인부들이 일을 하지 않을 경우에는 어떻게 해야 하는가? 일을 하도록 환경을 제공하는 것이 중요하듯이 학생 본인들이 속해 있는 사회나 학교에서의 행동이 제대로 이루어지지 않을 경우에는 교사가 학생들이 학생 본연의 자세를 가지고 생활할 수 있도록 올바른 생활지도를 하여야 한다.

교사들은 학생들이 원하고 바라는 바를 제대로 살펴보아야 하는 것이다. 학생들의 생활이 제대로 이루어지지 않고 있다는 것은 그들의 삶 속에 설렘이 없을 수도 있는 것이다. 학교를 다니는 근본적인 이유를 모르는 상태에서 학교에서 생활을 한다는 것은 죄수들이 감옥에서 시간을 보내는 것과 다를 것이 없다.

즉, 교사들은 학생들이 원하는 바를 바로 볼 수 있도록 조력자로서 도와줄 수 있어야 할 것이다. 교사들은 학생들의 생활지도 영역을 지도할 때 그들이 바라는 바를 파악하여 그들 스스로 선택할 수 있는 내적 동기화를 시키는 것이 중요하다. 교사는 학생들이 할 수 있다는 것을 믿고 긍정적 관점으로 지지를 해 주어야 한다.

4) 학교에서의 생활지도 실제

교사들은 교과지도뿐만 아니라 약물, 건강관리 업무, 학생상담 등 학생을 지도하는 데 많은 시간을 보내며 어려움을 겪고 있다는 것이다. 교사들은 학생들의 문제행동이 과거에 비해서 지속적으로 증가하고 있다고 호소하고 있다(Sousa, 2011).

생활지도에 있어서 학생들에게 자연스러운 사회적 환경을 만들어 주는 '넛지'의 원리가 필요하다. 즉. Thaler와 Sunstein(2009)에 의하면 체중 늘리기를 원하는 사람은 함께 식사를 하라고 하였다. 이는 평균적으로 혼자 먹을 때보다 누군가와 같이 식사를 할 경우에는 35%를 더 먹고 네 명이 함께 식사를 할 경우에는 75%를 일곱 명 이상이 함께 식사할 때에는 96%를 더 먹는다는 것이다. 이는 생활 면에서 주변에 긍정적인 학생들이 존재를 한다면 긍정적인 행동을 할 확률이 높아지고 이는 또래들의 중요성이 높아짐을 간접적으로 알 수 있는 것이다. 이는 또한 사회심리학자인 Asch(1995)의 동조이론에서 착안해 볼 수 있을 것이다. 다른 이들의 판단을 보지 않은 채 혼자 결정을 내리라고 했을 경우에 사람들은 쉬운 테스트에서 거의 오류를 범하지 않으나 다른 사람들이 틀린 답을 내 놓은 모습을 지켜본 사람들은 1/3 이상이 역시 틀린 답을 제시한다. 이는 학생 혼자서는 도덕적인 생각을 가지고 올바르게 생활을 하려고 하나 주변의 친구들이 잘못된 행동을 할 경우에는 자신의 행동에 대한 확신이 사라지고 동료들의 압력과 집단의 비난을 받지 않기 위해서는 자연스럽게 잘못된 행동을 함께 하는 것이다.

잘못된 생각을 가지고 잘못된 행동을 하려고 할 때에 주변의 친구들이 모두 올바른 생각을 가지고 행동을 한다면 혼자서 잘못된 행동을 할 확률은 상당히 줄어

들게 될 것이다. 교사는 확신들의 신념을 변화시키는 것도 중요하지만 주변의 환경을 변화시켜 자연스럽게 행동의 변화를 이끌어 내는 것이 무엇보다도 중요하다.

참고자료

애쉬(Solomon Asch, 1907~1996)

폴란드에서 태어나 미국으로 건너와 컬럼비아 대학교에서 심리학 박사학위를 취득한 유태계 교수다. 게슈탈트적 관점을 취해서 대인 지각 연구를 하여 초두효과 등의 현상을 정리・발표하고, 동조실험으로 명성을 알렸으며, 복종이론으로 유명한 Milgram을 제자로 키웠다.

또한 환경적인 요소로 교사는 자신의 얼굴표정과 정서표현에 민감해야 한다. 우리가 학생들에게 뭐라 말하든 학생들은 우리의 얼굴이나 정서적 태도가 우리의 말과 모순된다고 판단하면, 학생들이 우리를 신뢰하지 않게 되어 교사와 학생간의 신뢰가 약해질 것이다. 의사소통에서 실제적인 의미를 전달하는 것은 언어적인 것보다 비언어적인 부분이 더 크다.

교사가 학생들과의 관계가 좋은 경우에는 학생들은 자신이 직면하고 있는 문제나 도움을 바라는 바를 보다 쉽고 자연스럽게 표현할 수 있다. 그러므로 교사는 심각한 문제를 가지거나 어려움을 가지는 학생들을 위해서 조언이나 충고도 중요하지만 먼저 긍정적인 관계 형성이 우선되어야 한다. 여기서는 문제학생과의 긍정적인 관계 형성을 위해 Sousa(2011)에서 제시한 다양한 전략 내용을 소개하고자 한다.

① **적극 노력해라.**

학생들이 시종 행동문제를 보이는 경우에는 대체로 긍정적인 관계형성이 어렵다. 그래서 생산적인 관계형성을 위한 방법을 적극 모색해야 한다. 물론 해당 학생이 학급에서 지속적으로 문제행동을 보일 경우에는 그렇게 하기가 매우 어렵다. 그럼에도 불구하고 지속적으로 긍정적인 관계를 형성하는 데 노력을 해야 한다.

② 학생들에게 관심이 있음을 그들에게 알려라.

학생들에게 그들 각자가 존중받고 있음을 알려줘라. 학생들의 가정생활, 주말활동, 취미 등을 물어 볼 시간을 마련해서 당신이 그들에게 관심이 있음을 보여주어야 한다. 수업 전이나 후에 학생과 대화를 나누면 미래의 행동 문제를 제거하는 장기적인 방안이 될 수 있다. 따라서 교사는 학생들과 함께할 시간을 찾아야 하고 만들어야 하는 것이다.

③ 존중을 표해라.

그들이 문제행동을 보일지라도 항상 존중을 표해라. 문제행동 때문에 화가 났다면, 목소리의 톤에 무시함이 묻어나지 않도록 더욱더 신경을 써야 한다. 또한 가능할 때마다 문제행동을 보이는 학생들의 긍정적인 행동을 찾아 말해주고 그러한 긍정적 행동이 전체 학급에 얼마나 도움이 되는지를 강조해야 한다.

④ 높은 기대를 바탕으로 분명한 목표를 정해라.

문제행동을 보이는 학생에게는 구체적이고 명확하게 진술된 목표가 필요하다. 그리고 당신이 그들의 과업과 행동에 대한 기대가 높음을 깨닫게 해 주어야 한다. 학생들은 적절한 행동을 할 것이라는 교사의 기대가 부모에 비해 더 높다는 것만으로 집에서보다 학교에서 더 나은 행동을 할 수 있는 것이다.

⑤ 단호해라.

궁극적으로는 교사가 자신의 학급을 책임져야 한다. 그래서 교사는 적절한 단호함과 지배성을 보여야 한다. 이는 경직되고 불친절한 지배를 의미하는 것이 아니라, 진행 중인 학급활동이 교사 자신이 관리하는 분명한 조직구조임을 의미하는 것이다.

⑥ 적절한 목소리를 사용해라.

노련한 교사들은 단호한 목소리가 반드시 화난 목소리일 필요가 없다. 오히려 훈육 상황에서 교사가 단호하고 약간 높은 목소리를 내면 상황을 진정시키고 학생들에게도 안정감을 줄 수 있다.

⑦ 적당한 신체언어를 사용해라.

교사의 신체언어가 부정적 행동과 관련된 상황을 호전시킬 수도 악화시킬 수도 있다. 학생의 물리적 공간을 침해하지 않으면서 단호한 자세로 학생과 마주봐야 한다. 문제학생을 대할 때 양 주먹을 움켜쥐거나 주먹을 허리에 얹는 신체적 공격을 나타내는 행동이나 몸짓을 삼가는 것이 좋다.

⑧ 분명한 학급 규칙을 활용해라.

지속적으로 문제행동을 보이는 일부 학생들은 자기 행동에 문제가 있다는 사실 자체를 인지 못할 수 있다. 예를 들면, 가정에서 가족 구성원들끼리 서로의 말을 중단시키거나 서로에게 "그건 바보 같은 생각이야"라는 식으로 말하는 학생은 학급 상황에서도 같은 행동을 친구들에게 하게 되는 것이다. 이에 교사는 교실에 적절한 행동에 대한 분명한 규칙을 게시하고 지속적으로 그들에게 이야기를 해 주어야 한다. 문제행동을 가진 학생들과 함께 규칙을 만들 때 비로소 그들은 규칙을 지켜야 한다는 이유를 알고 준수하게 된다. 바로 관여의 원리가 필요한 것이다. 일반적으로 학급 규칙은 '~하지 말기'와 같은 부정적 규칙이 아니라 '~해라'와 같은 긍정적으로 기술된 4~6가지의 학급 규칙이 가장 효과적이며 학생들은 규칙을 빈번하게 잊어버리기 때문에 학기 내내 지속적으로 가르쳐주어야 한다.

⑨ 문제행동에 대해 다양한 대처방법을 활용해라.

학생들에게 분명한 대처방법이 있는 구조가 필요하다 할지라도 어떤 규칙구조든 너무 집착하는 것은 현명하지 않다. 학생들의 문제행동에 대해 교사는 학생들의 성향과 문제행동이 발생한 상황에 맞게 다양하게 대처를 해야 한다. 예를 들면 수업에 집중하지 않는 학생이 있다면 그 학생쪽으로 걸어가는 것만으로도 학생이 수업에 집중할 수 있을 것이다. 하지만 수업 중에 다른 학생들에게 큰 소리로 욕을 하는 경우에는 남겨서 이야기를 할 수 있다. 혹은 다른 학생들에게 잘하는 학생의 긍정적인 행동에 대해 설명하고 이에 적합한 보상을 해 줄 수 있다.

2. 학생상담의 기초

1) 상담의 개념과 목표

(1) 상담의 개념

최근 들어 우리 생활 주변에는 결혼상담, 영양상담, 미용상담, 토지매매상담, 금융 및 자산관리상담 등 상담이란 용어가 매우 다양하게 사용되고 있다. 앞에서 언급한 상담들과 학생상담과의 공통점과 차이점은 무엇인가?

상담은 도움을 필요로 하는 내담자와 전문적 훈련을 받은 상담자와의 관계에서 수용적이고 구조화된 관계를 형성하고 내담자 자신과 환경에 대해 의미 있는 이해를 증진함으로써 내담자의 자기이해, 의사결정 및 문제해결이 이루어지도록 상담자가 전문적으로 도와주는 과정이라 할 수 있다. 하지만 이러한 개념도 학자들마다 약간씩 차이가 있다. Osipow(1980)는 상담이란 "내담자로 하여금 어떤 문제를 해결하도록 돕거나, 그의 능력을 보다 효과적으로 활용하는 방법을 발견하도록 돕거나 혹은 중요한 생의 결정을 하도록 돕는 목적으로 이루어지는 상담자와 내담자 사이의 일대일 상호작용"이라고 하였다. 이형득(1984)은 상담이란 "내담자의 자기성장을 궁극적인 목적으로 하여 상담자와 내담자 사이에 이루어지는 조력관계의 과정으로, 이를 통해 내담자의 문제를 해결하여 보다 잘 적응하게 하며 자기성장과 개발, 창조력의 신장을 돕게 된다"고 하였다. Thompson과 Rudolph(1993)은 "개인의 성장에 지장을 주는 장애를 극복하도록 사람을 도와주고, 그들이 가진 인적 자원을 최적의 상태로 발달시키도록 도와주는 과정"이라 했다. 연문희, 강진령(2002)는 도움을 필요로 하는 내담자가 상담에 대한 전문적 교육과 훈련을 받은 상담자와의 관계에서 내담자 자신의 심리적 삼각구도(psychological triangle), 즉 감정, 사고, 행동 측면의 변화를 촉구하고, 스스로의 힘으로 문제를 해결하며, 합리적인 의사결정을 함으로써 인간적 성장을 추구하는 과정이라고 하였다. 상담에 대한 이와 같은 학자들의 견해를 종합해 볼 경우에 다음과 같이 정의해 볼 수 있다.

상담은 도움이 필요한 내담자와 전문적 훈련을 받은 상담자 사이의 관계에서, 내담자가 겪고 있는 어려움과 문제들을 해결하고, 나아가 문제의 예방과 내담자의 사고, 감정 및 행동 측면의 인간적 성장을 노력하는 학습과정인 것이다.

(2) 상담의 목표

상담자가 내담자를 대상으로 상담을 하는 것은 내담자가 원하는 바를 상담자가 조력자의 역할로서 문제를 함께 해결해 나가면서 내담자를 인간적인 성장을 하도록 돕는 것이라 할 수 있다. 상담의 목표를 다음에서는 박경애(2011)와 연문희, 강진령(2002)를 참고하여 좀 더 구체적으로 살펴보도록 하겠다

① 내담자 행동의 변화

상담을 통해서 내담자가 보다 건전하고 생산적이고 만족스러운 생활을 할 수 있도록 행동을 긍정적인 방향으로 변화시켜 준다. 즉, 상담은 내담자를 보다 생산적이고 행복한 생활을 영위하고 만족한 삶을 누리도록 하는 데 도움이 되는 행동을 형성하거나 증진시키는 것을 목적으로 하는 것이다. 상담은 내담자가 타인과의 관계, 가족 상황, 학업성취, 직업상의 적응, 일상생활습관 등과 같이 어떠한 영역에 관련하여 긍정적인 행동변화를 촉진시켜야 하는 것이다.

② 내담자의 정신건강 증진

상담을 통해서 보다 적극적으로 내담자의 정신건강을 회복시켜 준다. 부정적인 정서에서 긍정적인 정신건강으로 변화가 되면 개인은 타인과의 통합, 적응 또는 적극적인 동일시 현상을 성취하게 된다. 또한 내담자는 책임을 느끼는 것을 배우고, 독립적이며 행동 통합을 이루게 된다. 아울러 상담의 노력으로 학생으로 하여금 일상생활에서 경험하는 욕구좌절이나 갈등, 비판, 초조, 파멸의 경지에서 벗어나 현명하게 현실적으로 긍정적인 사고를 지닐 수 있는 능력을 기를 수 있고 건전한 성격을 형성하면서 일상의 생활을 잘 수행해 낼 수 있게 된다.

③ 내담자의 문제해결과 증세의 제거

상담의 목표는 때로는 상담관계가 가져오는 문제의 해결 또는 시험, 걱정, 공포, 불감증, 무기력, 야뇨증, 알코올중독 등과 같은 증세를 제거하는 것으로 생각한다. 행동주의 상담자는 내담자가 부적응 습관을 가지고 있는데, 이들을 이완훈련 등을 통해 고통에서 벗어나게 하여 사회적으로 기능을 다할 수 있도록 하는 것이 중요하다. 즉, 문제의 해결을 자아의 실현과 동일시하는 것이 가능하며, 자아실현은 궁극적으로 개인의 행복을 가져와 참된 삶을 추구할 수 있도록 하는 것이다. 이에 학생들이 당면한 문제를 체계적이고 과학적인 방법을 통해서 해결해 나가는 데 초점을 둔다.

격변하는 사회변화 속에서 직면하는 많은 어려움과 문제들로 인한 고민이 해결되지 않을 경우에는 스트레스가 쌓이고, 욕구불만이나 좌절감을 초래하며 문제행동을 일으키기 쉽다. 문제행동이란 바로 비행, 폭력, 비리, 수단방법을 가리지 않는 행위, 반사회적인 행동, 퇴폐행위, 강도, 강간 등의 문제를 야기할 수도 있다. 따라서 청소년의 문제행동을 현명하게 해결할 수 있도록 상담활동이 학생 개인의 바람, 요구 수준에 적합하게 구성되고 이루어져야 하는 것이다.

④ 내담자의 자기 문제에 대한 의사결정의 조력

상담은 내담자가 자신에게 주어진 여러 가지 문제들을 타인의 의해서가 아닌 내담자 스스로 의사결정을 하도록 조력한다. 상담에서는 개인이 선택하고 결정하기 위해 필요한 정보를 제공하고 의사결정에 개입하는 정서적인 문제나 심리적인 특성을 확인하고 분석하며, 장애가 되는 측면을 극복하도록 한다. 상담을 통해서 내담자는 자신의 선택과 결정이 얼마나 중요한지를 인식하고 보다 합리적인 선택과 결정을 하기 위해서는 결정에 필요한 정보를 이해・수용・수집・평가하는 긍정적이고 적극적인 태도를 길러야 한다는 것을 깨달아야 한다. 즉, 일상을 살아가면서 우리는 크고 작은 수많은 선택을 하게 되고 이러한 선택이나 결정을 통해서 합리적인 의사결정을 할 수 있는 것이다.

⑤ **내담자의 잠재력 개발 및 수월성의 추구**

최근의 상담 흐름은 내담자의 병리적 문제의 원인을 파악하고 해소하는 상담보다는 긍정심리학에 초점을 두고 상담이 이루어지고 있다. 즉, 인간의 정신병리, 비정상, 그리고 그것의 치료를 넘어서서 삶의 긍정성을 기반으로 삶에 기여할 수 있다는 생각을 촉진시키는 것이다. 긍정심리학의 영역은 과거에 대한 만족과 웰빙, 현재의 행복과 몰입 그리고 미래에 대한 희망 등을 들고 있다. 개인적인 수준에서는 사랑과 일에 대한 역량, 용기, 대인관계 기술, 미적 감수성, 용서, 미래에 대한 마음 갖춤, 영성, 재능과 지혜 등을 들고 있다. 집단 수준에서는 시민사회의 가치, 책임감, 이타주의, 관용성, 인내성 그리고 직업윤리 등을 들고 있다. 이러한 영역들을 상담에 접목시켜 내담자가 자신의 잠재력을 개발하고 수월성을 추구할 수 있도록 돕는 것이다. 환언하면 이전의 많은 상담이 내담자의 병리적 문제점을 고치는 것에 역점을 두었다면 현재의 긍정심리학을 기반으로 한 상담은 내담자가 가지고 있는 강점에 초점을 두고 강점을 발견하고 강화시켜 자연스럽게 문제를 해결하도록 하는 것이다.

2) 상담의 원리

상담을 진행함에 있어서 기본적인 상담의 원리가 필요하다. 다음은 김충기(1998)의 내용을 요약하여 제시하였다.

(1) 개별화의 원리

개별화의 원리(individualization)는 내담자의 독특한 성질을 알고 이해하고, 보다 나은 적응을 할 수 있도록 각 개인을 도와주는 데 있다. 각기 다른 원리나 방법을 활용해야 한다는 원리이다. 상담자 개인의 개성과 개인차를 인정하는 범위 내에서 상담이 전개되어야 한다. 이를 위해서는 다음과 같은 원칙이 필요하다.

- 상담자는 편견이나 선입관으로부터 탈피되어야 한다.
- 인간 행동의 유형과 원리에 대해 전문적으로 이해하려고 해야 한다.

- 내담자의 말을 경청하고 세밀히 관찰하여야 한다.
- 내담자의 보조에 맞추어 진행할 수 있어야 한다.
- 인간의 감정 변화를 민감하게 포착해야 한다.
- 내담자와 견해차가 있을 때 앞을 내다보는 능력을 갖고 적절한 선택을 하여야 한다.

(2) 의도적 감정표현의 원리

의도적 감정표현의 원리(purposeful expression of feelings)는 내담자가 그의 감정, 특히 부정적 감정을 자유로이 표명하려는 그의 욕구에 대한 인식이다. 이러한 기본적인 원리 속에서 자유롭게 의도적인 표현을 보장받도록 편안하고 안정적인 분위기를 조성해 주어야 한다. 따라서 내담자에게 주어지는 효과는 압력이나 긴장으로부터 내담자를 완화시켜 주며, 문제에 대해서 내담자 자신이 올바르게 이해할 수 있는 기회를 주는 것이다. 내담자의 직면한 문제보다 내담자의 부정적인 표현 자체가 진정한 문제일 수 있는 것이다. 그러므로 상담자는 내담자의 감정 표현을 비난하거나 비판해서는 안 되며, 내담자를 이해하면서 경청하여야 하는 것이다. 이러한 지지 속에서 자신의 진정한 감정을 표현할 수 있기 때문이다.

(3) 통제된 정서 관여의 원리

통제된 정서 관여의 원리(controlled emotional involvement)는 내담자의 통제된 감정에 대한 상담자의 이해와 적절한 반응을 통해 내담자로 하여금 자연스럽게 표현하는 것이다. 즉, 상담자는 내담자의 정서 변화에 신중하게 반응하고 이해하여 내담자의 반응에 적절하게 관여를 하여야 하는 것이다.

(4) 수용의 원리

수용의 원리(acceptance)는 상담자가 내담자의 장단점, 바람직한 성격과 그렇지 못한 성격, 긍정적인 감정과 부정적인 감정 등을 있는 그대로 받아들이는 원리이다. 상담자는 내담자에게 따뜻하고 수용적이어야 한다. 내담자를 하나의 인격체로서 존중하고 말로나 행동으로 특히, 비언어적 단서인 얼굴표정에서 전달하여야 한다. 상담자는 내담자의 의견에 동의하지 못할 경우에는 동의하지 않는다는 사실을 분명히 전달하되, 그 표현이나 자세는 어디까지나 온화해야 한다. 다시 말해서 상담자와 내담자 간에 의견이 일치하지 않는 것과, 상담자가 내담자를 수용하지 않거나 거부하는 것과는 구별해야 한다.

(5) 비심판적 태도의 원리

비심판적 태도의 원리(non-judgement attitude)는 상담자가 내담자의 문제에 대하여 옳다, 그르다 등의 판단을 하지 말라는 원리이다. 내담자는 자기의 잘못이나 문제에 대하여 결과를 나무라거나 책임을 추궁하거나 잘못을 질책하는 것을 두려워한다. 그들은 죄책감, 열등감, 불만감, 고독감 등을 가지고 있기 때문에 타인의 비판에 상당히 예민하여 상담자가 부정적인 태도를 보일 경우 내담자들은 자신들을 방어하기 위해서 노력을 한다. 따라서 상담자는 내담자를 객관적으로 그의 행동·태도·가치관 등을 평가하여야 하며, 어떠한 문제에 대하여 '책임져야 한다', '잘못했다', '나쁘다' 등의 판단적 언어를 사용하지 않는 것이 좋다. 상담자가 이러한 태도의 원리를 지키려면 다음의 노력이 필요하다.

- 상담자가 선입견의 지배를 받아서는 안 된다.
- 내담자의 보조에 맞추어 상담을 하지 않고, 내담자의 발언을 자주 가로막고 성급한 결론으로 이끌어서는 안 된다.
- 분류화시키려는 자세를 취해서는 안 된다. 즉, 어떠한 유형의 틀로 집어 넣으려는 인상을 갖지 말아야 한다.
- 상담자에 대하여 적의를 품는 부정적 감정을 가질 수 있다는 내담자도 있다는 것을 알고 있어야 한다.

(6) 자기결정의 원리

자기 결정의 원리(self determination)는 내담자 스스로 자기가 나아갈 방향을 선택 · 결정하도록 내담자의 욕구, 잠재적 힘을 자극하여 지도하는 원리이다. 그렇게 하기 위해서 상담자는 내담자가 자기 수용을 할 수 있도록 도와주어야 하고, 내담자의 잠재능력 즉, 장점과 능력을 발견하고 활용함으로써 인격적 발달을 도모할 수 있게 자극해 주어야 하며, 내담자에게 법률, 제도, 사회시설 등의 광범위한 사회적 자원을 알게 함으로써 자기선택, 자기결정의 참고자료로 삼도록 해야 한다.

(7) 비밀보장의 원리

비밀보장의 원리(confidentiality)는 상담자가 내담자의 문제에 관해서 비밀을 보장하는 원리이다. 상담과정 중 가장 중요하게 명심해야 할 사실은 상담자가 내담자의 대화의 내용을 아무에게나 이야기하는 습관을 버리고 반드시 비밀을 지켜야 한다. 상담은 본질적으로 내담자가 상담자를 신뢰하고 믿는 데에서 이루어진다. 따라서 어떠한 경우에 놓여 있는 문제라도 개인의 명예훼손이나 누를 끼치는 일을 이야기해서는 안 된다. 상담자는 비밀을 지켜 줄 윤리적 의무가 있다.

3. 상담이론

1) 정신분석상담

정신분석학이란 인간의 마음과 행동이 어렸을 때의 경험에 의해 크게 좌우되며 또한 무의식에 의해 강하게 영향을 받고 있다는 관점을 가지고 있으며, 인간의 마음과 행동이 어떻게 무의식에 지배되고 있는지 그 방법을 규명하는 것이다. 이에 정신분석상담의 목표는 내담자로 하여금 무의식적 갈등을 의식화시켜서 행동의 동기를 각성 · 통찰할 수 있게 하여 의식 수준에서 행동할 수 있게 도우려는 것이다. 즉, 상담자는 무의식에 내재되어 있는 내담자의 문제행동에 대한 각성과 통찰을 도와서 내담자가 개인적으로 잘 적응하고 성장, 발달을 하도록 돕는 것이다.

정신분석상담은 원초아로 표현되는 id나 초자아로 표현되는 superego의 기능을 조절하여 자아라 불리는 ego의 기능을 강화하여 성격구조의 조화로운 발달을 가져오게 한다. 또한 정신분석상담은 성격의 세 가지 구조인 원초아, 자아, 그리고 초자아 간의 마찰과 갈등으로 생긴 불안심리(현실적 불안, 신경증적 불안, 도덕적 불안)로 인한 불합리한 방어기제에 대한 올바른 이해를 하고 해결 할 수 있도록 도와준다.

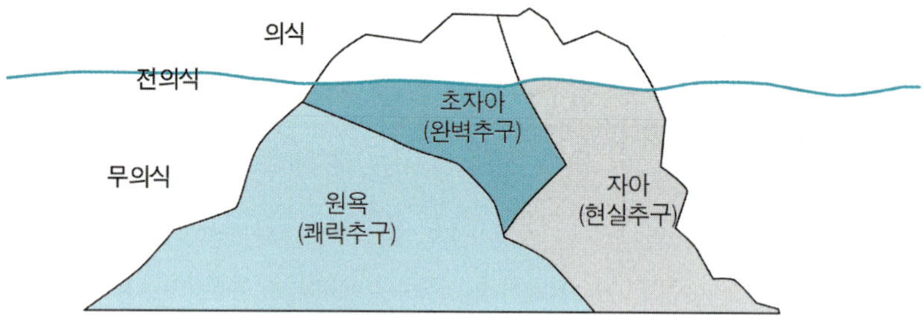

그림 9-1 프로이드의 성격 구조

상담과정은 내담자의 문제와 상담자의 접근방법에 따라 다양하다. 이해성(2000)의 경우에는 다음과 같이 상담 과정을 제시하였다(박경애, 2011, 재인용).

① **개시 단계**

- 초기 접촉을 통하여 내담자가 신경증적 행동과 증상을 보인다.
- 내담자가 갈등, 부정적 감정 등 도움을 필요로 하는 심리적 불편을 호소한다.
- 상담자가 내담자의 언어 내용에서 갈등의 핵심, 주제내용과 관련된 행동을 추리한다.

② **전이발달 단계**

- 상담자에 대한 전이감정을 드러낸다.
- 상담자는 전이를 발달시켜 내담자의 갈등이 표면화되도록 한다.
- 내담자의 전이와 저항적 언어반응을 해석한다.
- 내담자의 통찰반응을 수용·격려한다.
- 어린 시절의 경험을 재구성한다.

③ 훈습 단계

- 통찰경험을 반복한다.
- 통찰경험을 정교화한다.
- 통찰 경험을 확대한다.

④ 종결 단계

- 종결에 대한 감정을 다룬다.
- 종결한다.
- 추수면접을 계획하고 실천하다.

정신분석은 내담자로 하여금 내담자로 하여금 자유롭게 회상하고 연상되는 대로 이야기하게 하여 그의 무의식 세계를 의식화하여 치료의 목적을 달성하는 것이다. 무의식 세계가 인간의 행동을 지배하는 것으로 간주하고 있다. 그러므로 내담자로 하여금 자기 스스로 무의식의 심리를 통찰할 수 있게 하고, 상담자는 내담자의 무의식의 세계를 알아내는 것이다. 자유연상법 등의 기법을 사용하여 내담자를 치료한다.

2) 인간중심상담

인간중심상담은 칼 로저스(Carl R. Rogers)에 의해서 창안된 상담방법으로 초창기에는 비지시적 상담, 중반기에는 내담자중심상담, 후반기에는 인간중심상담으로 변화되었다. 인간중심상담은 심리적 부적응을 겪고 있는 사람뿐만 아니라 인간적

참고자료

칼 로저스(Carl R. Rogers, 1902~1987)

인간은 근본적으로 긍정적인 존재, 발전가능성이 있는 존재로 본 그는 현상학적인 자기이론을 근거로 하여 19가지의 명제를 설정하고, 자기의 구조와 기능을 중심으로 유일한 성장동기에 의한 자기실현의 기법으로서 인간중심상담을 발전시켰다.

성숙과 자기실현을 추구하는 모든 정상적인 사람들에게 적용할 수 있다.

인간중심 상담자가 내담자에게 진솔하고, 내담자를 무조건적인 긍정적 존중을 보이고 내담자의 감정을 공감한다면 내담자는 자아실현의 경향성을 발휘한다고 믿는다. 이에 인간중심 상담의 목표는 한 개인이 지니고 있는 문제의 해결보다는 인간적 성장에 목표를 두고 있다. 즉, 충분히 기능하는 인간이 되도록 돕는 것이라고 할 수 있다. 여기서 기능을 충분히 발휘하는 사람의 특징으로 경험에의 개방성(openness to experience), 실존적 삶(existential living), 유기체적인 신뢰감(organismic trusting), 경험적 자유성(experiental freedom), 창조성(creativity)을 들 수 있다.

또한 인간중심 상담에서의 상담자는 내담자에게 '무엇을 하도록' 시키는 기법의 수행자가 아니라 상담자의 태도와 존재양식을 통해 내담자의 변화를 유도하는 조건의 제공자인 것이다. 즉, 상담자는 내담자에게 구체적으로 사용되는 기법보다 상담 장면에서 상담자가 내담자에 대해 보이는 태도가 행동의 변화에 훨씬 더 중요한 도구가 된다고 말한다. 그러므로 상담자는 내담자와의 관계 속에서 내담자의 성장을 촉구하는 치료의 분위기를 조성해야 하여 내담자가 자신의 삶의 왜곡을 바로 보고 자유를 경험하도록 허락하여 자신의 주변 세계에 대해서 방어적이지 않고 자신의 가능성에 열린 태도를 가지도록 도와주어야한다.

이에 상담자와 내담자의 관계에서는 일치성 및 진솔성(congruence/genuineness), 무조건적 긍정적 존중(unconditional positive regard), 공감적 이해(emphatic understanding)가 상담자에게 중요한 태도가 된 것이다. 또한 로저스는 상담관계의 6가지 필요충분조건을 제시하였다(박경애, 2011).

① 상담자와 내담자가 심리적 접촉을 한다.
② 내담자는 불일치의 상태에 있고 상처받기 쉬우며 초조하다.
③ 상담자는 내담자와의 관계에서 일치성을 보이며 통합적이다.
④ 상담자는 내담자를 위해 무조건적 · 긍정적 존중을 경험한다.
⑤ 상담자는 내담자의 내적 참조틀을 바탕으로 한 공감적 이해를 경험하고 내담자에게 자신의 경험을 전달하려고 시도한다.

⑥ 내담자는 의사소통의 과정에서 상담자의 무조건적 긍정적 존중 및 공감적 이해를 지각하고 경험한다.

3) 행동주의 상담

행동주의 상담은 철저하게 관찰가능하고 측정 가능한 외현적 행동의 변화에 초점을 두고 있다. 그러므로 철저하게 통제된 연구에 의한 실험적 발견에 의존하며 광범위한 임상적 절차를 활용한다. 이에 행동주의 상담이론은 과학적 원리가 포함되어 있다. 이에 행동주의 상담에서의 상담의 목표 설정은 매우 중요하며 상담의 목표는 구체적이고 달성 가능한 행동 단위로 내담자와 합의하여 설정하여야 하며 목표가 고정된 것이 아니라 상담의 진행과 함께 목표의 수정도 가능하다(Martin & Pear, 2003).

행동주의 상담자는 상담에서 능동적이고 지시적인 역할을 담당해야 한다. 그들은 과학적 지식을 인간 문제의 해결에 활용하기 때문에 때로는 교사의 역할을 수행해야 하기도 한다. 행동주의 상담자들은 다른 상담자들과 마찬가지로 내담자가 준 단서에 주의를 기울이며 요약, 반영, 명료화 등의 기법도 필요에 따라 사용할 수 있다. 행동주의 상담은 내담자와 상담자 모두 적극적인 역할을 해야 하며 특히 내담자는 자신의 명확한 역할이 있고 상담과정에 대한 내담자의 인식과 참여가 상담의 결과에 상담한 영향을 미친다. 물론 행동주의 상담에서는 관계지향적인 접근의 상담자들이 중요하게 여기는 공감적 이해, 따스함 등이 전적으로 동의를 하지 않지만 상담자와 내담자의 관계가 중요하다고 하며 이러한 것들이 행동의 변화를 촉진시킨다고 주장한다.

행동주의 상담에서의 주요 기법은 이완훈련(relaxation training), 체계적 둔감법(systematic desensitization), 토큰제도(token economy), 타임아웃(time out), 모델링(modeling), 노출기법(exposure technique), 표현훈련(assertion training), 자기관리 프로그램(self-management program) 등이 있다.

참고문헌

공석영, 권형자(2005). 생활지도와 상담. 서울: 동문사.

교육과학기술부(2010). 2010년 교원능력 개발평가 표준매뉴얼.

김계현, 김동일, 김봉환, 김창대, 김혜숙, 남상인, 천성문(2009). 학교상담의 생활지도. 경기: 양서원.

김영봉, 권순희, 장성화, 황인호, 김옥진, 유홍위(2011). 생활지도와 상담. 서울: 서현사.

김충기(2001). 생활지도와 상담. 경기: 한국학술정보(주).

김태호(2004). 학생생활지도와 상담. 서울: 학지사.

박경애(2011). 상담심리학. 경기: 공동체.

박성수(2002). 생활지도. 경기: 정민사.

연문희, 강진령(2002). 학교상담 - 21세기의 학생생활지도. 경기: 양서원.

이영덕, 정원식(1994). 생활지도와 상담. 경기: 교육과학사.

이재창(2005). 생활지도와 상담. 서울: 문음사.

이형득(1984). 상담의 이론적 접근. 서울: 형설출판사.

정용부, 고영인, 신경인(1998). 아동생활지도와 상담. 서울: 학지사.

Asch, S. (1995). "Opinions and Social Pressure." In readings about the social animal, ed. Eliott aronson, 13. NY: Freeman.

Berk, L. E. (2007). 아동발달. (박낭자, 강숙현, 박경희 역). 경기: 정민사. (원서 2000년 발행).

Jones, A. J. (1970). *Principle of guidance*. NY: McGraw-hill.

Macklem, G. L. (2006). 학교 따돌림의 지도와 상담-여러 나라의 연구사례. (황혜자, 김종운 역). 서울: 동문사. (원서 2004년 발행).

Martin, G., & Pear, J. (2003). 행동수정 (이임순, 이은영, 임선아 역). 서울: 학지사. (원서 2003).

Sousa, D. A. (2011). 뇌를 알면 문제행동 해결이 보인다. (김유미 역). 서울: 시그마프레스. (원서 2009).

Thaler, R. H., & Sunstein, C. R. (2009). 넛지. (안진환 역). 서울: 리더스북. (원서 2008년 발행)

Thompson, C., & Rudolph, L. (2000). *Counseling children*(4th ed.). Pacific Grove, CA: Brooks/Cole.

Traxler, A. E., & North, R. D. (1966). *Techniques of guidance*. NY: Harper & Row.

교육행정은 교육적 논의를 위한 교육이론에 대한 전문적 지식과 소양을 요구한다. 교육행정의 특성에 대한 탐구과정은 교직 수행에 필요한 지식과 경험을 갖출 수 있게 도와줄 것이다. 이 단원은 학교 현장에서 활용할 수 있는 교육행정에 대한 종합적인 이해에 도움을 주고자 한다. 또한 학교에서 적용될 수 있는 현장성을 염두에 두고 이론과 실제의 조화를 도모하고자 하였다.

Chapter 10

교육행정의 이해

Chapter 10 교육행정의 이해

1. 교육행정의 개념

교육행정(educational administration)은 시대와 사회적 상황과 관점에 따라 학자들에 따라 다르게 규정되어 그 의미가 달라진다. 일반적으로 교육행정은 교육활동이 잘 이루어지도록 지원하는 일을 의미한다. 교육행정은 교육을 위해서 필요하며, 그 존재가치를 가진다.

행정을 의미하는 "Administration"의 어원은 ad(to) + minister(serve)로, 본질적으로 지원활동이며 또한 봉사활동이다. 그리고 교육행정은 교육목적을 정하고, 정해진 목표를 달성하기 위해 필요한 인적·물적·재정적인 지원을 투입하고, 투입한 자원들이 목표를 이루기 위해 그 기능을 발휘하도록 지원하는 봉사활동이다.

> 교육행정은 "교육의 목적을 효과적으로 달성하기 위하여 교육법규나 정책을 입안·집행하고, 교수·학습에 필요한 제 조건을 정비·확립하며 교육조직구성원의 협동적 행위를 능률적으로 조성하는 수단적 봉사활동의 과정"으로 정의된다(남정걸, 2006; 윤정일 외, 2008; 임연기, 최준렬, 2010).

교육행정의 일반적인 목적은 첫째, 능률적인 교육 목적의 달성 둘째, 인적·물적 자원의 공정한 집행 셋째, 사회구성원들이 잠재력을 최대한 발휘할 수 있는 교육환경 조성 넷째, 학교의 시설, 교구, 교사의 수와 교육능력 등 적절한 교육환경을 제공하기 위한 노력 등을 제시할 수 있다. 또한 교육행정의 유사 용어는 표 10-1 과 같이 분류할 수 있다.

표 10-1 교육행정의 개념

용어	내용
교육행정	전체 국민들의 교육받을 권리를 보장하기 위해 정책개발과 집행에 중점을 둠
학교행정	학교단위의 교육행정, 국가 또는 지역사회의 교육적 필요를 기초로 교육목표를 수립, 교육평가, 구성원들 간의 갈등 해소, 지역사회와의 관계를 개선, 교직원의 업무를 조정하고 지도 · 지원.
교육경영	교육행정 개념에 조직론이나 체제분석이론을 도입하여 투입, 과정, 산출, 환경 등 여러 요인 간의 상호작용적 측면에 있어서 그 효과를 극대화하고자 하는 개념
학교경영	교육목적의 효과적 달성을 위하여 학교장이 그의 교육사상에 의하여 창의적이고 자율적인 관점에서 교육활동을 운영

교육행정의 개념은 '교육에 관한 행정'과 '교육을 위한 행정'의 두 가지로 크게 나누어 볼 수 있다(신현석 외, 2011). 먼저, 교육행정을 '교육에 관한 행정'으로 보는 입장은 국가가 통치행위를 수행하는 데 있어서 정책 및 법규 실현을 강조하는 행정의 과정에 초점을 둔다. '교육에 관한 행정'은 첫째, 공권적 해석, 공법학적 해석 관점에서 접근하는 법규해석론 둘째, 국가의 권력기관이 교육정책을 실현하는 과정으로 보는 정책실현설 셋째, 일련의 순환적인 조직운영 활동으로 보는 행정과정론으로 나누어진다.

다음으로 '교육을 위한 행정'의 개념은 교육행위와 제도운영이 잘 수행될 수 있도록 봉사하여 도와주는 것으로, 행정의 본질을 수단적인 봉사활동으로 본다. '교육을 위한 행정'은 첫째, 사회적 · 공공적 활동으로서의 교육활동에 관하여 목표를 설정하고, 그 목표 달성에 필요한 조건들을 정비 · 확립하고 조장하는 것으로 보는 기능주의론 둘째, 교육목표의 합리적이고 효율적 달성을 위한 집단적 협동행위를 강조하는 협동행위론 셋째, 교육목적을 달성하기 위해 교육지도성을 발휘하는 활동으로 보는 교육지도성론으로 나누어진다.

교육행정의 넓은 의미를 살펴보면, 교육행정에 교육정책과 교육제도, 교육기획 등이 모두 포함되는 것으로 이해할 수 있으며, 교육정책의 결정과정이 모두 행정활동에 속하게 되어 교육정책은 교육행정에 포함된다. 또한, 교육행정은 교육의 대상에 따라 유아교육행정, 초등교육행정, 중등교육행정, 고등교육행정, 교원교육행정, 특수교육행정, 사회교육행정, 해외교육행정으로 나누어 볼 수 있다. 또 교육조직의 각 단계에 따라 분류하면 학교행정, 지방교육(자치)행정, 중앙교육행정으로 구분된다.

2. 교육행정의 과정

교육행정의 과정은 교육행정가가 어떤 역할을 해야 하며, 교육행정이 어떠한 순환적 경로를 통해서 이루어지고 있는가에 초점을 두는 것이다. 즉, 교육행정의 목표 설정, 실천, 평가의 과정에서 이루어지는 여러 구성요소를 파악하고 교육행정가에게 그가 해야 할 역할과 기능이 무엇인지를 알려주는 교육행정 직무 수행의 안내 역할을 하는 것이 교육행정 과정의 목적으로 볼 수 있다.

페욜(H. Fayol)은 행정의 기능(function of administration)을 다음의 그림 10-1 과 같이 기술하였다. 첫째, 기획(planning)은 조직의 목적을 달성하기 위해 미래를 예측하고 실행계획을 수립하는 것이다. 둘째, 조직(organizing)은 부서를 정해 구성원들의 역할을 규정하고, 권한과 책임의 한계를 정하는 것이다. 셋째, 지휘(directing)는 의사결정을 하고, 결정된 사항을 부서나 구성원들이 민주적으로 수행하는 것이다. 넷째, 조정(coordinating)은 수행하는 역할이 중복되거나 부족한 부분이 있으면, 각 부서별 활동을 조절하여 교직원의 노력과 각 부서의 활동 및 제반 물적 자원이 최선의 산출을 기할 수 있도록 통합하고 조절하는 것이다. 다섯째, 통제(controlling)는 교육목표의 달성 정도를 분석하고 검토하여 교육행정 과정에서 나타난 문제점을 발견하고, 이를 피드백하여 교육행정의 성과를 거두는 것이다.

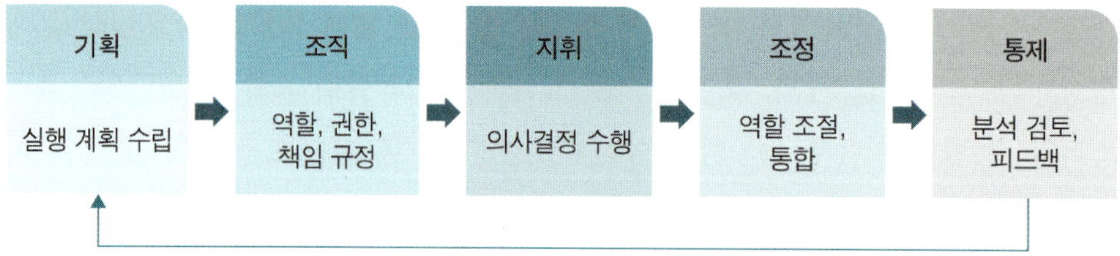

그림 10-1 행정의 기능

시어즈(J. Sears)는 교육행정과정의 5가지 요소를 그림 10-2 와 같이 제시하였다. 첫째, 기획은 예비조사·연구를 통해 학교가 당면하고 있는 문제나 실태를 파악하여 학교가 무엇을, 어떻게 할 것인가를 구체적으로 작성한다. 둘째, 조직은 학교 교육목표의 효율적 달성을 위한 분업적 협동체제를 구성한다. 예를 들어 교육지도 조직(교장, 교감, 학년주임, 담임), 사무조직(교무, 연구), 인적자원(학급, 학년, 위원회 등)과 물적 자원(건물, 시설, 교육매체 등)을 배치하고 규칙과 원리(교육방침, 학습지도안, 일과표 등)를 재구조화 한다. 셋째, 지휘는 지도, 자극, 동기화 등으로 불리며, 의사결정을 하여 조직구성원들이 행동할 수 있도록 지시사항을 하달하고 조직목적에 맞도록 교사의 자발적 노력을 유도한다. 넷째, 조정은 행정이 관여하는 인사, 조직, 재정, 시설, 수업 등이 학교의 교육목표 달성에 맞도록 조절한다. 특히 교사들이 가질 수 있는 개인목표와 교육목표의 불일치를 대면적 접촉을 통해 적절하게 해소시켜 준다. 다섯째, 통제는 평가, 환류, 시정조치 등으로 불리며, 교직원의 활동을 감독하거나 성과를 얻기 위해서 통제가 실시된다. 통제의 수단으로는 법, 규칙, 지시, 계획, 전통, 직업윤리 등이 그 도구로 활용된다.

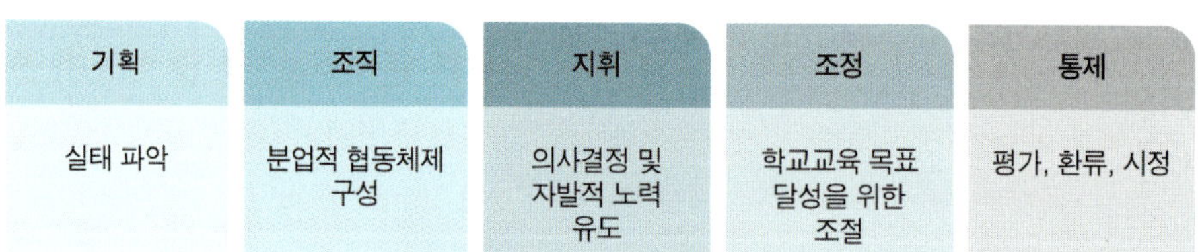

그림 10-2 교육행정 과정의 요소

3. 교육행정의 주요 원리

우리나라의 교육행정 운영의 원리는 법제적 원리와 운영적 원리 두 차원으로 나누어 볼 수 있다.

1) 교육행정의 법제적 원리

① 합법성의 원리는 모든 행정은 법에 의거하고 법이 정하는 범위 내에서 이루어지는 것을 원칙으로 한다. 즉 교육행정의 모든 활동이 합법적으로 제정된 법령, 규칙, 조례 등에 따라야 하는 법률적합성을 가져야 함을 의미한다. 교육행정은 헌법 제31조의 규정을 비롯하여 교육기본법, 교육공무원법, 사립학교법 등의 법률과 그것을 기초로 하는 각종 대통령령, 교육부령 및 훈령 등에 의하여 집행되고 있다.

② 기회균등의 원리는 헌법 제31조 제1항에 "모든 국민은 능력에 따라 균등하게 교육받을 권리를 가진다", 교육기본법 제3조에서는 "모든 국민은 평생에 걸쳐 학습하고 능력과 적성에 따라 교육받을 권리를 가진다", 제4조에서는 "모든 국민은 성별, 종교, 신념, 사회적 신분, 경제적 지위 또는 신체적 조건 등을 이유로 교육에 있어서 차별을 받지 아니 한다"고 규정하는 데 그 근거를 두고 있다.

③ 적도집권의 원리는 교육은 외부의 부당한 지배를 받지 아니하며, 주민의 적극적인 참여와 더불어 지역 실정에 따라 그 지역 주민들의 공정한 통제에 의한 것을 특징으로 하고 있다(윤정일 외, 2008). 행정의 능률성 향상을 도모하는 중앙집권제와 민주적 권한의 위양(委讓)과 참여의 기회 보장을 추구하는 지방분권제 간에 균형을 찾으려는 원리이다. 더불어 행정기능 면에서 중앙교육행정기관과 지방교육행정기관 간에 균형을 발견하려는 적극적 노력이 필요하다.

④ 자주성 존중의 원리는 교육이 그 본질을 추구하고 교육의 자주성과 정치적 중립성을 보장하기 위하여 일반 행정으로부터 분리되어야 함을 말한다. 교육의 자주성은 모든 개인이 인간으로서의 존엄과 가치를 누리기 위한 권리인 학습권을 가진다는 것을 전제한다. 헌법 제31조 제4항은 "교육의 자주성, 전문성, 정치적 중립성 및 대학의 자율성은 법률이 정하는 바에 의하여 보장된다"고 규정하며 헌법에서도 이 원리를 특별히 보장하고 있다(표시열, 2008).

합법성의 원리 : 법에 근거한 행정

기회균등의 원리 : 교육받을 권리 제공

적도집권의 원리 : 국가와 지역 간 균형

자주성존중의 원리 : 정치적·종교적 중립성과 학교 자율성

그림 10-3 교육행정의 법제적 원리

2) 교육행정의 운영적 원리

① 타당성의 원리는 교육목적에 맞는 타당한 교육행정이 되어야 한다는 원리이다. 교육행정은 관료화 현상에서 초래되는 목표와 수단의 도치 현상과 같은 여러 병리 현상에서 벗어나 교육목적에 맞고 그 목적에 비추어 타당한 행정이 되어야 한다는 것이다.

② 능률성의 원리는 교육행정이 효율적이고 효과적으로 집행되어 한다는 원리이다. 여기서 효율성은 효과성과 능률성을 동시에 포함하여 행정활동을 수행하는 데 있어서 최소한의 인적·물적 자원과 시간을 들여서 최대의 성과를 거두는 것이다. 교육행정에서 능률성의 원리는 장기적 평가에 의한 능률성과 사회적 능률성을 중시한다.

③ 적응성의 원리는 새로운 사태에 신축성 있게 대응하고 조화적 관계와 능률적 성과를 계속적으로 유지하는 것을 의미한다. 교육활동이 사회변화에 능동적으로 대처하고 사회변화를 바람직한 방향으로 조절해 나가기 위해 교육행정에서 적응성의 원리가 강조되고 있다. 또한 적응성의 원리는 시간적인 변화와 공간적인 변화에 모두 적용되는 원리이다.

④ 안정성의 원리는 국민적 합의과정을 거쳐 시행되는 교육정책과 프로그램은 장기적인 안목에서 일관성과 계속성을 유지해야 한다는 것이다. 빈번한 제도의 개편이나 개혁은 행정의 낭비를 가져올 수 있다. 현재 실시되고 있는 교육활동이 지속성과 안정성을 가질 수 있기 위해서는 전통을 계승하고 그 안에 있는 좋은 부분을 강화·발전시키려는 태도가 필요하다.

⑤ 전문성 보장의 원리는 교육활동의 본질을 이해하며, 교육의 특수성을 스스로 체험하고, 교육행정에 관한 이론과 기술을 습득한 전문가가 담당하여야 한다는 원리이다. 여기서 말하는 전문성은 업무의 독자성 또는 특수성을 의미하며, 지적·기술적 수월성으로서 특별한 지적 교육과 훈련을 쌓아야만 그 업무를 수행할 수 있다는 것이다(김종철, 1996).

타당성의 원리 : 교육목적에의 부합성

능률성의 원리 : 교육의 경제성 추구 및 능률 추구

적응성의 원리 : 교육환경과 요구에 대한 대응

안정성의 원리 : 정책·행정의 일관성과 계속성

전문성보장의 원리 : 교육의 특수성과 원리를 이해하는 전문가가 담당

그림 10-4 교육행정의 운영적 원리

4. 교육행정이론의 발전

1) 교육행정이론의 발달과정

교육행정은 교육활동을 지원하는 실천적 · 실제적 활동이라고 할 수 있다. 교육행정의 실제 활동이 활발해지고 이론이 성숙되면서 이를 체계적으로 연구하려는 경향이 나타났다. 미국의 교육행정이론 발달과정은 1910~1930년을 과학적 관리시대, 1930~1950년을 인간관계시대, 1950~1970년을 행동과학시대로 나눌 수 있다. 미국의 교육행정이론 발달과정은 다음 표 10-2 와 같다.

표 10-2 미국의 교육행정이론 발달과정

시기	대표 학자	내용
1910 ~ 1930년 과학적 관리 시대	테일러(Taylor)	• 미국이 경제공황을 겪는 시기로 생산과 능률을 올리느냐에 초점을 맞추었다. 능률지상주의로, 인간은 돈을 위하여 일을 하기 때문에 생산을 많이 하면 많은 돈을 주어 인간의 동기를 유발시키려고 하였다. • 시간동작연구(time and motion study)는 인간의 동작 하나하나를 분석하고 작업시간과 휴식시간을 스톱워치를 가지고 재는 연구이다. 이 연구의 문제점은 어느 정도 성과를 올렸다 하더라도 인간이 기계의 부속품처럼 취급되었다는 점이다. 이후 교육과 교육행정에 적용되어 학교가 공장, 학생은 원료, 교육방법은 생산방법, 교원은 생산자이자 종업원에 비유되고, 모든 것이 표준화되고 학급편성과 시험제도가 도입되었다.
1930 ~ 1950년 인간 관계 시대	폴렛(Follett), 메이요(Mayo), 뢰슬리스버거(Roethlisberger), 딕슨(Dickson)	• 호손(Hawthorne) 공장에서 이루어진 호손실험은 연구과학적 관리시대의 사고방식에 의하여 작업실의 밝기와 전화기 조립 생산량이 비례할 것이라는 가설 하에 실험집단을 표집하여 실험한 결과 가설이 성립되지 않았다. • 방의 밝기에 따라 생산량이 비례하여 올라갈 때까지는 과학적 관리론이 긍정되었으나, 방의 밝기를 차차 어둡게 하여 처음 실험을 시작할 때보다 더 어둡게 했는데도 생산량은 계속 올라갔다. 직원들이 어둡다고 불평하면서도 생산량은 계속 올라가니 과학적 관리론으로는 이를 설명할 수 없었다. 연구자들은 실험집단 내에 물리적 요인 이외에 심리적 환경, 인간관계, 사회적 요인이 형성되어 이들 요인이 물리적 요인보다 더 영향을 주었다는 결론을 얻게 되었다.

시기	대표 학자	내용
		• 특히 집단의 사기, 직무만족, 응집력 등이 중시되기 시작하였다. 진보주의와 함께 행정에서도 민주행정, 수평적 행정, 참여행정이 강조되게 되었다.
1950 ~ 1970년 행동 과학 시대	바나드(Barnard) 사이몬(Simon) 그리핀스(Griffiths)	• 교육행정에 이론화 운동이 일어나고, 행정가의 행동에 관심이 집중되었다. 과학적 관리시대에는 조직목적을 강조하였다면 인간관계시대는 개인의 특유성, 종업원의 목적을 강조하였으며 행동과학시대에는 양자를 조화시키려는 시대이다. • 조직을 협동체제로 보고, 조직에 대한 기여와 만족감의 형평형, 공식조직과 비공식조직을 모두 인정하고, 특히 지도자의 행동에 관심을 가졌다. 지도성은 주도적 구조중심(initiative structure) 지도자 행동과 배려성 중심(consideration) 지도자 행동, 과업(task)중심 지도자와 종업원(person) 중심 지도자 등의 연구가 나타나게 되었고, 의사결정에서도 합리적 의사결정 모형이 나오게 되었다. • 행동과학과 동시에 체제론(system theory)이 나타났다. 체제론은 현상을 이해하고, 이를 바탕으로 문제를 해결하고자 하였다. 조직에서 일어나는 여러 가지 사건들을 전체적인 순환적 인과관계 또는 역동적 관계로 이해하고 사고하는 접근방식이다. 체제는 환경으로부터 자원이 투입(input)되어 과정(process, throughput)을 거쳐 산출(output)을 하고 이를 다시 피드백(feedback)하여 재투입하는 순환과정을 거치게 된다. 즉, 투입, 과정, 산출을 부분으로 보는 것이 아니라 전체로 보는 사고방식이다.

먼저, 과학적 관리시대의 관리론의 창시자인 테일러(Taylor)는 19세기 후반 미국의 근대적 공장제도가 확립되는 과정에서 작업 현장의 문제점을 해결하기 위한 새로운 관리기법으로 과학적 관리론을 주장하게 되었다. 그는 시간연구와 동작연구를 통해 불필요한 작업상의 시간과 동작상의 낭비를 제거하여 작업의 효율화를 이루고자 하였다.

테일러가 제시한 과학적 관리의 네 가지 원리는 그림 10-5 와 같다. 첫째, 관찰과 자료수집 및 신중한 측정을 통해 경영자는 각 직무를 수행하는 '하나의 최선의 방법'을 결정하는 과학적 직무분석(scientific job analysis), 둘째, 직무 분석 후 노동자를 과학적으로 선발하여 훈련시켜 발전시키는 직원의 선발(selection personnel), 셋째, 경영자는 과학적 관리의 원리에 따라 노동자와 협력하는 협력관리(management cooperation), 넷째, 경영자는 기획, 조직, 의사결정 활동을 담당하고, 노동자는 직무를 수행하는 기능적 감독(functional supervising)이다.

그림 10-5 테일러(Taylor)의 과학적 관리의 네 가지 원리

다음으로, 인간관계시대의 인간관계론은 1924~1932년까지 약 8년간 미국 시카고(Chicago) 근교의 서부전기회사의 호손공장에서 메이요(Mayo)와 그의 동료들에 의해 수행된 호손연구(Hawthorne Studies)를 토대로 성립된 이론이다. 이 연구는 4차에 걸친 일련의 실험과정을 통해 물리적 조건과 인간적 요인의 변화에 따라 생산성이 어떻게 달라지는가를 규명하고자 한 연구이다. 인간의 생산력은 누구와 같이 일하고 얼마만큼 사람다운 대접을 받고 있으며 자기 능력이 얼마만큼 인정받고 있는지와 같은 인간적 및 사회심리적인 요인들에 의하여 더 영향을 받는다는 원리이다. 즉, 개인과 작업집단 간의 조화와 협력이 인간관계론의 핵심 개념이며, 호손공장 실험연구의 사상적 기초가 되었다.

호손공장에서의 실험연구는 비공식적인 집단을 연구대상으로 한 대표적인 연구로 인간관계론의 기초가 되었다. 호손공장은 다른 기업체들이 노동자들에게 제공한 다양한 복지제도들인 연금제도, 오락, 후생시설 등을 사원들에게 공여하고 있었으나, 3만 명 이상의 사원을 가진 호손공장은 생산성이 저하되었을 뿐만 아니라 항상 불평, 불만, 갈등, 긴장 등이 발생하여 사원들의 사기가 저하되었으며 이러한 원인을 찾기 위해 실험연구를 실시하였다. 호손공장 연구자들은 조명실험, 전화전기 조립실험, 면접프로그램, 그리고 건반배선 작업 관찰실험 연구를 수행하였다.

호손실험의 결론을 요약하면 다음의 그림 10-6 과 같다. 경제적 유인(incentive)은 유일한 중요 동기요인이 아니다. 사실, 비경제적인 사회적 제재가 경제적 유인효과를 제한한다. 노동자들은 개인으로서가 아니라 비공식집단의 성원으로서 관리층에 반응한다. 생산 수준은 생리적 능력에 의해서보다는 비공식조직의 사회적 규범(norms)에 의해 더 제한된다. 전문화가 반드시 작업집단의 가장 효과적인 조직을 만들어 내는 것은 아니다. 노동자는 경영자의 독단적 결정으로부터 자신을 보호하기 위하여 비공식조직을 이용한다. 비공식적 사회조직은 관리층과 상호작용하며, 비공식조직의 지도자는 종종 공식조직의 지도자만큼 중요하다. 개인은 적극적인 존재이지 수동적인 기계의 톱니바퀴가 아니기 때문이다.

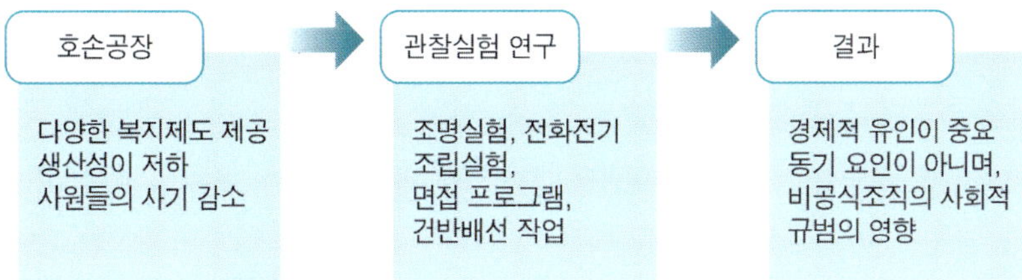

그림 10-6 호손공장(Hawthorne Plant) 실험연구

마지막으로 행동과학시대의 행동과학론은 이론적 연구에 무관심했던 고전적 조직이론과 인간관계론과는 달리 개념을 조작하고 가설을 검증하여 일반화하려는 이론의 개발과 발전에 관심을 가졌으며, 대표적인 학자는 버나드(Barnard)와 사이먼(Simon)을 들 수 있다.

버나드는 뉴저지 벨 전화회사의 사장으로서 조직관리의 경험과 사회학 및 조직심리학을 연구하여 '경영자의 기능'이라는 경영학 분야의 고전을 저술하여 행정에 대한 행동과학적 접근을 처음으로 시도하였다. 그는 공식적 조직과 비공식적 조직의 관계를 중시하였으며, 조직의 요소로서 의사소통과 자발적으로 협력하려는 의지, 공동의 목적을 들었다. 그는 효과와 능률의 개념을 구분하고 양자 간의 조화를 강조하였다. 효과(effectiveness)는 조직지향적으로 조직목적의 달성에 관련되는 반면 능률(efficiency)은 인간지향적인 것으로 조직구성원의 만족과 관계된다고 보았다. 이 효과와 능률의 개념은 조직지향적이었던 고전적 조직이론과 인간지향적이었던 인간관계론을 조화시킨 것이라고 볼 수 있다.

'행정가의 기능(The function of Executive)'에서 조직생활을 분석함으로써 공식조직에서의 비공식조직을 통한 협동적 행동에 관한 종합적인 이론을 제시하였다. 그는 조직을 사회적 협동체로 보고 공식적 조직이 갖추어야 할 조건들을 자발적으로 협동하려는 의지, 달성하여야 할 공동의 목적, 원활한 의사소통의 체계로 제시하였다. 그는 조직 내의 비공식적인 조직의 중요성을 인정하고 공식조직과 비공식조직 간의 불가피한 협동을 강조하였다. 이 두 조직의 관계가 긍정적인 관계가 많다고 지적하였다. 공식적 조직의 효율성을 높이기 위해서는 비공식적인 조직을 통한 원활한 의사소통과 집단의 결속, 개개인의 통합이 필요하다고 하였다. 그는 행정가의 기능을 다음과 같이 제시하였다. 첫째, 조직의 의사소통을 원활하게 유지, 둘째, 개인들로부터 봉사를 필수적으로 확보, 셋째, 조직의 목적과 목표를 수립한다. 그는 전통적인 행정의 개념과는 달리 '조직 내 개인의 자유의지를 이끌어 내는 행정행위가 중요하다'고 하였다.

사이먼은 1945년에 출판된 '행정적 행위: 행정조직에서의 의사결정과정의 연구'를 통해 행정이론의 궁극적 목적은 조직결정의 합리성을 증가시키는 것이라고 보았다. 조직구성원들에게 영향을 주는 의사결정과정이 행정의 핵심이며 행정과정은 곧 의사결정과정이라는 전제하에 조직에서의 의사결정의 방안으로 제한된 합리성에 근거한 행정인 모형(administrative man)을 제시하였다. 그는 논리실증주의에 입각하여 사실과 가치를 엄격히 구분하고 행정연구는 사실만을 연구대상으로 삼아야 한다고 주장하였고, 조직을 헌신과 유인의 교환체제로 파악하였다.

사이먼은 버나드와 그리핀스(Griffiths)와 마찬가지로 행정의 정의를 '행하는 것(doing)'에서 '결정하는 것'(deciding)으로 전환하여 새로운 행정의 개념을 제시했다. 그는 교육에 독특하게 작용하는 가치체계나 윤리체제 및 신념체계는 과학과 행정학에는 존재할 자리가 없다고 하며, 행정학에는 사실적 진술들만 관련되어 있다고 한다.

사이먼의 행정학 개념 중 가장 핵심적인 것은 조직과 의사결정 행동이다. 그는 공식적인 작업동기 이론을 위하여 조직 균형의 개념을 출발점으로 하였다. 또한 하나의 조직이 유지되기 위해서는 과업에 대한 유인들이 교환되는 하나의 교환체제(exchange system)로 기능한다고 보았다. 고용인들이 조직에 남도록 하기 위해서는 그들의 작업이 공헌하는 것보다 더 큰 유인을 인정할 때만 가능하다. 이러한 유인과 기여의 구조는 경제학, 심리학, 사회학을 통합한 종합적 학문의 성격을 가지고 있다. 조직의 능률은 합리적인 의사결정을 방해하는 요인들의 제거로서 가능하다. 사이먼은 조직체가 합리적인 의사결정을 위한 틀, 정보, 가치 등을 제공하는 것은 사실이나 정보수집 및 처리, 대안 탐색, 결과 예언 등의 능력에 있어서 제한된 역량을 가지고 있기 때문에 의사결정의 '극대화'보다는 '만족화'를 통하여 해결되는 것이 바람직하다고 하였다. 그 이유는 의사결정에는 최상의 해결책은 없으며 또한 훌륭한 해결책이 존재하는 것이 아니라 어떤 해결책이 다른 해결책보다 더 만족스러운지가 중요하기 때문이다.

행동과학론이 교육행정에 미친 영향은 다음과 같이 실제 교육에 나타났다. 학교의 교육목표 진술은 종래의 추상적인 목표에서 구체적인 행동목표로 진술하게 되었다. 교육의 목표관리 체제가 과거의 지식관리에서 행동특성을 다루게 되었다. 이에 따라, 교육행정에서는 규범적 형태의 연구가 체계적이고 분석적인 형태의 연구로 전환되어 현장 중심의 학문으로 발전할 수 있는 계기가 되었다. 교육행정의 이론화에 대한 신 운동은 현장에서 일어나는 사실 그대로의 관찰적 교육행정에서 탈피하여 과학으로서의 교육행정을 지향하였다. 교육행정 이론화를 위한 과학적 연구는 오늘날 교육행정학의 학문적 지위를 확립하는 데 커다란 공헌을 하였다(조성일, 2006).

2) 사회체제이론

체제는 독일의 생물학자인 버터란피(Ludwig von Bertalanffy)가 생명체를 개방체제로 연구한 것으로부터 출발하였다. 그는 체제와 환경을 구분하고 체제 내의 부분들 간의 상호작용을 위한 목적을 내포하는 체제의 개념을 제시하고, 체제는 환경과 상호작용한다고 하였다. 그에 의하면 특히 학교와 같은 조직은 조직 내에 사회적으로 상호작용하는 성격이 강한 체제로 보았다. 체제의 기본 모형은 하나의 체제가 생존하기 위해서는 투입(사람, 물질, 재정, 학력 등), 과정(전환과정: 경영과정, 교수학습과정), 산출(제품, 서비스, 능력 등)의 전체 과정을 거침과 동시에 산출의 결과를 피드백하여 평가하고 또한 외부 환경의 영향에 적응하는 방법을 모형으로 제시한 것이다. 체제는 외부 환경으로부터의 일정한 투입을 필요로 하고 전환과정을 거쳐 산출을 하게 되며, 이 산출은 피드백을 통해 후속 투입을 결정하게 된다.

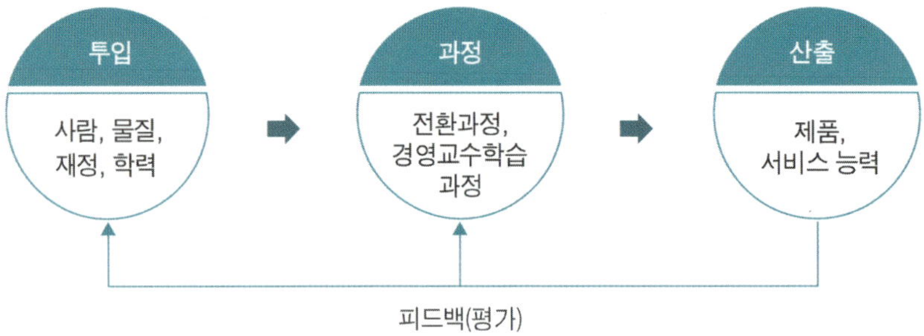

그림 10-7 체제의 기본 모형

특히, 학교체제는 국가사회의 정치, 경제, 사회, 문화 등의 영향을 받으면서 교육활동이 전개되기 때문에 개방체제로서의 성격이 매우 강하다. 사회체제이론의 관점에서 체제적 사고, 체제접근, 체제분석 등은 체제이론을 토대로 발전되었으며, 교육행정가가 체제의 목표를 효과적으로 달성할 수 있도록 문제분석의 새로운 관점을 제공해 주고 학교경영을 보다 효율적으로 할 수 있는 기법을 제공한다.

사회과정 이론은 사회체제를 개인들의 집합으로 이루어진 사회적 단위라고 보고 사회체제 속에서 인간이 어떠한 행동을 보이는가에 대해 연구한 대표적인 이론으로, 1950년대 미국의 게젤스(Getzels)와 구바(Guba)에 의해 제안되었다. 학교, 교육행정기관 등과 같은 모든 교육조직은 목표를 가지고 있고, 그 목표를 달성하기 위하여 구성원들이 상호작용하는 하나의 제도화된 사회체제이다.

이와 같이 사회과정이론은 사회체제 내에서 개인의 행동을 이해하기 위하여 개발된 이론이며, 사회체제 내에서 개인의 행동은 역할과 인성의 상호작용으로 볼 수 있다.

$$B = f(PR)$$

B = behavior(행동), P = personality(인성), R = role(역할)

게젤스와 구바는 행정의 개념을 사회과정 모형으로 이해하고 연구하였다. 이들에 의하면 인간의 사회적 행동은 체제의 규범적 차원(제도, 역할, 역할기대)과 개인적 차원(개인, 인정, 욕구성향)의 상호작용에 의하여 발생하는 것으로 본다. 먼저, 체제의 규범적 차원은 조직적 차원으로서 구성원들이 지켜야 할 체제 내의 법칙과 원리를 의미하여 동시에 예측할 수 있는 행동에 영향을 미친다. 다음으로, 개인적 차원은 심리적 차원으로 체제를 구성하고 있는 개인들의 특이성을 말한다.

5. 교육행정조직론

1) 교육행정의 조직

조직의 의미에 대해 살펴보기 위해서는 무엇보다 조직의 구성원들에 대한 이해가 필요하다. 조직을 이루고 있는 사람들은 각자 역할, 의무, 과업, 책임, 권한 등이 분담되고, 보다 효과적으로 목표를 달성하기 위해 상호 협력한다. 인간은 조직 속에서 각자의 요구를 충족하면서 공동의 이익을 추구한다. 조직의 목표를 효과적으로 달성하기 위한 조직구성원 간의 상호 협동적인 노력을 행정이라 할 수 있다.

조직은 공식조직(formal organization), 비공식조직(informal organization), 계선조직과 참모조직으로 나눌 수 있다. 먼저, 공식조직은 그 조직의 기구표에 나타나는 조직이다. 공식조직은 조직의 목표를 효과적으로 달성하기 위해 제도화한 조직의 체계이다. 직무, 책임, 권한을 중심으로 구성원과 작업집단들을 나누고 권한의 계통과 기능적 분업이 이루어진다. 비공식조직은 조직 속에서 조직 구성원들 간의 소속감과 정서적 유대 등에 의해 자연발생적으로 형성되는 집합체이다. 조직 내에서 공식조직과 비공식조직 중 어디에 더 비중을 두느냐에 따라 조직의 성격이 달라진다. 공식조직과 비공식조직이 조화로운 관계라면 조직의 단결력이 생겨서 의사소통이 쉬워지고, 개인의 정체감과 자존심을 높여 줌으로써 조직의 활력소가 된다. 반면에 갈등적인 관계이면 비공식조직이 공식조직의 의사소통을 차단하거나 왜곡하여 비합리적인 의사결정이나 갈등이 일어날 수 있다.

또한, 조직 내에는 계선조직과 참모조직이 있다. 계선조직은 일을 실제적으로 처리하기 위해 상하 위계관계의 지휘, 명령계통에 따라 움직인다. 따라서 구성원 상호간의 권한과 책임의 한계가 명백하고 조직의 간결화로 의사결정이 신속하게 이루어지며 경비절감의 효과를 가져올 수 있다. 계선부분이 지나치게 강조되면 최고관리자의 업무량이 과중하게 되고, 전문가의 지식이나 경험이 활용되지 못해 독단적인 의사결정이 이루어져 조직의 경직성을 초래할 수 있다. 반면에 참모조직은 계선조직이 원활하게 목적 달성을 하도록 지원·보조하는 조직이다. 계선조직의 의사결정이나 업무를 추진하는 데 필요한 정보나 아이디어를 제공하고, 필요한 사항에 대해 자문·지원하는 역할을 담당한다. 참모조직을 잘 활용하면 계선조직에서 일을 처리하는 데 필요한 정보를 제공하여 효과적으로 추진할 수 있지만, 지나치게 참모조직에 의존하면 일의 진행이 늦고, 자원의 낭비를 초래할 수 있다.

조직의 성격은 집권화(centralization), 분권화(decentralization)를 통해 살펴볼 수 있다. 집권화란 권한 및 의사결정권이 상부조직에 집중해 있는 현상이고, 분권화는 권한 및 의사결정권이 하부조직에 분산되어 있거나 위임되어 있는 현상을 말한다. 교육행정 면에서는 조직의 권한과 의사결정은 집권화와 분권화 사이에서 적절한 정도의 권한 배분과 균형을 유지하는 '적도집권의 원리'가 요구된다. 집권화를 할 경우에는 통일된 정책을 수행하고, 신속하게 업무를 처리하는 데 용이하다. 또한 통합적 조정이 쉽고 행정 기능의 중복과 혼란을 피할 수 있다. 하지만 지나친 집권화로 인해 획일주의에 빠져 개별의 특수성과 적시성을 고려하지 못하고, 권위주의적이고 형식적인 행정의 병폐를 초래할 수 있다.

2) 교육행정조직

우리의 교육행정 최고책임자는 교육부 장관이며, 행정부의 최고 수장은 대통령이다. 국무회의도 주요 교육정책을 결정하는 정책결정기관이라고 할 수 있다. 교육행정에 관한 대통령의 기능은 대통령령의 발표, 중앙교육행정기관에 대한 지휘·감독, 주요 교육공무원의 임명, 국무회의의 의장으로서 교육정책의 수립에 관한 영향력 행사 등을 들 수 있다. 국무회의는 대통령, 국무총리, 기타 국무위원으로 구성되는 합의제 기관으로서 교육정책을 포함하는 중요한 정부의 정책을 심의하도록 헌법에 규정되어 있다. 따라서 교육예산, 교육부의 권한한계, 중요한 교육정책의 수립과 조정, 국립대학교의 총·학장 임명 등은 국무회의의 심의를 거쳐서 이루어진다.

우리나라의 지방교육행정조직은 교육자치제를 기본으로 한다. 교육자치제도란 "교육기관이 행하는 자치적 행정제도로서 교육의 전문성과 중립성을 보장하고 자율적인 교육활동을 전개할 수 있도록 일반행정으로부터 분리·독립하여 자치적으로 교육행정을 실시하는 제도"를 말한다. 이에 따르면 교육자치제는 교육행정을 일반행정으로부터 분리·독립시킨다는 지방자치라는 두 가지 자치 개념을 바탕으로 하고 있다. 이를 통해 교육의 자주성과 교육 운영의 지방분권 및 주민자치를 실현하려는 교육제도인 것이다.

교육자치제도하에서 교육행정조직은 시·도·자치구의 기초단위와 시·도의 광역 단위의 자치기구로 교육청과 하부 행정기관으로서 시·군·구 교육청이 있다. 시·도 단위의 교육청은 지역교육에 대한 요구를 수렴하고 그 지역의 교육 특수성을 고려하여 교육계획을 세우고, 해당 지역의 초등·중등교육기관을 총괄한다. 또한 하급 교육행정기관인 시·군·자치구 교육청의 조직은 기초단체인 시·군·구의 인구수에 따라 첫째, 특별시나 직할시(인구 50만 명 이상)의 구 교육청 둘째, 30만 명에서 50만 명까지의 교육청 셋째, 30만 명 이하의 교육청의 세 가지 형태로 분류되고 있다.

마지막으로, 단위학교조직은 교육이 이루어지는 현장으로 각급학교별 행정업무를 담당하고 있다. 단위학교의 운영에 대한 의결, 심의, 자문의 성격을 갖춘 기구는 학교운영위원회이다. 학교운영위원회는 학교운영의 자율성을 높이고 지역의 실정과 특성에 맞는 다양한 교육을 창의적으로 실시하기 위해, 학부모, 교원, 지역사회인사들로 구성되어 있다. 운영위원의 정수나 구성 비율은 지역특성, 학교규모, 학교급별 등을 고려하여 학교에서 자체적으로 규정하고 있다.

학교의 행정조직에 대해 이해하기 위해서는 학교운영위원회를 살펴보아야 한다. 학교운영위원회는 학교운영과 관련된 의사결정에 학부모, 교원, 지역인사가 참여함으로써 학교 정책결정의 민주성, 합리성, 효과성을 확보하고, 학교 교육목표 달성에 기여하기 위한 의사결정기구이다. 학교운영위원회는 1995년 5월 31일 교육개혁위원회에 의하여 제안되었고, 그 해 12월 지방교육자치에 관한 법률의 개정으로 설치근거가 마련되었으며, 동법 시행령 제6장에 의거 학교운영위원회가 신설되었다. 지방교육자치에 관한 법률에 따라 "단위학교의 교육자치를 활성화하고 지역의 실정과 특성에 맞는 다양한 교육을 창의적으로 실시할 수 있도록 하기 위하여 국·공립 및 사립의 초·중·고등학교에 학교운영위원회를 구성·운영한다"(초·중등교육법 제31조)는 규정에 의거하여 그 구성 및 운영에 관한 법적 근거가 마련되었다. 1995년 2학기부터 국·공립의 초·중등학교에 설치되었고, 1998년부터 전국적으로 설치되어 운영되고 있다.

학교운영위원회는 교원대표, 학부모대표, 지역사회인사로 구성되며 위원정수는 학교의 규모를 고려하여 5인 이상 15인 이하로 한다(초·중등교육법 제31조). 위원의 구성 비율은 학부모를 대표하는 자 40~50%(학부모 위원), 학교의 교원을 대표하는 자 30~40%(교원 위원, 학교장은 당연직 위원), 학교 소재지의 교육행정 업무를 수행하는 공무원, 기업경영자, 동창 및 학교운영에 이바지하고자 하는 자(지역위원) 10~30%의 범위 안에서 규정으로 정한다.

학교운영위원회의 기능은 다음 사항을 심의한다(초·중등교육법 제32조).

학교헌장 및 학칙의 제정 또는 개정, 학교의 예산안 및 결산, 학교 교육과정의 운영방법에 관한 사항, 교과용 도서 및 교육 자료의 선정에 관한 사항, 정규 학습시간 종료 후 또는 방학 중 교육활동 및 수련활동에 관한 사항, 초빙교원의 추천에 관한 사항, 학교운영 지원비의 조성 · 운용 및 사용에 관한 사항, 학교급식에 관한 사항, 대입 특별전형 학교장 추천에 관한 사항, 학교운동부의 구성 · 운영에 관한 사항, 기타 대통령령, 시 · 도의 조례로 정한 사항, 학교발전기금의 조성 · 운용 및 사용에 관한 사항의 심의 · 의결.

3) 학교 조직의 성격

학교 조직의 성격은 관료적, 전문적 조직, 조직화된 무정부 상태, 이완결합체로 요약할 수 있다.

첫째, 관료제적 성격을 가지고 있다. 학교조직은 다른 일반적인 관료제와는 구별된다. 학교조직만이 갖고 있는 특성은 조직구성원인 교사들이 전문적인 교육을 거쳐서 임용되었으며 의사결정에서 많은 참여를 보장받고 있다. 또한 다른 관료조직의 구성원들과는 달리 학생들을 가르치는 데 있어서 자유재량권을 행사할 수 있다. 그러므로 학교조직은 단순한 관료제 이론만으로는 설명이 불가능하며 관료제와 전문직제의 혼합 형태이다.

둘째, 전문적 조직으로의 성격을 가진다. 교원은 인간을 다루는 직업으로 국가가 인정하는 자격증을 가지고 임용되고 교육활동을 통한 봉사정신과 교육이 미칠 광범한 영향에 대한 책임감을 고려할 때, 교육조직은 전문적 조직임에 틀림이 없다. 교육조직이 전문적 조직으로서의 그 역할에 충실하기 위해서는 전문적 지식과 기술을 광범위하게 구사할 기회가 더 주어져야 할 것이다.

셋째, 조직화된 무정부 상태의 성격을 가진다. 교육조직의 목표는 수시로 변하며, 대립적인 목표들이 상존하고 구성원들마다 다르게 규정하기도 한다. 어떤 방법과 자료를 활용해야 학습자들로 하여금 요구된 목표에 도달하게 할 수 있는지에 대해 교사와 행정가, 장학담당자들의 합의된 견해가 없다. 그리고 교육조직에서의 주요 구성원들인 학생, 교사, 행정가는 수시로 이동하며 이들의 참여는 유동적이다.

넷째, 이완결합체의 성격을 가진다. 학교조직은 단위, 과정, 행위 및 개인 등 조직의 구성요소들이 느슨하게 연결된 체계이다. 이런 관점에서 보면 교육조직은 분업화의 원칙과 권한의 계층관계에 의해 횡적으로 잘 조정되거나, 지시 · 명령계통에 따라 일사분란하게 움직일 수 있도록 종적으로 결합된 조직이 아니다.

참고문헌

교육부(2000). 학교회계 길잡이. 서울: 한국교육개발원.

김영봉, 김경수, 강병재, 나항진, 박선미, 박영래, 박혜경, 이덕난, 이명숙(2008). 신교육학개론. 서울: 서현사.

김윤태(1997). 교육행정 · 경영신론. 서울; 배영사.

김종철(1996). 최신 교사론. 서울; 교육과학사.

남정걸(2006). 교육행정 및 교육경영. 파주: 교육과학사.

신현석, 김동석, 김보엽, 박균열, 박정주, 반상진, 변기용, 안선회, 양성관, 엄준용, 이강, 이경호, 이일권, 이정진, 전상훈, 조흥순(2011). (학습사회의) 교육행정 및 교육경영. 서울: 학지사.

윤정일, 송기창, 조동섭, 김병주(2008). 교육행정학원론. 서울: 학지사.

임연기, 최준렬(2010). 교육행정 및 경영탐구. 서울: 공동체.

전용환(2010). 교육행정 및 교육경영. 서울: 동문사.

조성일(2006). 교육행정과 학교 학급경영. 서울: 학이당.

표시열(2008). 교육법: 이론 · 정책 · 판례. 서울: 박영사.

한국교육행정학회(2013). 한국교육행정학 연구 핸드북. 서울: 학지사.

평생교육은 삶의 질 향상을 위하여 요람에서 무덤에 이르기까지 한 개인의 일생(life long)에 걸쳐서 이루어지는 수직적, 수평적 교육과정이다. 수직적 교육은 가정교육, 학교교육, 사회교육에서 이루어지며 수평적 교육은 수직적 교육의 경험을 통하여 학습사회를 건설함으로써 자아실현과 사회발전 능력의 함양을 목적으로 한다.

본 장에서는 평생교육은 무엇이며, 평생교육과 관련된 용어 정리와 현대사회에서 평생교육의 필요성을 알아본다. 또한 평생교육법에서 정의한 6대 영역을 알아보고, 평생교육의 참여 기회 확산을 위하여 정부가 추진하고 있는 평생교육의 제도와 정책에 대하여 살펴봄으로써 교육학에서 최근 주목받고 있는 분야인 평생교육에 대한 이해를 돕고자 한다.

Chapter 11

평생교육의 이해

Chapter 11 평생교육의 이해

1. 평생교육의 개념

1) 평생교육의 역사적 배경

평생교육은 이제 우리나라뿐만 아니라 세계 어느 나라에 가도 보편화된 생활의 하나가 되었다. 즉 인간은 태어나면서부터 죽을 때까지 배우고 학습하면서 인생을 보내게 된다는 것이다. 평생교육이라는 용어는 1965년 UNESCO의 성인교육추진 국제위원회에서 랭그랑(Lengrand)이 평생교육(lifelong education)이라는 연구보고서를 제출하면서부터 등장하게 되었다. 이러한 평생교육이란 용어가 국제적 용어로 알려진 것은 1972년 일본 도쿄에서 개최되었던 '제3차 세계 성인교육회의'(The 3rd International Conference on Adult Education)에서 각국의 학자들이 학교교육 이후의 성인교육에 대한 논의를 본격화하였기 때문이다. 이에 우리나라도 평생교육 개념이 공식 소개된 것은 유네스코 한국위원회가 1973년 춘천에서 '평생교육 발전세미나'를 개최하면서 이 세미나에서 lifelong education으로 평생교육을 번역했다.

우리나라의 평생교육법령에 대해 잠시 살펴보면, 1982년에 '사회교육법'이 공포되어 평생교육의 중요성이 인식되었는데, 사회교육법은 학교중심 교육법의 하위법과 같은 위상에 머물렀고, 법의 적용 범위가 극도로 한정되는 등의 문제점을 안고 있었다. 이러한 문제점을 개선하기 위해 1995년 교육개혁위원회는 '5・31 교육개혁' 안에서 문제가 많은 '사회교육법'을 폐지하고 '평생교육법'을 새로 입법할 것을 제안, 그리하여 '평생교육법'은 '사회교육법'을 대체하여 1999년 8월에 제정되었다.

이후 다양한 학습수요를 충족시키기 위한 법체제를 정비하기 위해 2007년 12월 14일 '평생교육법'을 전면 개정・공포하고 2008년 2월 15일 시행되어 학습사회를 더욱 강화시키게 되었다. 이러한 여러 변천과정을 겪으면서 평생교육법령이 개정된 주된 이유는 평생교육의 활성화를 위하여 국가와 광역・기초자치단체 단위의 추진체제를 정비하고, 평생교육센터, 학점은행센터, 독학학위검정원의 세 기관을 통합하여 평생교육의 총괄적인 집행기구로서 '평생교육진흥원' 설립의 필요성 때문이었다.

평생교육은 헌법에서도 그 중요성이 뒷받침되어 왔다. 헌법 제31조5항에는 국가는 평생교육을 진흥하여야 한다. 그리고 제6항에는 학교교육 및 평생교육을 포함한 교육제도와 그 운영, 교육재정 및 교원의 지위에 관한 기본적인 사항은 법률로 정한다고 나타나 있다. 이는 평생교육의 중요성을 고려하여 국가수준의 평생교육체제를 구축함으로 모든 국민들이 학교에서 뿐만 아니라 가정과 지역사회 안에서 평생을 통한 자기실현과 계속발전의 기회를 누리도록 해야 한다는 것을 천명한 것이다.

평생교육은 이미 20세기 초의 재건을 요구하는 영국에서부터 싹트기 시작했다. 19세기 말부터 조성되기 시작했던 불평등한 사회의 과감한 구조적 개혁을 위한 사회적 요구와 1차 세계대전 후의 황폐와 혼란 속에서의 재건의 요구에 대응하기 위하여 영국 정부는 재건청(Ministry of Reconstruction)으로 하여금 성인교육위원회를 조직하고 동 위원회로 하여금 국민생활재건의 방안을 모색하였다. 동 위원회가 1919년에 제출한 "1919 Report"는 영국에 있어서 평생교육의 방향을 제시했을 뿐만 아니라 그 후 영국 전체의 민주주의 성숙과 국가발전에 기초가 되었다.

특히 동 보고서는 최종 결론 부분에서 성인교육의 보편성과 평생성을 강조하였는데 성인교육은 일부 특수층의 사치스러운 일로만 간주되거나 젊은 층에게만 관계되는 일로 생각해서는 안 되고 오히려 성인교육은 영속적인 국가적 필요이며, 동시에 훌륭한 시민의 자질과 밀접한 관계를 가지는 것이기 때문에 그것은 마땅히 보편적이요, 그리고 평생을 통한 것이어야 한다고 강조하였다(김남선, 2013).

오늘날 보급되고 있는 평생교육의 개념을 제일 처음 제안한 유네스코에서도 처음에는 평생교육을 영속교육(계속교육)이라고 소개하였다. 1965년 12월 유네스코 본부에서 개최되었던 국제 평생교육발전위원회(International Committee on the Development of Adult Education)에서 세계 각국의 평생교육 발전을 위한 획기적인 방향을 제시한 랭그랑(Paul Lengrand)는 당시 제출한 회의 자료에 그의 모국어인 프랑스어로 그 중심개념을 Education permanent라고 표현했다. 이것은 분명히 영어로 영속교육 또는 계속교육으로 이해될 수 있었으나, 그 제안 속에 내포하는 뜻은 그보다 더 근본적이요, 포괄적인 뜻이라 하여 영어로 처음에는 Lifelong intergrated education이라고 번역하기 시작했던 것이 후에 Lifelong Education으로 정착하게 된 것이다.

동 위원회는 유네스코 당국으로 하여금 랭그랑이 제시한 평생교육의 원리를 지지하고 받아들일 것을 건의하였다. 그 건의문에는 "평생교육의 원리는 개인이 태어나서 죽을 때까지 계속되는 교육의 전체 과정을 활성화하는 원리이기 때문에 마땅히 교육통합적 조직이 요구된다. 그리고 교육의 필요한 통합은 일생의 과정에서 수직적 통합과 개인생활과 사회생활 여러 면에서의 수평적인 통합으로 성취될 수 있다"라고 밝히고 있다. 그 후 대표적인 사업으로 유네스코는 랭그랑의 저서 『평생교육』을 발간하는 한편, 1972년 포레(Faure)의 보고서 "Learning To Be"가 발간되었다. 동 보고서에는 "평생교육을 교육정책의 기본 개념(master concept)으로 삼아야 한다"고 전제하고 거기에 따르는 교육개혁 방안을 제시했다. 이 보고서는 그때까지의 계속교육에 치우치던 평생교육의 개념을 가정, 학교, 지역사회에서의 교육을 통합하는 개념으로 확대시켰다.

이와 같이 평생교육은 모든 이를 대상으로 일생 동안 학습이 가능하도록 국가적 차원에서 기존의 교육체제를 개편해 나가는 이념적 성격을 내포하고 있다. 개인적 측면에서는 자신의 자아실현과 삶의 만족을 위해 일생 동안 학습이 중요함을 깨닫고 학습활동에 참여하도록 하는 학습참여자의 내부적 의식 변화를 돕는 활동이다. 또한 평생교육은 생애 범주 차원에서 "요람에서 무덤(from the cradle to the grave)까지" 지속적으로 이루어지는 모든 합목적적인 형식적·비형식적 학습활동을 모두 포함한다.

2) 평생교육의 개념 정의

"평생교육이란 무엇인가?"라는 질문에 대한 답을 밝히는 일은 평생교육이라는 용어의 뜻을 한정하는 것이다. 무릇 개념(concept)을 정의한다(define)는 것은 그 말이 적용되는 범위나 대상, 그리고 그 범위나 대상에 포함된 주요 내용이나 속성 또는 조건을 규정하는 일이다(남정걸, 2008).

(1) 이념적 접근

이념적 접근이란 학자나 전문가들의 학문적 · 논리적 접근과 주장으로 평생교육의 개념은 논하는 사람에 따라 다양하게, 서로 다른 측면에서 이해되기도 한다. 그렇지만 평생교육에 대한 어느 정도의 개념적 합의에 접근하려면 그 개념을 유네스코에 의해 공식화하도록 주도적인 역할을 한 랭그랑의 건의안을 유념해 볼 필요가 있다.

> 유네스코는 출생에서 죽음에 이르기까지 인간의 일생을 통하여 행하여지는 교육을 전체적으로 통합할 필요가 있는 교육의 과정을 만들고 활동하는 원리로서 평생교육이라는 구상을 승인해야 한다(Parkyn, 1973).

또한 랭그랑의 평생교육의 개념은 사람의 출생에서 죽음에 이르기까지 전 생애에 걸친 교육의 기회를 제공하고, 사회의 모든 차원에서 교육의 조화와 통합을 도모하는 것이라고 한다. 여기서 통합이란 수직적(시간적) 차원과 수평적(공간적) 차원의 통합을 의미하며 특히 그는 학교교육과 지역사회의 통합을 강조하였다.

다베(Dave)는 평생교육은 가정과 교육기관 · 지역사회 · 직장 등 어느 곳을 막론하고 그 안에서 행해지는 모든 자원학습을 총칭하며, 계획적인 것이건, 우발적인 것이건, 그 형태를 가리지 않는다고 정의하고 평생교육에 관한 견해와 이론을 종합 · 분석하여 평생교육의 개념 및 특성을 다음과 같이 제시하였다(Dave, 1976).

① 평생교육이라는 개념의 기초가 되고 있는 용어는 생(life), 평생(lifelong), 그리고 교육(education)의 세 가지이다.

② 교육이란 형식적인 학교교육만으로 끝나는 것이 아니라 전 생애에 걸쳐 이루어지는 과정이다. 교육은 개인의 전 생애를 모두 포함하는 것이다.

③ 평생교육은 성인교육(adult education)에만 국한되는 것이 아니라 취학 전 · 초 · 중등교육 등의 모든 단계를 통합하는 것이다.

④ 평생교육은 형식교육(formal education), 비형식교육(non-formal education)과 무형식교육(informal education)을 모두 포함하고 있다.

⑤ 가정은 평생교육이 시작되는 데 있어서 일차적이요, 가장 바람직하고 또한 결정적인 역할을 담당하는 곳이다. 이러한 과정은 가정학습(family learning)의 방법을 통하여 전 생애에 걸쳐 지속된다.

⑥ 지역사회도 또한 평생교육이라는 체제 속에서 어린이가 지역사회와의 상호 작용하는 순간부터 시작하여 중요한 역할을 담당한다. 지역사회의 교육적 기능은 일생을 통하여 지속된다.

⑦ 학교, 대학, 훈련소 등과 같은 교육기관은 평생교육기관의 일부이긴 하지만 중요한 교육기관인 것이다. 오늘날에 있어서는 그러한 교육기관들이 사람들을 교육시키는 데 있어 더 이상 독점적 위치에 머물 수 없고 사회 안의 다른 교육기관과 격리되어 존재할 수도 없다.

⑧ 평생교육은 일생의 각 단계(연령층별)의 수직적 계속성과 연결을 추구한다.

⑨ 평생교육은 일생의 각 단계의 수평적 그리고 심층적 차원의 통합을 추구한다.

⑩ 평생교육은 귀족주의적 교육 형태와는 반대로 평등하고 보편적인 성격을 지니고 있다. 평생교육은 교육의 민주화를 표방한다.

⑪ 평생교육은 학습내용, 학습도구, 학습방법, 그리고 학습시간 등이 유연하고 다양하다.

⑫ 평생교육은 새로운 학습자료와 학습매체 등이 개발될 때마다 그것을 교육의 현장에 활용할 수 있게 해 주는 교육에 대한 역동적 접근방식이다.

⑬ 평생교육은 교육을 함에 있어 다양한 대안적 형태와 형식을 취한다.

⑭ 평생교육은 일반 교양교육과 직업교육 등 두 개의 요소를 가지고 있는데, 이 두 개의 요소는 서로 완전히 다른 것들이 아니라 그 성격상으로 상호 연관성을 지니고 상호작용을 하는 것이다.

⑮ 개인과 사회의 적응적, 혁신적 기능은 평생교육을 통해서 수행될 수 있다.

⑯ 평생교육은 현존하는 교육제도의 결점을 보완한다는 측면에서 교정적 기능을 수행한다.

⑰ 평생교육의 궁극적인 목적은 삶의 질을 향상시키는 데 있다.

⑱ 평생교육에는 세 가지 주요 선행요건들이 있는데 그것은 기회, 동기, 교육 가능성(educability)이다.

⑲ 평생교육은 모든 교육의 조직이다.

⑳ 실천단계에서 볼 때 평생교육은 모든 교육의 총체적 체계를 마련해 준다.

한편 김종서는 여러 논저를 통하여 평생교육을 다음과 같이 정의하고 있다.

> 평생교육은 삶의 질 향상의 이념 실현을 위하여 태아에서 무덤에 이르기까지의 교육의 수직적 통합과 가정교육, 사회교육, 학교교육의 수평적 통합을 통한 학습사회를 건설함으로써 최대한의 자아실현과 사회발전 능력의 함양을 목적으로 한다(김종서 외, 2001).

평생교육은 종래 가정교육, 학교교육, 사회교육에서 수행하던 교육을, 그리고 아동·청소년 교육과 성인교육을 전 생애적 과정으로 확대 개편하는 새로운 체제를 확립하려는 것이다(남정걸, 2008).

(2) 법제도적 접근

법제도적 접근은 평생교육의 개념에 대한 이념적 접근을 교육 실제에 적용하고 제도화하기 위해서는 보다 구체적이고 제한적인 접근인 법적이 필요한데, 이에 대한 해답은 현행 실정법에서 찾을 수 있다고 본다. 평생교육의 행정·관리는 헌법을 위시하여 평생교육관계 법규를 집행하는 데 있고, 평생교육에 관한 최종적인 문제의 해결이나 정책 판단의 준거는 이들 실정법의 규정에 있다고 할 수 있기 때문이다. 1981년 10월 29일 개정 헌법에 국가는 평생교육을 진흥하여야 하고 학교교육과 평생교육을 포함한 교육제도와 그 운영에 관한 기본적인 사항은 법률로 정한다고 규정하면서부터 활발히 논의되었다.

우리나라 평생교육은 헌법에서부터 학교교육과 분리하고 있다. 평생교육법에서는 보다 구체적으로 평생교육관념을 규정하고 있다. 평생교육법([일부개정 2008.2.29. 법률 제8852호]) 제2조 제1항의 정의를 보면, "평생교육이란 학교의 정규교육과정을 제외한 학력보완교육, 성인 기초·문자해득교육, 직업능력 향상교육, 인문교양교육, 문화예술교육, 시민참여교육 등을 포함하는 모든 형태의 조직적인 교육활동을 말한다"로 평생교육은 학교교육을 제외한 모든 형태의 조직적인 교육활동으로 규정하고 있다.

동법 제4조의 평생교육의 이념을 보면 다음과 같다.

① 모든 국민은 평생교육의 기회를 균등하게 받는다.
② 평생교육은 학습자의 자유로운 참여와 자발적인 학습을 기초로 이루어져야 한다.
③ 평생교육은 정치적·개인적 편견의 선전을 위한 방편으로 이용되어서는 안 된다.
④ 일정한 평생교육과정을 이수한 자에게는 그에 상응한 사회적 대우를 부여하여야 한다.

위에서 제시된 내용을 토대로 보면, 평생교육이란 일생에 걸쳐 시대 변화에 적응하고 삶의 질 향상을 위한 끊임없는 교육이라고 이해할 수 있다. 그러나 우리의 평생교육법에서는 학교교육을 제외한 조직적인 교육활동이라고 제시하고 있어 과거 사회교육의 의미와 오늘날 평생교육 개념과 유사한 것처럼 되었다. 지금은 평생교육이란 학교교육을 제외한 모든 형태의 조직적인 교육활동으로서 개인 및 집단의 생활의 질을 향상시키기 위하여 개인적, 사회적, 그리고 전문적 발달을 도모하는 과정이라 볼 수 있다. 즉, 평생교육은 인간의 최대한의 발전을 이룩하기 위하여 행하는 조직적 교육활동이다.

이상에서 이념적·법적 접근을 살펴보면서, 특히 주목해야 하는 것은 학문적으로 보는 평생교육과 우리나라 법적인 평생교육과는 차이가 있다는 것이다. 즉 학문적으로 보는 평생교육은 태어나면서 죽을 때까지 배우는 모든 교육, 즉 가정교육, 학교교육 및 사회교육 등 모든 학습을 포함하고 있으나 우리나라 법적인 평생교육은 평생교육법 제2조에서 평생교육이란 학교교육을 제외한 모든 형태의 조직적인 교육활동이라고 정의하고 있어 평생교육에 대한 법적인 해석은 협의적으로 접근하고 있다.

3) 페다고지와 앤드라고지

(1) 앤드라고지의 등장

1779년에 트랩(Trapp)이 교육학 강좌를 창설하면서, 교육이 '교육학'이라는 하나의 학문으로 정립되었다(한기언, 1982). 그 이후 '교육학' 즉 '페다고지(pedagogy)'는 교육현장에서의 교육방법에 대한 이론적 준거틀을 제공하였다(이미나 외, 2012). 현재의 교육학 이론체계는 어렸을 때의 교육이 평생을 좌우한다는 전제에 입각한 교육학에 해당하는 pedagogy는 paid(child)와 agos(leading)의 복합어로서 아동을 가르치는 학문과 기술이라는 어원을 지니고 있다. 아동교육학인 셈이다.

그러나 1920년대에 성인교육이 체계적으로 시행되면서, 종래의 페다고지 모델의 문제점이 드러나게 되었다. 성인을 교육하면서 페다고지식 수업을 하는 것이 성인학습자들에게 잘 맞지 않았던 것이다. 페다고지에서는 교육의 주요 활동이 교사가 (아동)학습자들에게 지식과 기능을 전수하는 것이라고 보았고, 성인을 교육하는 데에도 이와 같은 페다고지적 관점을 그대로 사용하였다. 교사들은 성인학습자들을 교육하는 방법으로 강의, 읽기, 암기, 시험 등을 이용하였다(김용현, 2004).

그러자 성인학습자들은 이에 반발하였다. 자신들이 배우고 싶은 것이 아니라 교사들이 정한 것을 학습해야 된다는 사실에 불만을 가진 것이다. 또한 자신들이 수동적으로 수업을 듣는 것도 견디기 힘들어했다. 기억력이 떨어져 암기 과제를 제대로 수행하지 못하였으며, 암기 자체를 싫어했다. 또 시험에 대해서는 불안해하며 방어적 태도를 보였다. 이와 같은 반응은 아동들에게는 잘 나타날 수 없는 것들이었다. 성인학습자들은 무언가 다른 교육방법을 원했으며, 그들의 탈락률은 대단히 높았다.

그러자 교육학자들 사이에 페다고지의 원리 및 실천이 성인교육에 적절하지 못하다는 문제의식이 퍼져 나가기 시작했다. 성인은 아동이나 청소년과 여러 가지 면에서 차이가 있으므로 교육의 원리 및 적용 면에서도 차별화해야 한다는 생각을 하게 된 것이다. 이러한 생각들은 학문적으로도 표현되기 시작하였다. 1930년대와 1940년대에 『The Journal of Adult Education』이라는 학술지에 성인학습자들

교육의 특성이나 요구 등을 반영한 교육에 관한 논문들이 활발하게 발표되었다. 1949년에 오버스트리트(Overstreet)는 『The Mature Mind』라는 책에서 성인학습에 관한 개념, 연구결과와 생각들을 통합하려는 시도를 하였다. 그 이후에도 성인교육에 대한 연구물이 계속 출판되었으나, 이를 종합적인 이론틀로 보기에는 아직 체계성이나 통합성이 부족했다.

하지만 점차 많은 교육학자들이, 성인교육학이 독자적으로 존재해야 한다는 필요성에 대해 암암리에 동의하게 되었다. 명칭상으로도 페다고지와는 대상이 구분되는 성인교육학의 이름을 독자적으로 사용하려는 움직임이 일어났다. 그 후 '성인(andros)'과 '지도하다(agogos)'라는 단어를 합성하여, 성인교육학을 앤드라고지(andragogy)라고 명명하게 되었다(배을규, 2006).

노울즈(Knowles)는 그의 책 『The Adult Learner: A Neglected Species』에서 이러한 역사적 움직임들을 상술하고 있다. 노울즈는 앤드라고지라는 말을 만든 사람이 아니나, 이 용어를 교육학계에서 널리 유통시킨 학자이다. 그래서 그를 '성인교육의 아버지'라고까지 부른다. 노울즈는 1970년에 미국학계에 앤드라고지 모형을 본격적으로 제시하였다. 그 당시 그는 페다고지의 대립 개념으로서 앤드라고지를 설정하였다. 페다고지는 아동교육학이며 앤드라고지는 성인교육학으로, 이 둘 사이

표 11-1 이분법적 입장에서 본 페다고지와 앤드라고지

항목 \ 기본 과정	페다고지	앤드라고지
학습자	(아동)학습자는 의존적이다.	(성인)학습자는 자기주도적이다.
경험의 역할	학습자의 경험을 문제제기단계에서나 환기단계에서 제한적으로 사용될 뿐이다.	학습자의 경험은 역할수행 동안 얻어진 것이므로, 학습의 전 과정에 유용한 자원이다. 교육방법상에서도 실험·토의·문제해결·게임 학습 등에 경험을 활용하도록 한다.
학습 준비성	교육과정에 따라 학습준비도가 결정된다. 교육과정은 학령에 따라 표준화된다. 결국 동일 학령층은 학습준비도가 같아진다.	학습자들의 학습준비도에 따라 교육과정이 편성된다. 학습의 진행단계는 교육과정보다 학습자들의 학습준비도에 맞게 정해져야 한다.
학습 지향성	학습자가 성인이 되었을 때를 대비하여 학습이 이루어지므로, 교과목 지향적이다.	학습자가 현재의 실생활에 활용하도록 학습하므로, 성과지향적이다.

에 중복되는 부분이 존재하지 않는다고 보았다. 이에 노울즈는 앤드라고지를 '성인학습을 도와주는 기술(art)로서의 과학' 이라고 정의하였다. 표 11-1 은 노울즈의 페다고지와 앤드라고지를 이분법적 입장에서 본 개념이다.

4) 평생교육과 평생학습

우리나라의 경우 1995년의 5·31 교육개혁이나 1997년 12월에 새로이 제정된 교육기본법의 "모든 국민은 평생에 걸쳐 학습하고, 능력과 적성에 따라 교육받을 권리를 가진다"(제3조)는 규정과 "학생을 포함한 학습자의 기본적 인권은 학교교육 또는 사회교육의 과정에서 존중되고 보호된다"(제12조)는 규정은 이와 같은 세계적인 추세를 반영한 기본적 인권으로서의 학습권을 천명한 것이다.

또한 평생교육은 그 주체가 교육의 기회의 공급자인 국가나 사회, 교육기관과 시설 및 교육자임에 반하여 평생학습은 그 주체가 교육기회의 수혜자이자 수요자인 학습자이기에 평생교육보다 평생학습을 강조하는 입장은 교육의 중심을 '위에서 아래로', '집권에서 분권으로', '타율에서 자율로', '획일에서 다양으로' 이동하는 교육체제의 변화를 의미하는 것이라고 할 수 있다.

평생학습은 주체가 학습자라는 개인이고, 개인의 주관적 판단과 선택에 의한 자기주도적인 능동적 행위임은 분명하다. 그러나 학습의 능률과 성과를 제고하기 위해서는, 그리고 집단적인 학습의 촉진과 진흥을 위해서는 국가적·사회적인 지원과 교육적인 배려가 동시적으로 필요한 것은 당연하다. 일반적으로 교육이라 함은 교수(teaching)와 학습(learning)을 포함하는 개념이기에 평생교육은 자기주도적인(self-directed) 학습뿐만 아니라 타자주도적인(other-directed) 교수도 포함하는 개념으로 파악하여야 한다.

따라서 평생교육은 평생학습을 포함하면서 평생학습을 촉진·지원하는 불가분의 관계에 있다고 하겠다. 여기에 개인 차원을 넘어서 국가와 지방, 지역 차원의 평생학습 지원이나 진흥, 촉진을 위한 정책과 목표의 설정, 실천계획에서 그 성과의 평가에 이른 일련의 합리적 과정과 방안이 필요하고, 구체적으로는 일선 평생교육시설의 기획-실시-평가라는 활동과정이 필요한 것이다. 물론 그 기본 전제는 어디까지나 학습자 개인의 자유, 자율, 자발성을 보장하는 것이어야 함은 물론이다.

2. 평생교육과 관련된 용어

평생교육과 유사한 용어는 무수히 많으나 대표적으로는 계속교육, 성인교육, 비형식교육, 생애교육, 회귀교육 등을 들 수 있다. 이들 여러 용어들은 지향하는 궁극적 이념에 있어서는 기존 교육체제에 대한 상보적·대안적 접근이라는 점에서 유사성을 지니나 그 구체적인 범주와 관점, 강조성에 있어서는 다른 점도 있다(최운실, 1998; Merriam & Brockett, 1997; Brolin, 1995).

1) 계속교육

계속교육이란 용어는 미국에서는 continuing education으로, 영국에서는 further education으로, 독일에서는 Weiterbildung으로 표현되고 있다. 계속교육이란 일정한 단계의 학교교육을 마친 자가 직업이나 가정·사회생활을 영위하다가 사회생활이나 직업생활과 학업을 병행하기 위해 다시 교육의 장으로 돌아오는 것을 의미하며, 주로 성인의 학교를 통한 2차적 교육 기회를 말한다. 따라서, 교육의 대상이 주로 성인이며 교육의 방식은 학교교육이 주가 된다는 점에서 성인교육 또는 비형식교육과 차이가 있다.

2) 성인교육

성인교육(adult education)은 대상을 분류준거로 한 용어로서 성인을 대상으로 하는 모든 형태의 교육활동을 총칭한다. 교육의 대상은 성인이며, 교육방식은 형식·비형식교육이 모두 포함될 수 있다. 성인교육의 개념은 미국을 비롯한 구미 여러

나라에서 많이 사용되고 있다. 1967년 유네스코총회에서는 성인교육을 ① 성인들이 참여하는 모든 조직적 교육활동 ② 성인들이 그들의 능력과 소질을 키워 지식을 획득하고 직업이나 직업적 자질 향상 또는 직업 전환을 위해 실시하는 교육활동 ③ 조화롭고 영속적인 사회, 경제, 문화발전에 기여할 수 있도록 태도와 행동을 변화시켜 주는 조직적인 교육활동 ④ 자신이 속해 있는 국가나 사회가 성인이라고 인정하는 사람들을 대상으로 실시하는 조직적인 교육활동으로 정의하고 있다. 노울즈는 성인교육을 광범한 의미로서 성인학습의 과정으로 정의하고 있다. 기술적 의미로는 성인교육이란 특정 교육목표의 달성을 위한 광범한 다양한 제도에 의해 수행되는 일단의 조직화된 활동이다.

3) 형식, 비형식, 무형식교육

저개발국가의 교육 시스템 구축에 대한 보고서에서 쿰스와 아메드(Coombs & Amed, 1974)는 학습 혹은 교육이 제공되는 맥락을 정의하면서 형식적인 맥락은 학교의 교실로, 비형식적인 맥락은 학교의 교실 바깥에서 체계적으로 조직된 장면으로, 그리고 무형식적인 맥락은 각종 미디어를 통해 개개인이 학습을 하는 것으로 정의했다. 학교 밖 학습 맥락으로 비형식과 무형식을 제시한 것이다.

이 정의를 자비스(Jarvis, 1978: 70)는 개인 학습자들이 다른 종류의 사회집단과 상호작용하는 맥락으로 발전시켜서 이해한다. 즉, 형식 맥락은 관료주의적인 사회집단과의 상호작용, 비형식 맥락은 조직되어 있지만 반드시 관료주의적이지는 않은 환경과의 상호작용, 그리고 무형식적인 맥락은 이러한 맥락이 미리 확정되지 않은 경우의 상호작용을 의미한다고 보았다. 메리엄과 카파렐라(Merriam & Caffarella, 1999)는 세 가지 구분 중 무형식학습을 학습자가 스스로 주도해서 학습활동을 전개하는 것과 유사하다고 본다. 표 11-2 는 형식교육과 비형식교육의 차이를 목적, 시간, 내용, 전달방식, 관리방식 등으로 나눠 정리한 것이다.

표 11-2 형식교육과 비형식교육의 비교

	형식학습	비형식학습
목적	• 장기간 • 일반적인 목적 • 학점 수여함	• 단기간 • 특정 영역의 목적 • 학점 수여하지 않음
시간	• 장기간 • 다음 단계를 위한 준비 • 전업 학생	• 단기간 • 순환적 • 시간제 학생
내용	• 표준화된 교육과정 • 입학조건을 갖춘 사람만 허가	• 개인화된 내용 • 입학조건은 학습자가 결정
전달방식	• 기관중심 • 교수자중심 • 사회환경으로부터 고립됨 • 경직된 체제 • 자원의 집중	• 환경중심 • 학습자중심 • 공동체 기반, 활동중심 • 유연한 체제 • 자원 절약
관리방식	• 외부 관리 • 위계구조	• 자기 관리 • 민주적

출처: Colley, H., Hodkinson, D., & Malcom, J. (2003). *Informality and formality in learning: A report for the learning and skills research centre*, p. 20에서 재인용.

그들은 형식학습은 기관이나 조직 안에서의 학습, 비형식학습은 지역 공동체에 기반한 학습, 그리고 무형식 혹은 자기주도학습은 학습자의 일상에서 매우 자연스럽게 발생하는 학습으로 본다. 세 가지 유형 중 무형식학습은 다른 두 가지와 쉽게 구분되지만, 형식학습과 비형식학습은 외형적인 형태가 매우 유사해 흔히 국가가 공식적으로 인정하는 학위의 수여 여부로 구분하곤 한다. 그러나 형식과 비형식 학습의 구분은 학위 유무에서만 차이가 있는 것은 아니다. 메리엄과 카파렐라는 아예 학위수여 여부를 구분기준으로 삼고 있지 않기도 하다. 이 세 구분 가운데 무형식학습은 그 양식과 특성을 규정하기가 매우 힘들다. 왜냐하면 우리는 일상에서 의도하지 않았지만 매우 의미 있는 학습을 하는 경우가 있기 때문이다. 이는 특히 텔레비전, 라디오, 신문, 인터넷 등 다양한 미디어 환경에 노출되어 있는 경우 더 빈번히 일어난다(성태제 외, 2012).

비형식교육(nonformal education)은 교육의 양태 또는 교육의 방식에 따른 구분으로서, 교육의 대상에 대한 규정은 내포되어 있지 않다. 비형식교육은 전일제 정규 학교교육으로 구분되는 형식교육과 우연적 학습 또는 부수적·부차적 학습으로 규정되는 무형식교육을 제외한 여타의 교육양태를 의미하며, 이는 과거의 사회교육과 가장 유사한 개념이다.

비형식교육은 쿰스(Coombs)가 분류한 형식적 교육(formal education), 무형식적 교육(informal education)과 함께 분류한 것 중 하나이다. 형식적 교육은 모든 수준의 공·사립학교를 포함한 교육제도를 말한다. 무형식교육은 개인의 일상생활과정 즉, 친구들과의 우연한 대화를 통해서, TV시청을 통해서 그리고 잡지를 봄으로써 그리고 기타 여러 방법을 통해서 일어나는 무계획적 경험에 기초하고 우연히 일어나는 학습이다. 쿰스는 비형식적 교육을 형식적인 체제 바깥에서 일어나는 어떤 조직화된 교육활동을 말한다.

4) 생애교육

생애교육(career education)은 미국에서 시작하여 최근에 발달한 교육의 한 개념으로 주로 직업교육의 영역에서 많이 사용된다. 생애교육이란 개인이 생활의 일부로 혹은 생활수단으로서 일을 배우고 일에 종사하기 위하여 준비할 수 있는 경험의 총체 또는 개개인 모두가 일을 중심으로 한 사회의 가치관에 익숙해지고 이러한 가치관이 인격체제에 통합되어, 일이 개인에게 보람 있고 만족될 수 있도록 생활화하는데 도움을 주는 학교와 지역사회간의 노력의 총체로 정의된다.

마랜드(Marland) 등은 미국에서의 학업을 중단한 학생들의 비율이 높은 데 아주 많은 관심을 가졌다. 그들은 이렇게 된 주요 이유 중 하나는 미래의 성인으로서의 기능을 수행하는 데 적절한 지식과 기술을 학교가 학생들에게 제공하지 못했기 때문이라고 생각했다. 따라서 생애교육의 특징은 교실을 교사와 학생 모두를 위한 작업장으로서 강조하는 것이다.

생애교육 개념의 핵심은 생애역할(career role) 개념이다. 개인들의 생애는 일생

동안에 개인이 참여하는 여러 가지 작업 역할로 이루어진다. 개인들은 학교를 떠나서 고용될 때, 직업이 그들 생활의 중요한 부분이 된다. 생애교육의 목표를 보면 다음과 같다(Brolin, 1995).

① 사람들의 생애 인식, 탐구, 의사결정을 돕는 것
② 고용적격성, 적응성, 승진 기술을 갖추게 하는 것
③ 개인적 분야: 교육체제의 공동협력을 촉진·이행하기
④ 교육과 일을 관련지음으로써 두 가지 모두의 더 좋은 선택이 이루어질 수 있도록 하기 위하여
⑤ 학급에 "생애"의 중요성을 불어넣음으로써 교육을 개혁하기
⑥ 개인의 전체적 생활양식을 의미 있게 만들기
⑦ 편견과 고정관념을 감소시킴으로써 선택의 자유를 보호하기

생애교육은 생애인식, 생애탐구, 생애준비 그리고 생애동화(assimilation) 등의 상호 관련된 단계의 진보과정으로 개념화할 수 있다.

① 생애 인식은 초등학교 수준에서 시작되며 학생들이 일의 세계를 이해하도록 하고 학생들이 미래에 일의 세계와 어떻게 조화시킬 것인가 하는 것이다. 생애인식은 이러한 기간 동안 일어나는 인간발달의 자기인식 측면과 관련된다.
② 생애탐구단계는 중학교 수준에서 강조된다. 이 단계는 학생들이 생활양식과 직업에 관련된 그들의 흥미와 능력을 탐구하도록 도와주려는 것이다. 학생들은 자기 자신의 독특한 능력과 욕구를 파악하도록 배워야 하며, 경험을 쌓기 위한 지역사회의 여러 활동에 참여할 수 있는 기회가 주어져야 한다.
③ 생애준비단계는 고등학교 수준으로서, 생애 의사결정과 기술획득과정이다. 학생들은 그들의 구체적인 흥미, 적성 그리고 이러한 특성들을 충족시켜 주는 생활양식 유형을 확인할 수 있어야 한다.
④ 생애동화 단계는 학생들을 중등학교 이후의 훈련과 지역사회-적응 상황으로 변화시키는 것이다.

5) 순환교육

순환교육(recurrent education)은 OECD에 의해 주창된 개념으로 기존의 일회성 학교교육 체제가 지니는 비효율성과 한계를 극복하고 교육의 시기를 평생에 걸쳐 순환적으로 재분배하여 계속될 수 있도록 해야 한다는 새로운 교육 도식을 전제로 하는 개념이다. 이러한 순환교육은 학교교육과 직업생활을 주기적 · 순환적으로 반복하여 연계짓는 교육체제를 전제로 하며 그 주된 대상은 직업을 가진 성인이다.

교육의 주 목적은 노동시장 변화에 따른 직업적 재적응과 생산성 제고이며 교육의 계속성과 통합성을 강조한다는 점에서 다른 평생교육 관련 개념들과 유사하다. 즉, 순환교육은 교육의 방식에 있어 학교교육이 주가 되고 학교교육과 직업이 순환적 · 주기적으로 반복되는 교육 형태를 취한다는 점, 직업진로와 관련하여 교육주기를 설계한다는 점에 있어 다른 개념들과 차이를 보인다.

3. 평생교육의 필요성

우리가 살고 있는 사회는 변혁의 세기이다. 경제체제는 토지 · 자본 · 노동에 기초한 자원기반 경제에서 지식이 생산과 성장의 기본이 되는 지식기반 경제로 급속히 전환하고 있다. 기술적으로는 아날로그 체제에서 디지털 체제로 변하고 있으며, 국제적으로는 단위국가 체제에서 국경이 무의미한 세계체제로 전환하고 있다. 또한 교육은 학교교육중심, 공급자중심에서 평생교육중심, 수요자중심으로 변하고 있다.

인구구조는 인생 50년형에서 인생 80년형으로 바뀌고 있다. 그리고 평생직장은 사라지고 평생고용 가능성이라는 말이 그 자리를 채우고 있다. 이와 같은 총체적 변화는 생애에 걸친 체계적인 인적 자원개발 · 관리라는 평생교육에 대한 정책 접근을 요구한다(교육부, 2000).

급격한 사회변동으로 인해 평생교육에 대한 관심과 중요성이 그 어느 때보다도 강조되고 있다. 현대사회의 특징과 평생교육을 관련하여 살펴보면, 특히 학교교육의 한계, 과학기술의 발달, 인간의 평균수명 연장과 사회변화, 여가시간의 증대에 따라 평생교육은 더욱 요청된다고 볼 수 있다. 또한 인간은 미완성 존재이므로 평생교육의 필요성을 더 생각할 수 있다.

1) 학교교육의 한계

학교교육의 한계를 살펴보면 지금까지 우리는 '교육' 하면 '학교교육'(교육=학교교육)을 연상할 정도로 학교교육을 절대시하는 학교교육 중심의 사회에서 살아왔다. 쿰스(Coombs, 1967)는 학교에 다니면 교육받은 인간으로 인정해 주고 그렇지 않으면 무지한 인간으로 취급하는 오늘날의 교육관을 비판하면서, 학교교육만으로는 중도 탈락자나 계속학습을 요구하는 수많은 성인들에게 충분한 교육 기회를 제공할 수 없다고 지적하였다.

학교교육 중심의 개념만으로는 현대사회의 급격한 변화에 적절히 대처할 수 없을 뿐 아니라 다양하고 복잡하게 부각되는 개인의 교육 욕구를 충족시키기가 어렵게 되었다. 학교교육은 새로운 변화에 대한 학습 욕구를 충족시키지 못하며, 사회불평등의 재생산이라는 평등성의 결여에서 오는 위기를 맞고 있는 것이다.

현대사회에 들어와서 교육대상은 아동에서 성인으로 확대되고, 교육내용은 학습자를 중심으로 전문화·다양화되었으며 교육 기회 또한 탄력성을 지니게 되어, 이에 따라 새로운 환경에 걸맞은 새로운 교육실천이 필요하게 되었다. 따라서 학습하는 방법을 학습하고 지속적으로 학습해야 하는 이 사회에서 학교교육은 이제 평생교육의 관점에서 재정립되어야만 한다.

이와 같이 평생교육이라는 말이 급속도로 발전할 수밖에 없는 이유 가운데 특히 오늘날의 학교교육은 사회의 다양한 요구에 부응하지 못하며 획일적이고 지식 위주의 교육에 머물고 있다는 비판으로, 이러한 것은 학교교육이 시간적·공간적으로 제한을 받을 뿐만 아니라 교육내용도 제한을 받기 때문이다.

2) 과학기술의 발달

과학기술의 가속적인 발전과 그로 인한 직업세계의 변화는 평생에 걸친 계속교육과 평생학습을 요청하고 있다. 과학기술의 발달은 현대사회를 변화시키고 있는 핵심적인 요소이며, 이러한 과학기술의 진보는 다른 분야의 연쇄적인 변화의 주된 원인이 되기도 한다. 지식기반사회로 특징짓는 현대는 하루가 멀다하고 새로운 지식들이 쏟아져 나오고 있다. 1945년경에 농부가 가진 지식의 수명이 40년이라면 오늘날 IT산업에 종사하는 사람의 지식 수명은 3개월이라고 한다. 심지어 응용과학 기술 분야의 지식 중에는 단 며칠만에 그 수명을 다하는 것도 있다. 이러한 변화에 적응하기 위해서 평생교육에 대한 요구는 더 커진다고 볼 수 있다.

3) 인간의 평균수명 연장과 짧아진 사회변화 주기

이제 배움의 끝이란 있을 수가 없다. 인간의 평균수명과 사회변화 기간의 대비를 살펴보면 고대 로마시대나 르네상스시대에는 인간의 평균수명보다 사회변화 주기가 더 길어서 한 번 습득한 지식으로 죽을 때까지 충분히 살아갈 수 있었다. 그러나 이제 평균수명은 점점 길어지고 사회변화 주기는 점점 짧아져서 한 번 배운 지식으로 생을 마칠 때까지 산다는 것은 어렵다고 할 수 있다. 왜냐하면 생을 마칠 때까지 여러 번의 사회변화 주기가 찾아오기 때문이다. 변화를 넘기 위해서는 새로운 지식 · 기술 · 사고를 개인이나 조직에 요구하게 된다. 그러므로 개인이나 조직은 계속 학습을 하여야만 그러한 변화를 넘게 된다.

4) 여가시간의 증대

학교(school)의 어원인 그리스어 '스콜레'(schole)는 '교양을 위한 여가'를 뜻한다. 고대 아테네 교육은 인간성의 조화로운 발전을 도모하고 풍부한 교양을 지닌 자유인을 양성하기 위한 것으로, 여가란 어떤 목적을 가지고 활동하면서 시간을 보내는 것을 의미하는데 스콜레는 근원적으로 가지고 있는 여유의 장소라는 아주 특정한 의미로 쓰였다.

주 5일제가 보편화되고 여기에 각종 법정휴가가 보장되고 있기 때문에 노동시간의 단축은 그대로 여가의 증대로 여가시간을 제대로 활용하지 못하면 어느 연령층이나 어떤 직업을 불문하고 사회적 부적응 현상을 초래한다. 여가는 근로 못지않게 인생을 풍요롭게 하고, 자기개발과 자아실현, 사회봉사와 공헌을 하는 적극적인 기능을 감당할 수 있다. 여가시간의 증대로 과거와는 달리 근무시간의 단축과 생활수준 향상 등의 여가시간을 선용하려는 새로운 욕구가 증대되면서 이 또한 평생교육을 촉발시키는 요인으로 작용하고 있다.

5) 미완성 존재로서의 인간

동물학자가 말하기를 인간은 다른 동물에 비하여 미완성 존재라고 한다. 다른 동물은 태어날 때 90%가 완성되어 태어나고 10%가 미완성으로 태어나는데, 인간은 90%가 미완성, 10%가 완성으로 태어난다는 것이다. 그러므로 인간은 변화의 가능성이 많다. 주위에서 보면 강아지, 송아지, 망아지 등 모든 동물은 태어나자마자 어미가 한 번만 핥아주면 10분만에 걸어다닌다. 거기에 비해서 인간은 한 살이 되어서야 가까스로 서며 계속 성장을 해 나간다. 이 미완성 부분은 어떤 학습을 하느냐, 어떤 경험을 하느냐에 따라서 많이 달라질 수 있다. 인간은 계속 변화가 가능하기 때문에 끊임없는 학습이 필요하다고 할 수 있다(김종표 외, 2010).

4. 평생교육의 6대 영역

2007년 개정된 평생교육법 제2조 제1항에서는 평생교육을 다음과 같이 정의한다. 평생교육이란 학교의 정규교육과정을 제외한 학력보완교육, 성인기초・문자해득교육, 직업능력 향상교육, 인문교양교육, 문화예술교육, 시민참여교육 등을 포함하는 모든 형태의 조직적인 교육활동을 말한다.

이 정의에 기초해 국가평생교육진흥원은 평생교육 프로그램의 6대 영역을 학력보완교육, 성인기초·문자해득교육, 직업능력 향상교육, 인문교양교육, 문화예술교육, 시민참여교육으로 제시하고 있다(김진화, 고영화, 2009). 이 장에서는 평생교육의 6대 영역의 정의와 구체적인 프로그램의 사례를 중심으로 각 영역의 특성과 현황을 살펴본다.

1) 학력보완교육

학력보완교육은 초·중등교육법과 고등교육법에 따라 학력인정을 받기 위해 필요한 이수단위 및 학점 취득과 관련된 평생교육을 의미한다. 학력보완교육은 우리나라 학교교육 단계에 맞춰 초등, 중등(중·고등학교), 고등교육 단계의 프로그램으로 나눌 수 있다. 2010년 통계청의 인구주택 총조사에 따르면 조사 대상 4,534만 9천 명 가운데 학교교육을 전혀 받지 않은 9세 이상 인구는 159만 5천 명이었다. 초등학교, 중학교, 고등학교를 중퇴한 인구도 각각 33만 1천 명, 24만 9천명, 31만 명으로 조사됐다. 이런 조사결과는 우리나라에 아직까지 각급 학교의 졸업장을 취득하기 위한 교육 욕구를 가진 성인들이 적지 않다는 사실을 보여준다. 학력보완교육에는 중입, 고입, 대입 검정고시 강좌를 비롯해 독학사 강좌, 학점은행 강좌, 시간제등록제 강좌, 대학의 비학점 강좌 등이 포함된다.

2) 성인기초 · 문해해득교육

기초문해교육은 한글을 읽고 쓸 수 있도록 하는 문해능력과 생활 속에서 직면한 문제를 해결하며 주어진 과업을 수행할 수 있는 문해활용능력을 개발하고 초등학력을 인증받을 수 있도록 지원하는 평생교육이다. 문해는 단순히 글을 읽고 쓰는 능력만을 의미하는 것이 아니라 변화하는 상황에 대응할 수 있는 문제해결력, 새로운 지식과 정보를 창출할 수 있는 능력 등을 포함하는 것이라 할 수 있다.

기초문해교육 영역은 비문해자가 한글을 읽고 쓸 수 있도록 체계적으로 지도하는 문자해독 프로그램, 문자해득 이후 이를 응용하여 생활에서 부딪히는 문제를 해결하고 주어진 과업을 수행할 수 있는 활용능력을 개발하도록 지원하는 기초생활기술 프로그램, 초등학력인증 문해교육기관에서 개설한 평생학습계좌 프로그램으로 나뉜다. 현행 평생교육법에 따라 시·도 교육감이 설치·지정한 문해교육 프로그램을 이수한 학습자들은 학력을 인정받을 수 있다. 기초생활기술 프로그램은 외국에서 한국으로 결혼 이주한 여성이나 노동자들을 대상으로 한 다문화교육 프로그램을 포함한다.

문자해득교육은 교육 기회를 놓친 성인에게 학교에서와 같은 교육과정을 통하여 제2의 교육 기회를 제공하고 자긍심을 고취하고자 실시하고 있는데, 교육과학기술부 고시 제2009-21호에 의거한 문자해득 초등과정 교육프로그램 운영의 교육과정은 1, 2, 3단계로 구성하고 시간단위 배당기준은 아래 표 11-3 과 같다.

표 11-3 초등학교 교육과정 편제표

구분 \ 단계		1	2	3
교과영역	국어	120	154	115
	사회			20
	수학	16	28	23
	과학			13
	영어		8	12
	기타 과목		10	15
재량 활동		16	16	24
특별 활동		8	24	18
연간 총 수업 시간 수		160	240	240

① 1단계는 연간 40주, 주 2회, 2시간의 수업을 반드시 실시하여야 한다.
② 2단계는 연간 40주, 주 3회, 2시간의 수업을 반드시 실시하여야 한다.
③ 3단계는 연간 40주, 주 3회, 2시간의 수업을 반드시 실시하여야 한다.
④ 각 단계의 수업은 1년 과정, 1시간의 수업은 40분을 원칙으로 한다. 다만, 기후, 계절, 학생의 발달 정도, 학습 내용의 성격 등을 고려하여 실정에 알맞도록 조절할 수 있다.

성인중학과정 문해교육 교육과정은 1, 2, 3단계로 구성되고, 교육과정은 주3일 이상, 주당 10시간 이상으로 구성된다(교육과학기술부 고시 제2013-6호). 성인 중학교 교육과정 편제표는 표 11-4 와 같다.

표 11-4 성인중학교 교육과정 편제표

구분 \ 단계(학년) \ 학교			성인 중학 학력인정 교육과정		
			1단계	2단계	3단계
교과	필수교과	국어	100	100	100
		사회	70	70	70
		수학	60	60	60
		과학	70	70	70
		영어	60	60	60
	선택교과		50	50	50
	소계		410	410	410
창의적 체험활동			40	40	40
연간 총 수업 시수			450	450	450

① 이 표의 단계는 학년과 유사한 개념이다.
② 3단계까지의 총 이수시간은 1,350시간. 이는 연간 40주를 기준으로 3년간 운영한 시간이다.
③ 3년간 총 수업 시수인 1,350시간은 2012년 일반 중학교 총 수업 시수인 3,366시간의 약 40%에 해당한다.
④ 성인문해 중학과정 대상자는 18세 이상의 성인으로, 1시간의 수업은 45분을 원칙으로 한다.

3) 직업능력향상교육

직업능력교육은 직업 준비 및 직무역량 개발을 목적으로 하는 교육이다. 즉, 직업생활에 필요한 자격과 조건을 체계적으로 준비하고 주어진 직무와 역할을 효과적으로 수행할 수 있도록 지원하는 평생교육을 말한다. 직업능력교육은 직업준비 프로그램, 자격인증 프로그램, 현직 직무역량 프로그램으로 분류된다.

첫째, 직업준비 프로그램은 특정 직업의 인력 양성과정, 창업 관련과정, 취업 준비과정, 재취업 정보교육 등을 포함한다. 둘째, 자격인증 프로그램은 외국어 자격인증과정, 각종 자격증 취득과정, 지도사 양성과정 등 전문적인 지식, 기술, 기능이 일정한 수준에 도달해 소정의 자격을 인증받을 수 있도록 지원하는 프로그램이다. 셋째, 현직 직무역량 프로그램은 직업세계에서 필요로 하는 공통 직무연수, 직업 분야별로 요구되는 특정 역량을 다루는 전문 직업연수 등을 예로 들 수 있다.

4) 인문교양교육

인문교양교육은 인문교육과 교양교육을 결합한 용어이다. 인문교육은 liberal education으로 번역되는데 자유인을 위한 교육 혹은 자유를 위한 교육을 뜻한다. 즉, 충분히 자유를 누릴 수 있는 능력을 키우는 교육이라 할 수 있다. 교양교육은 culture education으로서 사람으로 기른다는 의미를 갖는다. 인문교육이나 교양교육은 대학에서 전문 직업교육과는 달리 모든 학생이 일반적으로 이수해야 하는 교육을 지칭하기도 한다. 인문교양교육은 전문적인 능력보다는 전인적인 성품과 소양을 계발하고 배움 자체를 즐길 수 있는 신체적·정신적 건강을 겸비하는 것을 지원하는 평생교육을 의미한다.

인문교양교육에는 건강심성 프로그램, 기능적 소양 프로그램, 인문학적 교양프로그램이 있다. 첫째, 건강심성 프로그램은 상담치료, 생활의료, 보건, 종교, 식생활 등 현대사회에서 심리적 안정과 신체건강에 필요한 활동과 체험을 체계적으로 지원하고 인증한다. 둘째, 기능적 소양 프로그램은 유아양육 상식, 청소년 이해, 부모 역할, 좋은 아버지 되기 등 사회적 역할을 잘 수행하도록 돕는 프로그램이다. 셋째, 인문학적 교양 프로그램은 문학, 과학, 철학, 역사 등 전인적 품성과 지혜를 갖추도록 돕는 강좌 및 이와 연관도니 체험활동을 지원하는 프로그램이다.

5) 문화예술교육

문화예술교육은 상상력과 창의력을 촉진하고 창작활동에 필요한 기능을 익힐 수 있도록 지원하거나, 생활 속에서 문화예술을 향유할 수 있는 능력을 개발하는 평생교육이다. 문화예술교육에는 레저생활 스포츠 프로그램, 생활문화예술 프로그램, 문화예술 향상 프로그램이 있다.

첫째, 레저생활 스포츠 프로그램은 각종 체육 관련 강좌로 체력 증진과 여가 선용을 위해 일상생활에서 지속적으로 행하는 체육활동 및 전문적 스포츠 관련 프로그램이다. 둘째, 생활문화예술 프로그램은 사진 강좌, 생활공예 강좌, 노래교실, 풍선 아트, 천연염색 등 문화예술을 생활 속에 접목시켜 삶의 질을 향상시키고 향유할 수 있도록 지원하는 프로그램이다. 셋째, 문화예술 향상 프로그램은 음악, 무용, 미술, 연극, 영화 등 다양한 분야에서 예술적 가치가 있는 작품을 완성할 수 있도록 체계적으로 지도하는 교육 프로그램이다.

6) 시민참여교육

시민참여교육은 사회적 책무성과 공익성 활용을 목적으로 민주시민으로서 갖추어야 할 자질과 역량을 발하며, 사회 통합 및 공동체 형성과 관련된 시민들의 참여를 촉진하고 지원하는 평생교육을 말한다. 우리나라는 1987년 민주화운동 이후 본격적으로 생겨난 시민사회단체들의 활동과 1995년 지방자치제도의 실시를 계기로 시민들의 삶에 영향을 미치는 중앙정부와 지방정부의 의사결정에 시민들이 적극적으로 참여하게 되었다. 시민사회단체들은 1980년대 민주화운동을 전개하며 역사, 통일, 노동, 환경, 인권, 언론 등 다양한 교육 프로그램들을 제공했다. 민주화 시대에 들어서는 지방자치단체들도 시민의식의 향상을 위한 다양한 프로그램을 직접 제공하고 있다.

시민참여교육 프로그램으로는 시민책무성 프로그램, 시민리더역량 프로그램, 시민참여활동 프로그램이 있다. 첫째, 시민책무성 프로그램은 현대 시민으로 갖추어야 할 사회적 책무성을 개발하는 데 주안점을 둔다. 구체적으로는 인권교육, 양성평등교육, 주민자치교육이 해당된다. 둘째, 시민리더역량 프로그램은 국가 및 지역사회의 공익사업을 효과적으로 추진할 수 있는 시민들의 자질과 역량을 개발

한다. 지역리더 양성과정, 평생학습리더 양성과정, 비영리기구 지도자과정 등을 들 수 있다. 셋째, 시민참여활동 프로그램은 지역사회 조직 및 공익적 사업에 대한 개인적 · 집단적 참여를 촉진하며 평생학습 참여기회를 지원한다. 학습동아리교육, 평생교육 자원봉사교육, 환경실천교육 등이 이에 해당한다.

5. 평생교육사

평생교육사는 평생교육 진흥을 위하여 평생교육 현장에서 평생교육 프로그램의 기획 · 진행 · 분석 · 평가 및 교수업무 등 평생교육 관련 업무의 전반적인 영역을 담당하는 평생교육 현장전문가이다(평생교육법 제24조 제2항). 평생교육사는 평생교육법에 따라 국가가 부여하는 평생교육 전문자격증이다. 평생교육법 시행령 제17조에 명시한 평생교육사의 주요 직무로는 평생교육 프로그램의 요구분석 · 개발 · 운영 · 평가 · 컨설팅, 학습자에 대한 학습정보 제공, 생애능력개발 상담 · 교수, 그 밖에 평생교육 진흥 관련 사업계획 등 관련 업무이다.

그림 11-1 평생교육사의 역할
출처: 국가평생교육진흥원

평생교육사의 배치는 평생교육법에 따라 인가·등록·신고된 시설, 법인 또는 단체일 경우 평생교육사를 1명 이상, 시 · 군 · 구 평생학습관은 정규 직원이 20명이 넘을 경우에는 2명 이상을 배치하도록 되어 있다.

표 11-5 평생교육사 배치대상기관 및 배치기준

배치대상	배치기준
• 국가평생교육진흥원 • 시·도 평생교육진흥원	• 1급 평생교육사 1명 이상을 포함한 5명 이상
• 시·군·구 평생학습관	• 정규직원 20명 이상: 1급 또는 2급 평생교육사 1명을 포함한 2명 이상 • 정규직원 20명 미만: 1급 또는 2급 평생교육사 1명 이상
• 법 제30조~제38조의 평생교육시설(학력인정 평생교육시설 제외) • 학점은행기관 • 타 법령에 따라 평생교육을 주된 목적으로 하는 시설·법인 또는 단체	• 평생교육사 1명 이상

출처: 평생교육법 제26조, 평생교육법 시행령 제22조

평생교육사 자격증의 취득은 2급의 경우 대학원에서 필수 교과목 15학점을 이수하거나, 대학이나 학점은행제 운영기관 또는 국가평생교육진흥원이 지정하는 양성기관에서 필수과목 15학점을 포함한 관련 과목 30학점을 이수할 경우 취득할 수 있다. 1급의 경우는 2급 자격 소지자로 5년 이상 평생교육 관련 업무에 종사한 뒤 평생교육진흥원이 운영하는 1급 승급과정을 이수해야 취득할 수 있다.

평생교육사 자격을 획득하기 위해 수료해야 하는 학습과목은 다음과 같다.

① 필수과목은 평생교육실습을 포함한 5과목이고, 선택과목은 평생교육 실천영역의 8과목과 평생교육 방법영역의 13과목으로 총 21과목으로 구성된다.

② 과목당 학점은 3학점이고, 성적은 각 과목을 100점 만점으로 하여 평균 80점 이상이어야 하며, 평생교육실습 교과목은 평생교육기관에서의 4주간(160시간)의 현장실습을 포함한 수업과정으로 구성된다.

표 11-6 평생교육 관련과목

구 분		과 목 명
양성 과정	필수	평생교육론, 평생교육방법론, 평생교육경영론, 평생교육프로그램개발
		평생교육실습(4주간)
	선택	아동교육론, 청소년교육론, 여성교육론, 노인교육론, 시민교육론 문자해득교육론, 특수교육론, 성인학습 및 상담 (1과목 이상)
		교육사회학, 교육공학, 교육복지론, 지역사회교육론, 문화예술교육론 인적자원개발론, 직업·진로설계, 원격(이러닝,사이버)교육론, 기업교육론 한경교육론, 교수설게, 교육조사방법론, 상담심리학 (1괴목 이상)

출처: 평생교육법 시행규칙 제5조 1항 '평생교육관련과목'.

참고문헌

김남선(2013). 평생교육론. 서울: 형설출판사.

김용현(2004). 사회교육학개론. 서울: 법원사.

김종표, 이복희(2010). 평생교육방법론. 경기: 양서원.

김종서 외(2001). 평생교육개론. 경기: 교육과학사.

김진화, 고영화(2009). 평생교육 프로그램 분류체계 연구. 서울: 평생교육진흥원.

교육부(2000). 평생교육백서.

남정걸(2008). 평생교육경영학. 경기: 교육과학사

배을규(2006). 성인교육의 실천적 기초: 이론과 방법. 서울: 학지사.

성태제 외(2012). 최신 교육학개론. 서울: 학지사.

이미나, 이해주, 김진화(2012). 평생교육방법론. 서울: 지식의 날개.

최운실(1998). 신교육사회학탐구. 경기: 교육과학사.

평생교육진흥원(2010). 평생학습도시 조성사업 백서. 서울: 평생교육진흥원.

한국교육개발원(2003). 주요국의 평생교육체제 분석. 수탁연구 CR 2003-47.

한기언(1982). 교육원리. 서울: 박영사.

국가평생교육진흥원

교육부 고시 제2009-21호, 문자해득 교육과정.

교육부 고시 제2013-6호, 성인중학 문해교육 교육과정.

Brolin, D. E. (1995). *Career education*. New Jersey: Prentic-Hall. Inc.

Colley, H., Hodkinson, D., & Malcom, J. (2003). *Informality and formality in learning: A report for the learning and skills research centre*. London: Learning and skills Research Centre.

Coombs, P. H., & Ahmed, M. (1974). *Attacking rural poverty: how nonformal education can help*. Baltimore: Johns Hopkins University Press.

Dave, R. H.(ed.)(1976). *Foundations of lifelong education*. Oxford: UNESCO Institute for Education,

Faure, E.(ed.)(1972). *Learning to be*. Paris: UNESCO.

George W. Parkyn.(1973). *Toward a conceptual model of life-long education*. Paris: Unesco.

Jarvis, P.(1987). *Adult learning in the social context*. London: Croom Helm.

Merriam, S. B. & Brockett, R. G. (1997). *The profession and practice of adult education.* San Francisco: Jossey-Bass Publishers.

Merriam, S. B., & Carrarella, R. S. (1999). *Learning in adulthood*(2nd ed.). San Francisco: Jossey-Bass.

저 | 자 | 소 | 개

김규태 The University of Texas, Austin, Ph.D
현) 계명대학교 교육학과 조교수

유현숙 계명대학교 교육학박사
현) 계명문화대학교 사회복지상담과 교수

장기덕 계명대학교 교육학박사
현) 영진전문대학 유아교육과 조교수

송현옥 계명대학교 교육학박사
현) 계명대학교 교육학과 겸임교수

정철민 성균관대학교 철학박사
현) 김포대학교 유아교육과 조교수

박찬호 The University of Wisconsin, Madison, Ph.D
현) 계명대학교 교육학과 조교수

양인렬 계명대학교 교육학박사
현) 대구교육대학교, 계명대학교 강사

권민석 경북대학교 교육학박사
현) 경북대학교 강사, 대구태전초등학교 교사

이용진 계명대학교 박사과정
현) 계명대학교 강사

신지승 계명대학교 박사과정
현) 대구장기초등학교 교사

(제3판)

최신 교육학의 이해

2판 1쇄 발행 — 2016년 1월 30일
3판 1쇄 발행 — 2019년 2월 28일

저　　자 - 김규태 · 유현숙 · 장기덕 · 송현옥 · 정철민
박찬호 · 양인렬 · 권민석 · 이용진 · 신지승

발 행 인 - 강철원
발 행 처 - 양성원
주　　소 - 경기도 파주시 검산로 173번길 29-20
전　　화 - 031-946-3861(代)
팩　　스 - 031-946-3864
이 메 일 - tnwpub@naver.com
홈페이지 - tnwpub.co.kr
출판등록 - 2015년 8월 31일 제 2015-000211 호

ISBN 979-11-6126-173-7

정가 18,000원